其實你很好

停止自我苛責，擁抱內在小孩，
和死纏爛打的焦慮Say Goodbye！

考拉小巫——著

You Are Enough.

方舟文化

國家圖書館出版品預行編目（CIP）資料

其實你很好 / 考拉小巫著 . -- 初版 . -- 新北市 : 方舟文化 , 遠足文化事業股份有限公司 , 2021.04
面； 公分 . -- (心靈方舟 ; 30)
ISBN 978-986-99668-4-9 (平裝)
1. 焦慮 2. 心理治療 3. 生活指導 4. 自我實現

178.8 110000994

方舟文化官方網站 方舟文化讀者回函

心靈方舟 0030

其實你很好

You Are Enough

作者 考拉小巫｜**封面設計** 張天薪｜**內頁設計** 黃馨慧｜**主編** 邱昌昊｜**行銷主任** 許文薰｜**總編輯** 林淑雯｜**讀書共和國出版集團 社長** 郭重興｜**發行人** 曾大福｜**業務平台 總經理**｜李雪麗 **副總經理**｜李復民 **實體通路暨直營網路書店組**｜林詩富、陳志峰、郭文弘、賴佩瑜、王文賓、周宥騰 **海外暨博客來組**｜張鑫峰、林裴瑤、范光杰 **特販組**｜陳綺瑩、郭文龍 **印務部**｜江域平、黃禮賢、李孟儒｜**出版者** 方舟文化／遠足文化事業股份有限公司｜**發行** 遠足文化事業股份有限公司 231 新北市新店區民權路 108-2 號 9 樓 電話：（02）2218-1417 傳真：（02）8667-1851 劃撥帳號：19504465 戶名：遠足文化事業股份有限公司 客服專線：0800-221-029 E-MAIL：service@bookrep.com.tw｜**網站** www.bookrep.com.tw｜**印製** 通南彩印股份有限公司 電話：（02）2221-3532｜**法律顧問** 華洋法律事務所 蘇文生律師｜**定價** 380 元｜**初版一刷** 2021 年 4 月｜**初版八刷** 2023 年 1 月｜｜團體訂購請洽業務部 (02) 2218-1417 分機 1124

謹以此書

獻給我的老公
感謝他愛我，並接受真實的、完整的我

獻給我的女兒
願她知道我愛她，並接受真實的、完整的她

並獻給過去、現在和未來
我有幸參與其成長與改變的每一位來訪者
真誠地向他們致敬

I am not what happened to me.

I am what I choose to become.

— Carl Gustav Jung

定義我的不是我的過去，而是我選擇的未來。

——卡爾・古斯塔夫・榮格

（瑞士著名心理學家，分析心理學創始人）

自序

這，是一個令人感到無比焦慮的年代。

我曾在自己的微博（@考拉小巫）上做過一個調查，問大家在當下的生活裡，有哪些事情會讓自己感到壓力、擔心和焦慮。短短幾分鐘之內，就有上百人回覆了這條微博。幾個小時之內，有近一千人分享了自己的答案。這驚人的回覆率讓我驚訝極了，記得上一次有上千人回覆我的微博，還是在三年前我女兒剛出生的時候。

把這條微博的所有評論認真整理完之後，我發現有近一半的人因為擔憂自己的未來而感到迷茫和焦慮。他們對生活現狀感到不滿，想要改變，但卻因為缺乏自信和勇氣而遲遲未做出任何行動。當行動遠遠落後於想法時，心裡就會漸漸產生懷疑和恐懼：懷疑自己的能力，擔心自己「有問題」，害怕自己一輩子一事無成，被這個高速發展的社會遠遠地拋在後面。

有近四成的人因為工作原因而感到焦慮，無論是體制內的人還是體制外的人，各有各的痛處。體制內的人擔心自己與社會脫節，雖說端著一個人人羨慕的鐵飯碗，但是光鮮的外表下卻隱藏著一顆身心俱疲的內心，周而復始一成不變的日子和無望的晉升空間，都讓自己的內心隱隱地感到焦躁不安。體制外的人擔心自己隨時會被社會淘汰，產業的更新換代，崗位的競爭壓力，複雜的職場人際，無一不是現代都市職場人士焦慮的源頭。

有三成的人提到了婚戀和育兒帶來的焦慮感。單身的因為被催婚而焦慮，結婚的因為家庭關係而焦慮；沒娃的因為被催生而焦慮，有娃的因為育兒而焦慮；全職媽媽因為自己的這個身分而焦慮，職場媽媽又因為要平衡工作與家庭而焦慮。

除此以外，還有很多人提到了對自己和家人健康狀況的擔憂，升學或考試帶來的學業壓力，畢業時面臨的就業壓力，買房或貸款帶來的經濟壓力，以及由人際關係等問題導致的壓力和焦慮感。

整理完大家的回覆後，我獨自一人在書房靜靜地坐了很久很久，腦海裡思緒萬千。由於我的臨床專攻方向是焦慮情緒和情感創傷，所以曾經見過很多同樣受焦慮情緒困擾的來訪者。大家在這條微博上留下的文字，讓我回想起了我的來訪者們最初剛開始見我時的樣子。他們的擔憂和焦慮，他們頭腦裡停不下來的思緒，他們經歷過的無數個失眠的夜晚，讓他們壓力倍增的人際關係，以及由於焦慮情緒而導致的其他身體或心理困擾，都在我的腦海中一一閃現。

漸漸地，我又回憶起來訪者們在開始心理諮詢之後所經歷的成長和改變。透過和我的會面，他們逐漸對自己的情緒有了更多客觀的瞭解，學會了如何健康地管理情緒，學會了與自己和平相處的方式，從而找尋到了自己的個人價值，建立起了更為健康的人際關係，並因此在內心深處感受到了自信、快樂、滿足和平和。

每當我可以幫助來訪者去幫助自己的時候，我就可以真切地體會到我工作的意義。當看到有這麼多人被焦慮情緒困擾時，我非常渴望自己也能去幫助他們。然而，和每一位來訪者的工作週期短則三五個月，長則一兩年，因此我能夠見的來訪者人數非常有限。我想，如果我把每日和來訪者們分享的內容透過文字的形式發表出來，那麼我就可以幫助更多需要幫助的人。

這，就是我寫這本書的初衷。我希望可以把多年來學習和積累的東西，用一種社會大眾都能讀懂的方式寫出來，分享給每一個由於種種原因無法得到專業心理諮詢服務，但卻同樣十分需要幫助的人。

於是，便有了你現在手上捧著的這本書。

這本書，寫給每一個在內心深處感到焦慮、不安、迷茫、自卑，或擔心自己不夠好的人。書中非常詳細地分享了如何健康地管理消極情緒、在內心達到自我認同、重塑個人價值，以及如何長遠地建立穩固的自信心、

自尊心和安全感。

這本書的前兩章，主要和大家聊了聊當下社會裡很多人都經歷著的「越努力，越焦慮」的怪現象，以及導致我們焦慮、不安和自卑情緒的根源。

第三章非常詳細地講述了正念的概念，以及如何運用正念去改變我們與自己的情緒和想法之間的關係。在這一章裡，我分享了很多正念練習，希望可以幫助大家真正感受到正念狀態是一種怎樣的體驗，從而學會把它運用在自己平日的生活裡。

第四章主要分享了思維習慣的養成，以及如何用積極思維去代替消極思維，從而養成積極和平衡的思維習慣。

第五章詳細地聊到了所有關於情緒的內容，包括情緒是什麼，它的作用有哪些，我們對情緒的一些常見誤解，它背後隱藏的情感需求，以及如何有效地接納和管理我們的消極情緒。這個章節裡，我也分享了很多管理情緒的小練習，大家在讀書的過程中就可以隨時練習和運用。

第六章主要談到了行為改變的內容，包括想改變卻不敢改變、決定改變卻沒有行動力、如何有效克服「拖延症」等，這些問題都可以在這一章裡找到答案。

本書的最後一章，具體聊到了該如何透過行為改變，去幫助自己學會接納、欣賞、尊重和關懷自己，從而在內心深處化解焦慮、不安和自卑等消極情緒，真正與自己達成和解，並進一步樹立穩固的自信心，提升安全感。

著名德國心理學家卡倫・荷妮曾說過，每個人都是可以自我實現的，只要阻礙其成長的障礙物能被移除，那麼每個人都可以像一顆橡果一樣，長成一棵茁壯的橡樹。

這是多麼貼切的一個比喻。我就是這樣看待自己臨床心理諮詢師*這個角色的。在我看來，我的作用並不是幫助來訪者，而是幫助來訪者去幫助他們自己。當來訪者問我「我跟男朋友應該繼續還是分手？」「我該換工作嗎？」「總跟別人鬧矛盾，我該怎麼辦？」「我到底怎麼做才能不焦慮／不傷心／不生氣？」等問題時，我都會和他們分享說：

第一，心理諮詢師的作用並不是給建議，而是幫助來訪者去更加清晰地覺察自己內心的矛盾衝突和情感需求，從而自己做出一個適合自己的決定；

第二，心理諮詢師把個人觀點強加在來訪者身上，是不公平且有違職業道德的行為。而且我堅信，最瞭解來訪者的人永遠都是他們自己，每個來訪者都是解決自己問題的專家；

第三，授人以魚，不如授人以漁。直接給予來訪者答案，永遠都不如給予他們自我尋找答案的能力更為重要。

在做心理諮詢的近十年來，我無數次看到當障礙物被移除時，「橡果」成長的驚人速度。因此，我深信卡倫．荷妮的那句話，每個人都是可以自我實現的。**無論一個人經歷過什麼，只要給予他／她所需的資源和環境，那顆曾經受傷的心靈一定可以得到痊癒。**

這些話，寫給此時此刻正在讀這本書的你。當你翻開這本書的時候，可能也會非常迫切地想要得到些什麼。也許，你想要得到一個「怎麼辦」的答案。也許，你渴求一股前進的動力。但是，我希望你可以把這本書當作是一份邀請，邀請你和我一起踏上一段重新發現自我、充實自我和成長自我的旅程。

在這本書裡，你也許不會立刻找到那個「怎麼辦」的答案，讀完之後也可能不會立刻感到動力滿滿。但是，如果你願意接受這份邀請，並把書中學到的知識和方法付諸實踐的話，在不久的將來你一定會發現，其實你很好，而你苦苦尋找的答案就在自己的心裡。你自己，其實就可以給自己一直以來所需要的動力、信心、勇氣和認可。

如果你願意並已經準備好了的話，就讓我們一同開啟這段改變自己的旅程吧。

考拉小巫

於美國密蘇里州聖路易斯家中

---

*編註：在臺灣，心理諮商工作者的正式名稱為「心理師」，並依專業不同，分為諮商心理師與臨床心理師。鑒於各國對心理諮商工作的認證與名稱有別，此處採用中國大陸的稱呼方式。

聲明

1. 本書所分享的所有案例，都得到了來訪者的許可。為了保護來訪者的隱私，案例陳述時均已隱去來訪者的真實身分訊息，每個案例都是多個來訪者身分和故事的集合。
2. 本書所提到的「焦慮」，泛指我們平日生活中所體驗的焦慮情緒，而並非指代臨床診斷意義上的「焦慮症」。雖然書中所分享的很多內容在使用得當的時候會對管理焦慮症的症狀有很大幫助，但是本書並非一本專門針對治療焦慮症的指導書。

目 次
CONTETS

Chapter 1

越努力，越焦慮？

今天，你焦慮了嗎？

為什麼越努力越焦慮？

難道一切都是努力惹的禍？

如何打破「越努力，越焦慮」的惡性循環？

我們的焦慮和不安到底從何而來？

Nothing can bring you peace but yourself.

—— Ralph Waldo Emerson

唯一能給你帶來內心平靜的只有你自己。

——拉爾夫．沃爾多．愛默生

（美國著名哲學家、文學家、思想家）

毋庸置疑，我們正處在一個焦慮的年代。

不久前，我在網上看到了一個報導，說現代人有三大病症：孤獨、空虛和焦慮。雖然我們的生活品質較自己的祖輩來說已經提高了許多，但我們內心承受的壓力卻絲毫沒有減少。這是一個奇怪但卻極其常見的社會現象——成年的我們住著比童年時更大的房子，吃喝穿戴已不成問題，越來越多的人開上了汽車，手機也已經換了好幾個，然而很多人的內心深處卻都隱藏著說不清道不明的焦慮和不安。

這種焦慮和不安到底是從哪裡來的？

一個來訪者的故事

我有一位來訪者，叫琳琳（化名）。第一次和我會面時，琳琳就告訴我，在她生活的城市裡，這種焦慮和不安的氛圍隨時都可以在空氣中感受得到。

琳琳，九〇後，剛從大學畢業不久，在中國一線城市的一家私人企業做市場行銷工作。每當我問起她生活裡有什麼事會觸發她的焦慮情緒時，琳琳就會非常直截了當地說：「我的焦慮根本不用被觸發。每天早晨一睜眼，我就開始焦慮了。」

琳琳說，大多數早晨她沒有時間在家吃早飯，因為她必須及時趕到地鐵站坐地鐵。如果出門稍微晚了，趕不上對點的地鐵，上班就一定會遲到。每當進入地鐵站，看到人流湧動的時候，她的身體就會下意識地緊繃起來，心想：「一天的『戰鬥』又開始了。」

到了公司，琳琳的焦慮值會飆升到一個新高度。公司環境暗流湧動，人際關係錯綜複雜，老闆的高要求，同事的小心機，以及殘酷的職場競爭帶來的壓力，都讓琳琳覺得自己不得不在上班的時候，戴上一副自己並不喜歡的假面具。面具前的琳琳在外人看來是一個大方、得體、肯努力、好相處的女孩，但面具後的琳琳卻無時無刻不感到焦慮、不安、迷茫和害怕。

琳琳其實並不太喜歡自己的工作，她從小到大都只對藝術感興趣，只有在她畫畫、賞畫，或在商店購買畫畫需要的用具時，她才能感受到真實的自己和內心的平和。

然而，由於父母的反對，她在考大學時不得不報考了市場行銷相關科系。琳琳的父母告訴她，作為從小城市出來的人，她能考到大城市，並在那裡站穩腳跟，應該感到萬幸和滿足才對。

然而，自從琳琳在大城市立足之後，她那種不安和焦慮的感覺就變得越來越明顯了。即便她不喜歡這份工作，但這是她的飯碗。為了保住這個飯碗，琳琳工作非常努力。她幾乎每天都要加班，下班回家之後身心俱疲，很多時候連吃晚飯的力氣都沒有了，總是隨便湊合一下，然後整晚都癱在床上。

本以為下班回家後終於可以清閒一下，但很多時候雖然身體回家了，思緒卻依然飄在外面。有時，她會不由自主地在腦海中重播今天發生的事情。比如，她見了什麼人，說了什麼話，她會擔心自己的一舉一動是否得當，擔心他人到底會如何評價她今天的表現。

如果一天裡發生了不愉快的事，琳琳的各種消極情緒就會在寂靜的夜晚一起爆發出來——懊惱、內疚、不爽、失落、孤獨、不安、害怕、焦慮、迷茫……每到臨睡前，她的大腦就會像永動機一樣高速地轉個不停，失眠對她來說已經是家常便飯。

第二天早晨，鬧鈴一響，又一個繁忙的一天就在自己毫無準備的情況下開始了。

我問琳琳：「那一刻，你是什麼感覺？」琳琳簡單地答了兩個字：「心累。」

我好奇地問她，自己覺得是什麼導致了她目前這種焦慮和不安的狀態。琳琳不假思索地回答道：「我覺得主要是因為我努力得還不夠。如果我再努力點兒，在工作上做出一些成績，得到同事和老闆的認可，那我的工作壓力可能就會小一些了。我身邊的人都很優秀，和他們比起來，我感覺自己實在是太差了。」

我非常理解琳琳為什麼會這麼想。同輩壓力的確是一把雙刃劍，在被他人成功故事激勵的同時，我們很難不感到相形見絀。在微信上隨便一搜，就能搜出很多勵志故事，比如某某某創業第一年就月入百萬，三個孩子的媽全職工作考上哈佛商學院，九〇後創二代每天只睡四小時月進萬元等等。

看到這些勵志事蹟時，我們很容易會在潛意識裡拿自己和他人做比較，形成「看看人家，再看看我自己」的想法，並因此把目前的困境歸結於自己做得「不夠好」上面。

為了讓自己變得足夠好，琳琳給自己制訂了很多目標和計畫，去鞭策自己變得更努力、更優秀。她想考取市場行銷資格證書，讓自己在專業上更進一步。她還想把英語學好，希望外語能力在未來給她帶來更多工作機會。我讚歎琳琳雖然剛畢業不久，還算是社會新人，卻對自己的人生如此有規劃，真的很不簡單。可琳琳卻說，她的苦惱在於雖然想法很到位，但是行動總跟不上自己的想法。

琳琳尷尬地笑了笑說：「你聽說過『拖延癌』嗎？我是『拖延癌』晚期。」她給我看了自己的計畫本，上面密密麻麻地排滿了待辦事項，但真正完成的卻沒幾個。

當行動配不上野心時，當理想和現實形成巨大落差時，問題就來了。

我問琳琳：「看著這些沒有按時完成的計畫，你的心情如何？」

她沉默了幾秒鐘，然後忍不住流下了眼淚：「我覺得非常內疚。哎，我怎麼總是這麼差勁，什麼都做不好？我覺得自己很沒用，一點兒自律能力都沒有。怪不得沒有男生喜歡我，連我都討厭我自己。」

戀愛問題，是除了工作之外，讓琳琳焦慮的另一個源頭。

琳琳從小是一個乖乖女，父母對她唯一的要求就是好好學習。在她上大學期間，父母最常掛在嘴邊的一句話就是「好好學習，不准談戀愛」。因此，現在二十多歲的琳琳在感情方面依然是白紙一張。

令琳琳措手不及的是，她開始工作以後，父母的話鋒卻一下子變了：「女兒啊，什麼時候帶回來個男朋友給爸爸媽媽看看啊？你奶奶都快七十了，還等著抱曾孫呢！」過年過節時，來自七大姑八大姨的催婚更是逃不了的，那種尷尬和無奈誰經歷過誰知道。

我好奇地問琳琳是否有意找男朋友。她說：「當然想找了，但是我不夠優秀，長相平平，身材一般，家境普通，絕對是『白富美』的直接對立面，誰會喜歡我啊？」

「只有『白富美』才值得被喜歡嗎？」我問。

琳琳笑著說：「那倒也不是，但我的確不知道自己到底有什麼值得別人喜歡的地方。我感覺自己還不夠好、不夠優秀。我得讓自己變得再優秀點兒，才能配得上別人。」

這也許就是導致琳琳在內心深處感到自卑的原因——在她看來，她的個人價值是跟自己的優秀程度成正比的。雖然她在理智上明白每個人都有價值，但她卻總感覺自己必須得做出些成績來，才能去贏得或證明自己的個人價值。因此，每當她的成績不如他人時，就會擔心自己變得沒有價值，擔心自己在事業上不被他人認可和接受，在感情上一輩子孤身一人。

正因為這些擔心，琳琳才走上了讓自己變成一個更好的人的道路上。她要求自己的生活每時每刻都是有意義的，一旦鬆懈下來，就會陷入內疚和自責。琳琳告訴我，通常在她自責和內疚的時候，會產生兩種情況：

第一種情況，破罐子破摔。每當這時，琳琳就會因為一件事沒做好，或某個計畫沒完成，就徹底自暴自棄。她以為自己只要不去想它，情緒就會慢慢消散。然而，破罐子破摔的狀態不但不會使她的消極情緒減輕，反而會把它壓抑得越來越嚴重。有些時候，她甚至感覺自己內心的焦慮隨時都會衝出來把她吞噬掉。

第二種情況，奮起直追。每當這時，琳琳就會給自己布置更多的任務和計畫，並用更嚴苛的標準對待自己。很多次，她的奮起直追使她成為公司的月度最佳員工，收穫了老闆的認可和同事羨慕的目光。

然而，讓琳琳始料不及的是，從那之後，她開始期望自己每個月都能獲此殊榮，一旦有某個月落空了，她就又會覺得自己做得不夠好。正因為如此，成功當下的成就感和滿足感通常只能持續很短的一段時間。有時，她還沒來得及體驗成功的滋味，就又被不安和焦慮淹沒了。對琳琳來說，成績已不單單只是成績，成績早已變成了無時無刻不在她身後追趕著她往前跑的野獸。

就這樣，琳琳在這兩種狀態中循環往復著。她越努力，就越焦慮；越焦慮，就越要求自己更努力。她害怕自己做得不夠多、不夠好。無論是否達到了自己或他人的要求，內心深處那揮之不去的焦慮和不安，都讓她活得無比辛苦。

琳琳迫切地想知道，自己到底該如何逃離這個「越努力，越焦慮」的惡性循環。

既然越努力就越焦慮，那然後呢

琳琳代表著生活在當下這個時代裡，被焦慮、不安和自卑情緒所困擾的成千上萬的年輕人。

這些人的共同點是，在內心深處覺得自己不夠好，並因此害怕自己不被他人認可和接受，或被時代淘汰。於是，因為恐懼，而去努力，並在努力的過程中，不斷地懷疑自己。沒達到目標時，會自責焦慮；達到了目標時，又會擔心自己做得還遠遠不夠。

這樣的心態不但會體現在工作和學習上，甚至會反映在人際交往中。很多人都會因為人際交往而感到壓力。社交對他們來說，與其說是人際交往，還不如說是硬著頭皮完成任務。害怕自己說錯話、做錯事，每一次社交都會讓自己感到身心俱疲。

每當事情不按自己的意願發展時，內心那個自我苛責的聲音就會跳出來，埋怨自己做得有多麼不好，指責自己是有問題的，導致自己不接納自己、不喜歡自己，甚至是自我厭惡或自我仇恨。

這樣的心態往往會觸發新一輪改變的嘗試。然而，越改變，越受挫；越努力，越焦慮。就這樣，人在這個消極迴圈裡反反覆覆，生活卻依然停留在原地。

那麼，問題到底出在哪裡？難道我們不該努力嗎？

實際上，努力本身並不是造成焦慮的原因；驅使我們努力背後的認知誤區，才是造成焦慮的真正原因。

什麼是認知誤區？造成我們焦慮的認知誤區又是什麼？為什麼很多人都會覺得自己不夠好？我們又該如何才能打破「越努力，越焦慮」這個惡性循環，從而真正達到內心的平和與自信呢？

要想找到這些問題的答案，得從我們的童年聊起。

／小練習／

現在的你有多焦慮（焦慮值自測量表*）

【測試指南】

此焦慮值自測量表供個人參考使用，答案無所謂對或錯，請根據自己的真實個人體驗填寫即可。

在過去的三個月裡，如果你：

▼從未有過這樣的感受，請選擇「0」；
▼偶爾有這樣的感受，請選擇「1」；
▼將近一半的時間有這樣的感受，請選擇「2」；
▼頻繁有這樣的感受，請選擇「3」；
▼幾乎持續不斷地有這樣的感受，請選擇「4」。

*此表屬焦慮值自測量表，並非焦慮症臨床診斷表，結果僅供參考。如有需要，請向心理服務專業人士尋求幫助。

序號	題目	從未	偶爾	將近一半	頻繁	幾乎持續不斷
1	感到緊張、不安或煩躁	0	1	2	3	4
2	無緣無故地感到擔憂，並無法有效地控制自己的思緒	0	1	2	3	4
3	擔心有壞事會發生在自己或自己在乎的人身上	0	1	2	3	4
4	入睡困難、睡眠不深、易驚醒或早醒	0	1	2	3	4
5	食欲不振、消化不良、胃腸道不適或暴飲暴食	0	1	2	3	4
6	想讓自己放鬆下來，卻不知道該如何去做	0	1	2	3	4
7	注意力渙散、思維能力或記憶力下降	0	1	2	3	4
8	會覺得自己很多時候都處在焦慮的狀態中	0	1	2	3	4
9	感到心跳加速、手腳冰涼或發麻、肌肉緊繃、呼吸困難、胸腔憋悶、口乾舌燥、大量出汗、忽冷忽熱，或有瀕死感	0	1	2	3	4
10	渴望自己可以像別人那樣放鬆	0	1	2	3	4

全部測驗完畢後，將每一欄的分數相加。得到的總分值，就是你的焦慮自測值。
正常狀態：0—8分
輕度焦慮：9—16分
中度焦慮（推薦重視）：17—24分
重度焦慮（需重視）：25—32分
極度焦慮（急需重視）：33—40分

Chapter 2

焦慮到底從何而來

情緒上的「傷口」有多疼？

你真的沒有情感創傷嗎？

為什麼別人那麼積極，你卻如此消極？

如何改變自己的思維習慣？

你的童年快樂嗎？

When solving problems,

dig at the roots instead of just hacking at the leaves.

——Anthony J. D'Angelo

解決問題時應當刨根問底，而不能浮於表面。

——安東尼·德安吉魯

（美國著名作家）

你是否曾經注意過身邊有這樣一些人：他們相貌平平，資質一般，各方面的「硬體條件」都不是非常耀眼，但他們卻從內到外透露著一種自信和樂觀。他們很少會在意外人的眼光，真正踐行著活出自我的人生準則。

如果把這些自信的人和易焦慮的人放在一起，平日也許看不出太大的區別。可是，當遇到挫折和失敗時，這兩種人的處事態度就會把他們瞬間區分開來。

自信的人在做出自我判斷之前，首先會對事情本身進行客觀的分析。如果老闆沒有回覆郵件，會不會是因為他最近有些忙？如果朋友最近態度有變，有沒有可能是因為家裡出事了？如果一件事沒有得到自己預期的結果，至少自己已經盡力了，下次再接再厲。如果和戀人分手了，傷心是難免的，但依然會相信自己未來可以找到一個更合適的。

相反，易焦慮的人非常容易把問題歸結在自己身上，產生自我懷疑。如果老闆沒有回覆郵件，就覺得一定是自己做錯了什麼事，惹老闆生氣了。如果朋友最近態度有變，立刻開始擔心是不是朋友不想理自己了。遇到挫折或失敗時，自我懷疑很容易演變為自我否定和自我苛責：我怎麼什麼都做不好，太沒用了。和戀人分手後，會遲遲走不出失戀的陰霾，甚至會擔心自己這輩子都找不到好的歸宿了。

那麼，問題來了：明明經歷了一模一樣的事，為什麼前者就可以一直保持積極樂觀的心態，而後者卻會陷在焦慮、自卑和消極的狀態中難以自拔呢？

這要從一個人從小到大的思維習慣開始說起。

別輕視思維的力量

思維習慣，說白了，就是我們平日裡看待問題的方式和角度。有的人看事情積極樂觀，俗稱看事情很看得開；有的人看事情則相對比較消極悲觀，容易把事情往心裡去。

日本著名企業家稻盛和夫曾說，思維方式決定人生和經營，還曾提出「人生、工作的結果＝思維方式×熱情×能力」的人生方程式*❶。從這裡，我們不難看出思維方式對一個人人生的影響。

那麼，一個人的思維到底有著怎樣強大的力量呢？

我想從認知行為學最基本的概念——認知金三角——開始講起。

---

*在創作本書時，為了做到最嚴謹的呈現，我不僅分享了自己從業多年的臨床經驗，還同時參閱大量書刊文獻，借鑒了許多優秀學者的經典理論。讀者如需進一步瞭解，可參照本書最後的「參考文獻」，通過序號查找對應參考書目。後同，不再贅述。

認知金三角

認知金三角，主要由三個部分構成：認知、情緒和行為。

認知，指的是我們的想法、猜測、評斷、觀點、記憶、想像等。簡單地說，當我們的大腦開始獲取外界訊息，並對這些訊息進行加工處理的整個過程都是我們認知和思維的過程。

比如，當我們獲得了滿意的成績，內心不禁竊喜道：「我實在是太棒了！」這就是你在當下的認知，是你對個人能力的自我評價。再比如，你向朋友借錢，朋友卻沒借給你，你內心很不爽，心想：「這人怎麼這麼摳門？」這也是你的認知，是你對他人性格做出的評斷。又比如，凌晨十二點了，你卻還沒複習完第二天的考試內容，你絕望地搖了搖頭：「沒戲了，這次我肯定要被當了。」這也是你的認知，是你對未來事態發展趨勢的預測。

認知，就像我們的內心獨白一樣，它代表著我們所有的心理活動和腦袋裡千奇百怪的想法。我們的大腦每分每秒都在高速運轉著，正常人的大腦平均每天會產生六萬到八萬個認知和想法，其中的大多數都只存在於潛意識層面。

從清晨睜眼的第一秒鐘，我們的內心獨白就開始了：「我

▼ 認知金三角

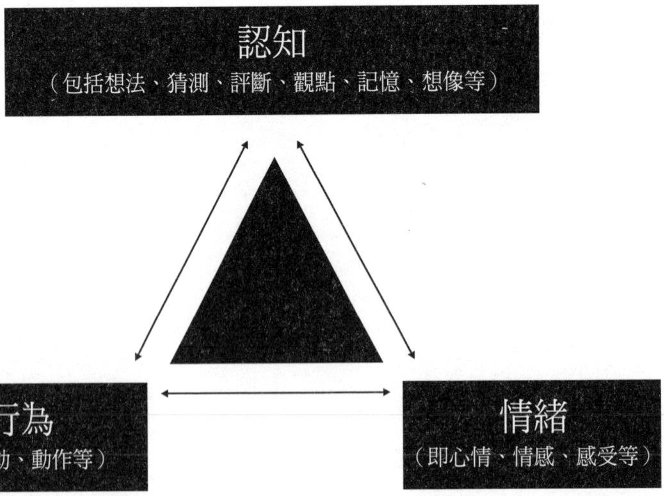

好不想起床啊，但不得不起來。我得趕快了，馬上就要上班遲到了。今天交通怎麼這麼塞？終於準時到公司了，還好沒遲到。同事怎麼穿了這麼鮮豔的一條裙子來上班，跟她完全不搭。隔壁帥哥真的好帥啊。我快餓死了，但真的不能再吃了，我得堅持住，必須得保持住體重。今晚回家該吃什麼？真是懶得做飯了，還是點外賣吧……」

我們的內心獨白就像是住在我們內心世界裡的一個解說員，它時刻不停地向我們自己講解和分析著一切內心活動。

瞭解完認知，我們再來看看情緒。

情緒，就是我們的情感或心情，是由於思維活動、行為活動、個人體驗等綜合因素而產生的一種內心感受。我們人類的情緒籠統地可以分為積極情緒和消極情緒兩種。積極情緒，包括開心、平和、感動、放鬆、激動、欣喜、放心、自豪、滿意、安全等。消極情緒，包括悲傷、憤怒、擔憂、緊張、痛苦、恐懼、焦慮、失落、孤獨、空虛、羞恥等。簡單地說，情緒主要是我們在內心體會和感受一件事的過程。

行為，指的是我們的一舉一動。比如，此時此刻，我正雙腿盤坐在凳子上，面對著電腦寫作，這就是我的行為。當一個人害怕被拒絕，於是乾脆選擇不開口時，那麼「不開口」就是他的行為。跟男友吵完架後，女孩決定一晚上都不理他時，那麼「一晚上都不理他」就是她的行為。

認知，是我們的所思所想。

情緒，是我們內心的感受和心情。

行為，是我們的所作所為。

所謂認知金三角，就是說我們的認知、情緒和行為三者之間，是相互聯繫相互影響的。積極的認知，可以激發積極的情緒和行為；消極的認知，則會觸發消極的情緒和行為。消極的情緒，會引發消極的認知和行為；當消極情緒得到緩解時，又會引出新一輪的認知和行為。固有行為會讓我們在一個認知、情緒和行為的圈裡循環往復；新的行為習慣則會使我們產生新的認知和情緒❷。

舉個例子，假設你在公司走廊裡看到老闆迎面走來，你禮貌地打了個招呼，沒想到老闆完全沒理你，面無表情地和你擦肩而過。

當下的那一秒，你的心裡會怎麼想？

如果你的想法是「好心跟你打招呼，竟然連理都不理，當個老闆就了不起啊？」（即認知），那麼內心獨白發生的當下，你的心情可能會很不爽，甚至會生氣（即情緒）。下次要是再碰到這種事，你可能就會假裝有事或故意繞道而行（即行為）。

如果你當下的想法是「老闆怎麼沒看到我和他打招呼，會不會是有什麼心事？」（即認知），那麼你可能會感到有些好奇和關心（即情緒）。之後再碰面時，可能就不會故意繞道而行，反而會表示關心（即行為）。

如果你當下的想法是「天啊，老闆竟然沒理我，是不是我做錯了什麼事，惹他生氣了？我會不會被炒魷魚啊？」（即認知），那麼你可能會感到擔心、緊張、焦慮等（即情緒），之後你也許一整天都沒心思工作了（即行為）。

以上只列舉了三種可能性，但我們可以看得出來，同一個情境中，一個人可以產生截然不同的內心獨白。不同的內心獨白，又會引發不同的情緒和行為，從而導致事情發展出三種完全不同的軌跡。如果我們叫來一百個人，分別問問他們要是遇到這種情況，當下會怎麼想，心情會怎樣，又會如何進行應對，我們可能會聽到一百種不同的答案。

這就是思維——也就是內心獨白——對我們的生活所產生的強大影響。

思維習慣

瞭解了認知、情緒、行為，以及三者的關係後，我們再來看看思維習慣的問題。

每個人都有屬於自己的獨特的思維習慣，就好比每個人都有不同的行為習慣一樣。通常，思維與思維之間是有規律可循的。看得開的人，無論什麼事都很看得開。衣服不小心弄破了，沒事兒，上面繡朵花，穿起來更有個性。這個月花費超支了，沒事兒，下個月好好工作，努力賺獎金。這次考試沒考好，沒事兒，下次多多努力就行。同事中彩券了，沒事兒，我要那麼多錢也不知道怎麼花，現在有的已經很滿足了。

而與上述思維方式相反的人，在生活裡的方方面面都會體現出來。早晨剛一出門天就開始下雨，心想：「我真倒楣，連老天爺都跟我作對！」收到了同事孩子生日會的邀請卡，心想：「他肯定是明擺著跟我過不去，明知道我沒孩子，還要請我，我連個回請他、把送出去的錢賺回來的機會都沒有。」跟男友出去約會，男友的媽媽突然打來電話，說有急事叫他回家，心想：「你媽一定是故意的，她這是誠心不想讓我們倆在一起。」

聊到這裡，我又想到了琳琳。琳琳最初開始心理諮詢時，對於內心獨白和思維習慣這些概念都是非常「麻木」的。我第一次聽她用這個詞來形容自己的時候，以為她指的是情感上的麻木。後來才知道，原來她所說的「麻木」，指的是自己對這些知識毫無概念的意思。我解釋完認知的涵義後，琳琳好奇地問道：「聽上去貌似認知有一層主觀的感覺。你的意思是說，每個人的認知都是自己對一件事情的主觀理解，並不是客觀事實？我一直以為我腦袋裡所想的東西，就是這個事情本來的樣子。難道不是嗎？」

琳琳提出了一個非常重要的問題，也就是認知與事實的關係。

認知真的等同於事實嗎？

實際上，即便很多時候我們以為自己所想的東西就是事實，但我們腦中的大多數想法其實只是自己的個人觀點而已，並非事實。

事實，或稱真理，是真實存在的，是毋庸置疑的，是無可辯駁的。如果一百個人、一千個人、一萬個人來評斷一件事時，都會得到同一個答案，那麼這就是事實。比如，水是無色無味的，人是哺乳動物，一加一等於二等。

而認知則是主觀的，是根據成長經歷、教育背景、生活環境、個人信仰、個人體驗等不同而不同的，不是放之四海而皆準的。比如，大學文憑是否是取得成功的必要條件？有的人覺得是，有的人就覺得不一定。再比如，女博士是不是就找不到對象？一些擇偶困難的女博士也許會斬釘截鐵地告訴你的確如此，但另外一些女博士可能會告訴你這完全是謠傳。

這樣看來，認知和事實的區別是顯而易見，而且非常好理解的。那為什麼還要花篇幅舉例子來強調兩者的不同呢？主要有兩個原因：

第一，當一個人的認知在童年就產生時，或者當一個人的認知反覆被過往經歷佐證時，這個人就會很容易把自己的認知誤認為是

▼ 事實和認知的區別

事實	認知
禁得住反覆檢驗核查	通常只基於個人的主觀觀點
有鐵證支持	不一定有鐵證支持
是無可辯駁的	不一定每個人都同意
舉例：火焰是熱的	舉例：暖和一些更舒服
舉例：藍色是一種顏色	舉例：藍色是最好看的一種顏色

事實。第二，當某種主流認知在社會裡盛行時，我們會很容易把社會主流認知誤認為是事實。

比如，中國二胎政策開放以後，很多人都說一兒一女湊成一個「好」字才是完美的。就算湊不成「好」字，兩個孩子也要比一個孩子好，因為獨生子女長大後會孤獨寂寞無所依託。可是，事實真的如此嗎？再比如，新手媽媽們可能都聽說過類似的說法：純母乳餵養的寶寶更聰明，或坐月子時不能洗澡。可是，事實真的如此嗎？

很多類似的說法被大眾傳多了，就很容易被人當作事實來看待，並作為人們做決定的重要依據。所謂批判性思維，說白了就是要懂得質疑，而不是不經思考地全盤接受某種觀點。

我和琳琳討論完這些內容後，她感到非常詫異。她說這是她有生以來第一次意識到，原來她一直以來相信的認知，並不一定都是事實和真理。

弄清這些認知到底是什麼，是至關重要的，因為我們的情緒和行為大多都來自腦中的所思所想，而這些思維很多時候都是直接被我們腦中的核心認知*所觸發的。比方說，如果一個人堅信「我不夠好，我沒用，我是一個失敗者」，那麼他可能就不會去爭取一些機會，很多本來可能屬於他的機會也許就這樣和他擦肩而過了。

聊到這裡時，琳琳又問了一些非常關鍵的問題：「我大概明白了認知和事實的區別。可是，我很納悶為什麼別人看問題那麼積極，我卻總是很消極呢？我的思維習慣最初到底是怎麼養成的？我的這些消極認知又是怎麼跑到我的腦袋裡來的？我到底該如何才能改變自己的思維習慣，變得積極起來呢？」

要想瞭解這些問題的答案，我們就得從生命之初開始談起。

---

*核心認知，主要指我們看待自己、他人及世界的方式。

思維習慣養成史

思維習慣的養成主要分以下幾個階段。

敏感的嬰兒期（〇到一歲）

當我們作為嬰兒剛剛降臨在這個世界上時，我們每個人都是純潔無瑕，同時又非常脆弱無助的。我們在母親的子宮裡生活了近十個月，習慣了子宮羊水的溫度和環境。因此，當我們有生以來第一次在母親子宮以外的環境生存時，一切的一切對我們來說都是全新且未知的。

我們在嬰兒期所有的身體需求和情感需求，全部都是依賴性需求。也就是說，這些需求全部都得依靠外界來幫我們滿足。飢餓的時候，我們需要被餵養。困倦的時候，我們需要一個安全舒適的環境幫助我們進入睡眠狀態。過冷或過熱的時候，我們需要外界的幫助來調節體溫。在情緒上感到害怕或生氣的時候，我們需要被安撫。

由於還不會說話，處在嬰兒期的我們在表達自我需求的時候，唯一的方法就是哭。**哭，是我們人類一種非常本能的原始的表達需求的交流方式**。我們的身體或大腦由於感受到了某種需求，於是開始發出哭聲信號。當我們的需求得到滿足時，就會本能地停止啼哭。如果外界可以穩定地連續地滿足我們的需求，我們的大腦很快就會在潛意識裡建立這樣一個連鎖關係：只要我一哭，媽媽*就會來照顧我。

隨著時間的推移，在這樣的因果關係被穩固建立起來的過程中，我們在成長初期會在潛意識裡形成以下幾個核心認知：

● 我是安全的，這個世界是一個安全的地方。

剛出生時，由於環境的陌生與未知，我們很容易感到惶恐不安。然而，隨著時間的推移，當我們漸漸熟悉了身邊的環境和人，不安的情緒就會漸漸褪去，安全感會逐漸提升。身體和心理上的安全感，是我們健康地生存在這個世界上最基本的前提。

● 我是可以信任他人的。

由於外界給予我們一致的穩定的回饋，我們就會逐漸開始信任他人。我們開始相信，當我餓了、累了、冷了、受傷了，只要把我的需求透過哭聲信號傳遞出去，媽媽就會來餵我、照顧我和安撫我，並滿足我的一切需求。在這個過程中，我們會和自己的母親漸漸形成一種健康的依戀關係。在人生初期對家人的信任，是我們在未來形成其他健康人際關係的基石。

● 我是好的、重要的、有價值的，是值得被愛和被接受的。

每當媽媽和依然處在嬰兒期的我們進行親子互動時，媽媽看我們時充滿愛的眼神，親吻我們時在我們皮膚上留下的溫度，給我們洗澡時溫柔的撫摸，哄我們睡覺時輕輕的搖曳，當我們受到傷害時她給予我們的安撫，都會讓我們感受到媽媽對我們的愛。

我們會開始發現，當我哭鬧時，媽媽會來照顧我；當我開心時，媽媽會因此而開懷大笑。在這個過程中，我們會發現自己的一舉一動是對周圍的人和世界產生影響的。我們會感覺自己最真實的樣子是可以被媽媽接受

---

*這裡指代嬰兒的主要看護人，可以包括媽媽、爸爸、爺爺、奶奶、外公、外婆等。本書中嬰兒的主要看護人以媽媽為代表。

的，並漸漸感覺自己是值得被愛的，是有價值的。我們在這個階段感受到的母愛，是我們在潛意識裡構建早期個人價值的核心。

以上幾點十分關鍵的核心認知，是健康的母嬰依戀關係可以幫助我們達到的。雖然我們在嬰兒期並沒有能力去意識到這些認知，但它卻會在日後很長的一段時間內，深深地影響著我們在成年以後和自己及他人的人際關係。

相反，如果我們在嬰兒期的主要需求無法穩定地得到滿足，就會對我們的大腦和身體造成極大的消極影響。當外界沒有在合理的時間段內對一個嬰兒的需求進行積極回饋時，這個嬰兒在當下就會進入一種情感危機狀態，恐懼和焦慮會觸發大腦釋放壓力荷爾蒙，這個嬰兒的全身上下都會感受到這種壓力。

通常，如果一個嬰兒哭聲難止，怎麼哄都哄不好的時候，這很可能是因為他／她由於飢餓、困倦、傷害或某種外界因素，引起了他／她較長時間段或較大強度的恐懼或焦慮感。在大腦發育尚未成熟的情況下，一個嬰兒根本沒有能力來有效地管理這種情緒壓力。因此，**在嬰兒期頻繁經歷情緒上的大起大落，在很大程度上會影響這個嬰兒大腦的發展，並在日後嚴重影響這個人的情緒管理能力**。

這就是為什麼人們總說，對於一個孩子的健康成長來說，環境的一致性是非常重要的。如果媽媽一段時間可以滿足孩子的需求，過段時間又不能滿足了，或者一個照顧者用某種方式照顧孩子，而短時間之內孩子又要經歷他人完全不同的照顧方式，這就很容易使這個孩子感到困惑，從長遠來看又會使他／她缺乏安全感和掌控感。

缺乏安全感和掌控感是一種什麼體驗呢？這又和焦慮有什麼關係？我們可以來假設一個場景。

試想，你生活在一個完全陌生的小屋裡，你沒有任何行為能力，一切需求完全依靠外界來滿足。不僅如此，你也沒有任何語言表達能力，只能靠哭喊向外界傳達自己的需求。

當你第一次因為飢餓而哭喊時，你驚訝地發現很快有人從門縫裡送進來一碗飯。之後你每一次因為飢餓而哭喊時，飯都很快地被送到你面前。久而久之，你發現，只要一餓了，放聲哭喊就可以立刻看到飯。那麼，雖然整體環境依然有些陌生，但至少它是有規律可循的，因此就不覺得那麼恐慌了。當我們掌握了一件事的規律，知道了可以期待些什麼時，內心自然就會產生安全感和掌控感。

相反，如果當你哭喊的時候，有時候有飯吃，有時候沒飯吃。有時一哭就有飯，有時哭啞嗓子才把飯等來。有時飯是熱的，有時飯是冷的。在你想睡覺的時候，有時可以安靜入睡，有時屋外卻會突然傳來巨大的噪音。屋裡的人有時對你很耐心，但有時態度卻又無比暴躁。

就連成年人生活在這樣一個如此混亂、無規律可循的環境中，都會倍感壓力，充滿恐懼，那麼這種不統一、不一致的環境對一個嬰兒的影響就可想而知了。更何況，當一個嬰兒的需求沒有及時得到滿足的時候，這真的會危及他們尚且年幼的脆弱的生命。

很多人都會覺得嬰兒還小，「他們懂什麼啊」。實際上，**嬰兒雖然尚無發育成熟的大腦和完整的認知體系，但他們對外界的一切都是極其敏感的**。他們對自己照料者的情緒、照料者的更換，以及家裡發生的一切（比如噪音、爭吵等），都有著極高的敏感度。

這就是為什麼在一個母親孕育新生命的過程中，她的情緒、她和配偶之間的夫妻關係，寶寶出生後母親是否有產後抑鬱或焦慮等情緒困惑，寶寶成長前幾年裡父母之間的關係，寶寶尚且年幼時是由誰帶大，以及父母對寶寶的陪伴等因素，對於一個寶寶的健康成長都是極其重要的。雖然孩子長大後對生命中第一年幾乎沒有記憶，但這一年卻對孩子的大腦發育至關重要。

在這本書的後面幾個章節裡，我會非常詳細地聊到如何更健康地管理焦慮情緒。在這裡提到我們成長的嬰兒期，是因為我們需要瞭解到，當下作為成年人的我們如果會習慣性地陷入焦慮、不安或自卑等情緒，有時很可能是因為它起源於我們在嬰兒期時的經歷。

不同的人在面對相同情境下之所以會產生不同的想法、情感和應對方式，很大一部分原因在於不同的人在嬰兒期就有著截然不同的成長經歷，並和自己的主要照料者有不同的依戀關係模式。嬰兒期所形成的健康的安全的母嬰依戀關係，會對之後幼兒期、童年期、青春期和成年期都產生積極的影響。相反，不健康的、不安全的依戀關係，則會對日後的成長產生負面影響。

探索的幼兒期和童年期（二到十一歲）

如果說嬰兒期的經歷幫助我們搭建了一個大致骨架的話，幼兒期和童年期的經歷則是骨架外大片大片的肉。在這兩個階段中，我們的大腦開始飛速發展，我們漸漸弄懂了周圍世界的運作方式，我們性格的核心部分開始慢慢養成，更多的核心認知在這個階段逐漸形成並內化。

對於大多數人來說，家人還是我們平日接觸最多的人。因此，家人的相處方式和情感表達方式，是我們學習如何與他人相處以及如何表達情緒的第一堂課。

處在兩歲到七歲這個年齡段的孩子，通常都是以自我為中心的。這裡講的「以自我為中心」，並不是「自私、自負」的意思，而是指我們每一個人在成長過程中都會經歷的一個十分正常的發展階段。

這主要是因為大腦負責自我控制的部分——前額葉——還尚未發育成熟。在這個階段，一個孩子是沒有能力從他人的角度看待問題的。我們會覺得自己的所思、所想、所愛，就是他人的所思、所想、所愛。我們會覺得一切都是自己的，同時也只會關注自己的喜好和需求。

在這個階段，我們會在潛意識裡摸索出世界運作的方式之一，即好事會發生在好孩子身上，而壞事則會發生在壞孩子身上，這被稱為公平世界觀（the just world belief）❸。雖然孩子並無法用「好」與「壞」區分，也沒有哪個孩子是真正的「壞孩子」，但是年幼的孩子看世界的角度就是如此簡單和非黑即白。

而這一點也會經常在我們成長的過程中得到印證。比如，當我們考試考好了，父母會豎著大拇指稱讚我們，說：「真是個好孩子！」當我們考試成績不理想時，即便父母一聲不吭，我們的內心也會隱約感覺到自己不是「好孩子」了，好像我們讓父母失望了。

又比如，假設我們在玩耍的過程中，不小心把桌上的水杯碰灑在地。當這樣的事故第一次發生時，年紀尚小的孩子是完全不知道它的意義或嚴重性的。那麼，父母對這類事故的反應，就會塑造我們以後對所有這類事件的心態。

如果我們的媽媽不慌不忙、不急不躁地蹲下來安慰我們說：「沒關係，媽媽知道你是不小心的，不是故意的。只是一點水而已，來，我們一起把它擦乾淨。」那麼，我們就會在潛意識裡形成一種認知，即：只要我勇於承擔責任，那麼無心之失是可以被包容的，因為我不是故意的。這樣，當未來發生了其他的無心之失時，我們才更可能會願意和父母分享，因為我們知道即便如此，我們依然是被愛和被接納的。

相反，如果事故當下，媽媽指著我們扯著嗓子大喊道：「你這個孩子怎麼這麼不小心？把那麼大一杯水碰地上了，你不長眼睛嗎？笨手笨腳的！」大腦對噪音的反應和對危險的反應十分相似，這就是為什麼當一個孩子被大聲訓斥時，他／她的大腦和身體都會自動進入危機模式。

因此，類似這樣的「壞」事很容易使我們在潛意識裡得出相反的結論，即：當我不小心做錯一件事時，媽媽會生氣，因此我的這種行為——甚至我本人——都是不被接受的。如果這樣的事情一而再再而三地發生，我們就會變得越來越謹慎，在自己的父母身邊可能都會感到小心翼翼，如履薄冰。

更為重要的一點是，當我們被父母大聲指責時，我們會自動認為一定是因為自己做錯了某件事，才導致父母如此生氣的。由於處在這個階段的孩子尚無能力去考慮除自己以外的其他視角，那個時候的我們根本無法理解到，導致父母生氣的可能是其他事情，只不過是這種怒氣被轉嫁到了小小的我們身上。

這就是為什麼當一件事沒有按照我們內心預想的那樣發展時，我們很容易會擔心：是不是我做錯了什麼？是不是我自己的問題？

久而久之，我們會開始害怕犯錯誤，因為我們知道犯錯誤後會被爸媽罵。而爸媽對我們過失的不接受、不包容、不諒解，則會導致日後我們對自己或他人過失的不接受、不包容、不諒解。

除了核心認知以外，處在幼兒期和童年期的我們，還會從父母身上學到表達情緒的方式。比如，當我們看到媽媽悲傷時會哭出來，而哭過之後媽媽的心情就會好起來，一切都會恢復正常。那麼，我們在潛意識裡就會形成一種認知，即：傷心時可以哭，哭完之後傷心的情緒就會漸漸好轉。漸漸地，我們對於傷心的情緒或哭這種行為本身，就會比較容易接納。

相反，假如我們因為某件事大哭，父母不耐煩地對我們大喊道：「哭什麼哭？你就懂得哭！怎麼總是長不大！」漸漸地，我們就會認為，「哭是不可以的，哭代表我不成熟、不堅強。」那麼未來我們可能就會在潛意識裡對自己的消極情緒以及哭這種行為進行壓抑。

除此之外，我們在幼兒期和童年期還會透過父母的相處方式，去學習人與人之間該如何相處。比如，如果父母之間鬧矛盾時，會坐下來與彼此和顏悅色地溝通，那麼我們在未來與他人遇到矛盾時，也會更傾向於透過溝通的方式進行化解。

相反，如果我們從小到大都是看著父母爭吵甚至打架長大的，那麼我們自己可能就會更傾向於透過類似的方式去處理矛盾。我們甚至會對人際關係，尤其是婚戀關係，產生厭惡感和恐懼感，因為我們可能以為這就是婚姻唯一的樣子。

當然了，處在幼兒期和童年期的孩子尚沒有足夠的言語和認知能力去總結出這一個又一個的核心認知，而且這些認知往往是深埋在潛意識裡的，通常在日後回首往事時才能意識到。但即便如此，當自己不小心做了一件讓父母生氣的事，被父母責備時，當下的那種感覺，很容易被一個人銘記心頭，久久不能忘懷。

關於兒童成長和早期教育這個話題，要是真的展開來說，我可能得單獨再寫一本書了。但是，在這本書裡必須得簡單提到童年對我們的影響，是因為要想真正解決一個問題，除了知道這個問題是什麼之外，我們必須得弄清楚導致這個問題產生的根本原因都有哪些。搞清楚問題癥結後，我們才能對症下藥。

有種痛叫情感創傷

要想進一步深挖我們為什麼會在內心深處感到焦慮、不安和自卑，這裡必須聊到的一個話題，就是情感創傷。

情感創傷，英文講就是 trauma。其實在進入心理諮詢領域之前，我個人當初對創傷這個話題不但一無所知，甚至還有很多誤解。但是，進一步學習和實踐之後，我發現這個領域對一個人的心理和情感健康起著至關重要的作用。於是，我一直渴望透過文字把關於情感創傷方面的知識分享給更多人。

情感創傷其實埋藏在很多人的內心深處，卻不為人所知。這些傷口會在不經意間讓我們隱隱作痛，在我們尚未察覺到痛苦根源時又悄然而退。大多數人對情感創傷這個話題都不是非常瞭解，而且由於媒體對它的描述和大眾的固有思維，我們對它反而有很多誤解。正是因為這些誤解，導致我們很多時候都忽略了它的重要性。

現在，我們就來看看到底什麼是情感創傷。

我的情緒「感冒」了

創傷本身分為兩種，一種是身體上的創傷，一種是心理和情感上的創傷。我們平常聽說的醫院裡的創傷外科，指的就是人在身體上受到的創傷。而這本書裡所指代的，主要是心理和情感上的創傷。

什麼是心理和情感上的創傷呢？我們先來看幾個定義。根據牛津字典的定義，任何在情感上讓人感到痛苦或不安的經歷，都算是創傷。而美國心理協會對創傷的定義，是我們對任何糟糕經歷的一種情緒上的反應。

實際上，trauma這個單詞本身是一個希臘語，它的意思就是傷口（wound）。所謂心理和情感創傷，其實就是說因為發生了某件事，使一個人在情感上受到了傷害，留下了「傷口」。

從這個意義上來說，中文裡把trauma一詞翻譯成「創傷」，我個人認為並不是十分妥當，因為「創傷」這個詞本身聽起來就感覺好像必須是一件很嚴重的事情。

然而，從心理學角度來看，無論事情看起來是大是小，只要它讓一個人在心理和情感上感覺受到了傷害，那麼它就是trauma。我暫時沒有找到更為合適的詞語來翻譯它，所以在本書中，我們就姑且把它翻譯為「心理和情感上所受到的傷害」。

那麼，都有哪些事情容易讓一個人感覺自己在心理和情感上受到了傷害呢？

一些比較常見的例子包括：被人說閒話、被人侮辱、被責罵、失敗、被人拒絕、被人背叛、喪失（比如親人離世、失業、破產等）、分手、離婚、被人欺負、患有疾病／被誤診、自己或親人經歷手術、事故、身體虐待、性虐待、言語虐待、自然災害以及戰爭等。

看完這些例子後，我們不難發現，心理和情感傷害並不是一類單一事件，它其實涵蓋很多大大小小的事件。

如果我們把這些事件按照它們對人的影響*，從小到大排列開來的話，就會是下圖裡的樣子。

還有一類事件比較特別，它並不是說發生了某件事，而是說在一個人覺得自己應該擁有一件事的時候，卻沒有得到它。比如，一個人本該獲得某個獎卻沒得到，本渴望在某個年齡做某件事（例如戀愛、結婚、生子等），卻沒能按照自己的意願完成這些里程碑事件，或是本應該得到父母的愛和關懷，卻沒有得到等。此類事情對一個人的心理和情感的傷害也是非常大的。

以前，我們可能覺得情感創傷好像是離我們普通人的生活遙不可及的一個概念，但看完以上這些例子，你可能會意識到它其實離我們的生活並不那麼遙遠。在很多你認識的人當中，甚至自己本身，可能都多多少少經歷過類似的情感傷害。

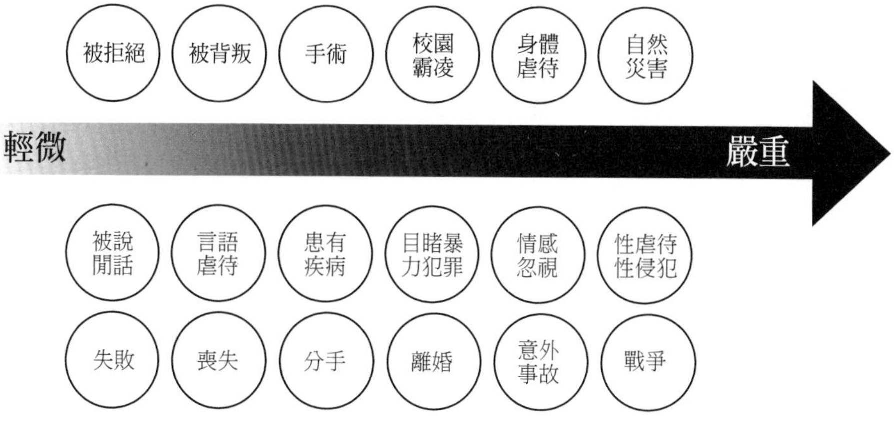

*不同事件對不同人的影響各有不同，這裡所舉的影響大小只是相對而言。

有關情感創傷的誤解

正因為大眾對心理和情感傷害這個話題比較陌生，才導致我們對它有很多誤解。兩個最常見的誤解包括：

×**誤解一**：只有經歷了危及生命的大事件，才能算是情感創傷，比如戰爭、家庭暴力、性侵或自然災害等。

○**事實一**：實際上，從心理學角度來看，到底是不是情感傷害，並不是由事件本身的嚴重程度來定義的，而是由這個事件對一個人的心理和情感的影響而定義的。情感傷害是一個非常主觀的事情，很多事情在外人看來也許只是一件小事，但有時對一個人卻能造成非常深遠的影響。

×**誤解二**：一個人在心理和情感上一旦被傷害，這輩子都會變得「不正常」，無法走出它的陰霾。

○**事實二**：實際上，只要給予一個人所需的資源和情感支援，這個人就一定可以從心理和情感傷害的陰影中走出來，重新找回自己的快樂人生。

小心情感創傷「後遺症」

當一個人在心理或情感上受到傷害後，一般會有以下這四大類體驗。

第一，重新體驗，也稱再次體驗。一些典型的例子包括：

- 腦海中總會湧現出關於這件事的思緒和回憶。比如，我以前見過一位來訪者，游泳時不小心被淹了一次，從那之後她就特別害怕水。事情剛發生的那段時間，她每天都不由自主地回想起自己被淹的場景，明明不想去想，但卻控制不住自己的思緒。

- 做夢，甚至做惡夢。這位來訪者有段時間幾乎每晚都會夢到自己被淹的場景，夢境顯得非常真實。她會夢到自己當時在水下掙扎的樣子，身體越來越沒力氣，漸漸在水裡昏迷，然後她就會突然從夢裡驚醒，渾身大汗淋漓。
- 觸景生情。比如，這位來訪者每次看到水時，就會不由自主地害怕、緊張，甚至逃避。有一段時間，她甚至沒法洗臉或洗澡，因為只要有水沾到她的肌膚，她就會莫名其妙地感到緊張。
- 身體反應。如果身體在事發當下體驗到了某種反應，那麼當回憶被勾起時，身體就又會重新體驗當下的反應。比如，這位來訪者當時從水裡被救起來之後，感到渾身肌肉緊繃，瑟瑟發抖。直到現在，她每每走到有水的地方，身體就又會肌肉緊繃，瑟瑟發抖起來。

以上的這幾個例子，都會讓一個人在內心深處彷彿感覺自己又把創傷事件重新經歷了一遍，反反覆覆，使自己依然被這件事的陰影籠罩著。

第二，情感逃避。簡單地說，就是因為事件發生當下使一個人覺得很痛苦，所以事情過去之後，就不想再去回憶它，不想再去勾起那些難受的情緒，也不想再跟任何與這件事有關的東西牽涉在一起。

比如，我有另外一位來訪者，本來和她的老公非常相愛，但是在毫無徵兆的情況下，發現老公出軌了，老公還提出要和她離婚。聽到這個消息時，她整個人彷彿從天堂掉到了地獄。在那之後的很長一段時間裡，她都不想提及這件事。她聽不得別人叫她老公的名字，她把家裡的全家福照片全都燒掉了，並把老公給她買的衣服、首飾等通通扔掉了。任何一件能讓她想起老公的事情，她都會有意無意地回避。這就是很典型並常見的情感逃避。

第三，消極的想法和情緒。我有另外一位來訪者，家庭生活非常幸福。有一天晚上，她和老公一起出去吃飯。開車回家的路上，老公沒繫安全帶，兩人就因此在車裡吵了起來。吵得激烈的時候，這位來訪者隨口說了一句氣話：「安全帶你愛繫不繫，撞死活該！」沒想到，話音剛落，迎面來了一輛大卡車，直接撞了上來，她的老公當場死亡。之後，這位來訪者陷入無盡的消極想法和情緒中。

消極的想法和情緒包括：

- 消極情緒。這位來訪者飽受很多消極情緒的折磨，包括痛苦、傷心、絕望、孤獨、抑鬱，最強烈的是深深的內疚感。
- 對日常活動的興趣大大降低，也就是我們平日裡所說的茶不思、飯不想。這位來訪者當時抑鬱和焦慮的情緒都很嚴重，每天無心做事，不吃飯、不洗澡、不打掃家，有時連床都不起，整日以淚洗面。
- 孤僻，不想出門走動，只想一個人待在家裡。這位來訪者有一段時間連著兩個星期基本沒出門，和周圍的親朋好友都斷了聯繫。
- 無法感受到積極情緒，也就是情感麻木。人生就是如此戲劇化。事故發生之後，來訪者被送到醫院搶救，卻意外發現她已經懷孕了。在她整個懷孕期間，以及孩子出生長大的很多年裡，她都從未體驗過為人母的快樂。
- 消極的世界觀。這位來訪者在很長一段時間裡，都覺得老天爺對她很不公平，不但如此意外地奪走了她的愛人，還讓自己的孩子一出生就沒有爸爸。同時，她也陷入了深深的自責。她覺得正是因為自己當初說了那句話，才導致車禍發生。她覺得現在的一切都是老天爺給她的報應。

● 記憶模糊，也就是說有些人在追憶創傷事件時，可能無法記清事情的具體細節。這位來訪者最初回憶整件事的事發過程時，能記住的部分非常少。她只記得自己說了那樣一句話，但是事發之前、中間和之後到底發生了什麼，她當時完全不記得了。大腦在抑制消極情感和記憶的同時，有時會把中性記憶也過濾掉了。

第四，身體或行為上的一些反應。比如在心理或情感上受到傷害後，一個人有時會莫名地感到煩躁或憤怒，注意力不集中，睡眠紊亂（主要以失眠為主），易受驚嚇，高度警覺，甚至會做出衝動或危險之舉。

以上四大類體驗，是每一個在心理或情感上受到傷害的人都容易經歷的。當然了，人與人之間本身就有個體差異，所以每個人具體的個人體驗都會有些許不同，但是這些體驗在本質上都是一樣的。很重要的一點，就是要知道**這些體驗是一個人對於一個突發的情感傷害事件的正常反應**。

那麼，在什麼樣的情況下，我們會從心理學角度上判定說一個人的個人體驗已經超出了正常範圍呢？根據美國精神醫學會（American Psychiatric Association）出版的《精神障礙診斷統計手冊（第五版）》，當以上講到的症狀符合了一定數量、持續時間超過了一個月以上、對一個人的正常生活造成了影響，而且這些影響並不是由其他身體原因或藥物原因導致的話，這個人就可以被診斷為創傷後壓力症候群，或稱創傷後應激障礙（Post-traumatic Stress Disorder，簡稱PTSD）❹。

PTSD到底有多常見？我們一起來看一些資料*。

---

* 目前中國尚沒有PTSD在一般人群中患病率的調查報告，因此這裡引用的是國外的資料。

根據 PTSD United 的官方資料，美國大概有百分之八的人口有PTSD，也就是兩千六百零五萬人左右，差不多有德克薩斯州人口那麼多（德克薩斯州是美國人口第二大的州）。患有PTSD的人群是使用美國公共健康資源最多的一個人群，而這個群體在接受治療時，也是最容易被誤診的一個群體。很多普通門診的全科醫師往往只會關注來訪者的症狀，而會忽略他們病症的根源。

由於PTSD的很多症狀和抑鬱症及焦慮症非常相似，所以很多人都被誤診為抑鬱症或焦慮症。資料顯示，有PTSD的人，百分之四十八曾被誤診為抑鬱症，更有高達百分之七十二的人，曾被誤診為某種其他類型的焦慮症。

這個現象在我的臨床實踐裡非常常見。很多來訪者最初向我尋求幫助的時候，都說他們在之前的幾年、十幾年甚至幾十年裡，見過無數醫生，尤其是精神科醫師或心理醫生*，但無論他們吃什麼藥，接受怎樣的治療，都無法根治他們的抑鬱或焦慮。他們覺得藥物只能在短期內暫時起到控制症狀或幫助睡眠的作用，但是不知道為什麼，他們抑鬱或焦慮的感覺依然揮之不去。

當我從來訪者們那裡搜集過去他們經歷過的情感傷害事件的資訊時，這些來訪者都會驚訝地告訴我，以前從來沒有人問過他們類似的問題，或者有人問了，但這部分經歷卻沒有被重視。就這樣，由於誤診，很多人長期花著時間、金錢和精力參與著對自己並非那麼有效的治療。

更令人驚訝的是，所有在美國各地門診尋求心理健康幫助的人群裡面，將近一半的人都是有PTSD診斷的。PTSD本身又分為急性PTSD和慢性PTSD。我目前接診的很多來訪者都是慢性PTSD，他們經歷的情感傷害大多都發生在童年。由於這些事在童年剛發生時，並沒有得到應得的重視，因此耽誤了重要的治療時機，導致他們在成人後的很多年裡依然掙扎著，現在才開始尋求幫助。

瞭解了關於PTSD的基本資訊，我們再來看看，為什麼有些人在經歷了情感傷害後，一兩個月左右症狀就能漸漸減緩，但另外一些人的症狀卻會一直持續下去，久久無法走出心靈傷痛的陰霾。

阻礙心靈痊癒過程的兩個主要因素：

第一，阻滯點（stuck point），說白了，就是消極認知。也就是說，一個人在思想層面對情感傷害事件進行了某種消極解讀，使他／她在內心深處過不去這個坎，因此在心靈痊癒的道路上停滯了下來。

比如，他／她可能會在潛意識裡覺得這件事的發生意味著「我不夠好，我不重要，我沒有價值，我不能信任他人，這個世界是不安全的」等。由於這一系列思想層面的認知誤區，才會產生諸如社交障礙、不自信、缺乏安全感、敏感易怒、抑鬱、焦慮等問題。最容易產生認知誤區的五個領域，包括安全感、信任感、個人價值、掌控感和親密關係。

消極認知很容易使一個人深陷情感傷害的陰霾，因為如果不被及時處理，它非常容易被內化，並對生活的方方面面產生影響。每當一個消極認知被觸發時，它就會引起一系列情緒、身體和行為反應，使這個人被二次傷害。

我們經常聽說類似的故事：一個從小生活在父親酗酒、母親被家暴家庭裡的女孩，決心長大要找一個好老公，可後來交往的男朋友對她卻都不好，最後自己竟也莫名其妙地嫁給了一個酒鬼，陷入和原生家庭一樣的婚戀模式中。這就是創傷的強迫性重複，它的根源之一就在於一個人在思想層面的消極認知。

第二，情感逃避。為了不去勾起痛苦的回憶和體驗難受的情緒，一個人可能會對與情感傷害事件有關的一

---

*編註：在中國，心理醫生泛指精神科醫師、心理治療師與心理諮詢師等專業人員。

切進行壓抑。有時，他／她可能會否認事情的嚴重性，否定事情的發生，甚至美化當時傷害過他／她的人。從心理學角度來講，這些行為背後的動機都是出於自我保護，是非常常見的自我防禦機制。

逃避是非常自然和可以理解的。很多時候，情感逃避在短期內的確會讓我們感覺好受一些。比如，當我們用美食、遊戲、購物，甚至賭博、酗酒和吸毒等方式去逃避回憶和現實時，當下可能真的會感到一些釋然。然而，從長期看來，逃避只會讓內心的傷疤越來越疼。明明已經受傷了，還有意把傷口遮掩起來。得不到及時處理，傷疤一定會繼續潰爛，並給自己帶來更大的傷痛。

總而言之，那些可以及時從情感傷害中走出來的人們，通常是因為他們得到了心靈痊癒所需的資源和環境。相反，如果一個人在受到心理或情感傷害後，沒有及時得到所需的情感支持，把所有的思緒和情緒都憋在心裡，就很容易陷在一種認知或情緒狀態中難以自拔。

缺愛的童年

關於童年經歷的影響以及情感傷害的話題，把琳琳的思緒帶回了她自己的童年。

琳琳出生在一個很普通的家庭，爸爸是一個做小生意的個體戶，媽媽是知識分子。由於父母工作一直很忙，很少有時間陪她，所以琳琳從小是爺爺奶奶帶大的。雖然如此，父母對琳琳的教育問題卻非常重視。他們希望琳琳能考上好大學，為他們爭光。因此，平日裡父母對她的要求不多，唯一的要求就是好好學習。

尤其是媽媽，在學習方面對琳琳的要求非常嚴格。每當考試分數不理想的時候，媽媽就會對她說：「琳琳，你看看你的隔壁同學，人家也是上著一樣的課，怎麼考得就比你高那麼多呢？下次你得考高一些，要不然媽媽爸爸的臉往哪兒放啊？」琳琳說，每當媽媽說這些話時，一字一句總會像小刀一樣扎在她的心裡。

琳琳上國中時，有一次感冒發燒了，沒法去學校參加段考。媽媽非常擔心她因為缺考而影響成績，於是特別從單位請假，去她的學校取了試卷，拿回來讓琳琳在家裡做。當時琳琳發著燒，媽媽只給她披了一件衣服，就充當起監考官，堅持讓她在床上把試卷寫完。

起初琳琳有些不願意，但後來聽媽媽說，媽媽以前就是因為身體不太好，導致錯過了一個很好的升學機會。因此，她才希望可以從小就培養琳琳堅強的性格，完成媽媽小時候未完成的夢想。當時琳琳聽完媽媽的一席話，覺得好像說得有些道理，於是只好在發著燒的情況下，咬著牙堅持把試卷做完了。

現在回頭看自己的童年，琳琳覺得她小時候就像一個學習機器。每次考試考好時，爸爸媽媽就會格外開心，不但在親朋面前誇她是一個「好女兒」，還會買很多玩具給她，並騰出時間帶她出去玩。但是，如果考試成績不理想的話，父母對她的態度就會有些冷淡，不但不會誇獎她，連陪伴她的時間都會大大減少。

我好奇地問琳琳：「父母跟你相處的方式因為考試分數的不同而不同，這對你來說意味著什麼？」琳琳思索了很久，低聲說：「我不知道這意味著什麼，但是我從小長大都有一個感覺，就是好像只有當我考出了他們想要的分數後，我才是他們眼中想要的那個『好女兒』。要是我考不好的話，他們就會很失望，失望到他們都不想多看我一眼了。我覺得他們對我的愛，是有條件的，是基於我的學習成績的。」

我繼續問琳琳：「如果這是真的話，那這又意味著什麼呢？」

琳琳又思索了好久。許久之後，她說：「我覺得這意味著如果我想被他人接受和認可，我就得做出一些成績來。當我證明了我的優秀之後，我才是有價值的，別人才會喜歡我和接受我。」

之後，我和琳琳又圍繞著這個話題聊了很久。透過這段對話，琳琳突然意識到，一直以來她對自己的學習和工作的高要求，都來自父母曾經對她的高要求。即便成年的她有了穩定的工作和不錯的業績，但她總擔心自己做得還是不夠好。她害怕自己一旦鬆懈了，多年以來的成績就會灰飛煙滅，導致她又讓家人失望，讓自己失望。正因為如此，每每想到父母對她期待的眼神，和當她沒有達到預期時他們失望的樣子，琳琳就會陷入深深的焦慮和不安的漩渦中。琳琳明白了，這一切都和她經歷過的打擊式教育及缺愛的童年有著密不可分的關係。

琳琳開始意識到，童年的她在成長過程中，雖然在物質方面的需求都得到了滿足，但在情感上得到的關愛卻是極度缺失的。

意識到這些之後，琳琳的心情很複雜。一方面，她因為意識到童年的自己沒有得到足夠的情感關懷而傷心和失望。而另一方面，她因為感到傷心和失望而內疚自責。琳琳說，現在成年的她可以理解父母當年的不易，以及他們的良苦用心，所以她覺得自己現在重提這些往事是不對的，她不想做一個責怪父母的不孝子。

我特別認同琳琳的矛盾心情，同時也因為她能理解父母的不易而感到欣慰。琳琳當下所經歷的複雜情緒是非常正常和常見的。我們有時會覺得如果自己因為過去沒有得到的東西而傷心，就意味著我們否定了過去得到的東西，同時就意味著我們對父母不孝敬、不領情、不感恩。

然而，事實並非如此。

這個世界上沒有、也不需要完美的父母

在臨床心理諮詢領域裡，有一種非常流行的療法叫作辯證行為治療（Dialectical Behavioral Therapy，簡稱DBT）。DBT的核心理念之一——辯證（dialectics）——就是說處在一個天平上的兩極，即便它們看起來是完全相反的，但兩者可以是同時存在的，並不一定是非黑即白、非你即我的。

比如，我是獨立的，同時我也需要他人的幫助。

比如，我允許自己哭泣，同時我也依然是堅強的。

比如，我完全接納自己，同時我也希望自己可以改變。

比如，我已經盡力了，同時我也希望自己未來可以做得更好。

辯證的核心就是要看到天平兩極各自的真實性和合理性，並允許兩者同時存在，就好比我們要允許自己看到位於黑色與白色之間的灰色地帶。

瞭解了這個概念後，我們再返回來看看琳琳的困惑。琳琳的擔心是，如果她承認了童年缺愛對她產生的影響，這就意味著她是一個不懂得感恩、不念父母好的一個不孝子。因此，當她因為童年缺愛而感到傷心、失望甚至憤恨的時候，就會因為自己的情緒反應而內疚自責。正因為這樣，那些傷心、失望和憤恨的情緒，一直在潛意識裡被壓抑著。

實際上，琳琳非常感激父母為她付出的一切，同時她也完全有權利和理由因為年幼的自己沒有得到來自父母的足夠的情感關懷和無條件的愛，而感受自己正在感受的一切情緒。

我相信，全天下大多數的父母都像琳琳的父母一樣，在當時所處的境遇裡，在他們所擁有的資源、知識和能力範圍內，真的已經盡力了。為人母的我深知，為人父母是天底下最難的一件事，沒有之一。

如果我們是家中的長子／長女，這就意味著我們的父母也是第一次做父母。如果我們父母的父母是不錯的父母，那麼我們的父母也許還有所參照。然而，大多數導致孩子內心痛苦的父母，他們自己的童年往往也是極度缺愛和充滿痛苦的。自己的痛苦從未得到釋放，於是又有意識或無意識地把這種痛苦傳遞給下一代。這就是所謂的代際創傷。

如果我們自己有兄弟姐妹，這就意味著我們的父母要在精力、金錢、時間和體能非常有限的情況下，拉拔多個孩子長大，這更是難上加難。如果我們的父母不得不一邊工作一邊照顧家庭，甚至不得不離家去外地打工，那麼可以很好地平衡工作與家庭幾乎是不可能的。

世界上本無完美，因此也就不存在完美的人或完美的父母。在這個世界上，連機器人都有故障的時候，更何況是人。如果我們期盼父母是完美的，或期盼自己可以成為完美的父母，我們一定會對他人或自己充滿怨恨和失望。因此，我們無須奢求父母完美，做父母的也無須強求自己完美。

早在一九五三年，英國著名兒科醫師兼精神分析學家唐納德．溫尼考特就提出了「夠好的媽媽」這一概念❺。溫尼考特明確指出，世界上不存在，也不應該存在完美的媽媽，因為沒有任何一個媽媽能在孩子每一次哭泣時都瞬間出現在他／她的身邊，對其進行無微不至的呵護，也沒有任何一個媽媽有精力可以進行全天候高品質的陪伴。

如果一個媽媽事事追求完美，她必將以同樣的高要求去期待自己的孩子，這反而會給孩子造成心理壓力，因為那些對自己要求完美的人，通常都會在潛意識裡以同樣的標準要求他人。

所謂「夠好的媽媽」，就是說媽媽們在照顧孩子的過程中，在自己能力範圍所及之內，**在大多數時候較為一致**地滿足了這個孩子的身體和情感需求即可。這樣一來，孩子不但可以在需求被滿足的情況下健康成長，同時還會漸漸明白這個世界並不以他／她為中心。他們在成長過程中會慢慢學會，大多數時候他們的需求會得到滿足，而少數時候他們會因為一些事而感到失望、受挫或傷心。這些情緒都是可以被接受的，生活也依然會繼續。

如果父母把一切都打點得盡善盡美，讓孩子感覺自己彷彿生活在了飯來張口、衣來伸手的夢幻國度，那麼這樣的孩子在長大成人後就很難有能力知道如何自給自足。當他們一旦遭遇挫折和失敗，就會變得不堪一擊。

因此，根據溫尼考特的「夠好的媽媽」理論，父母夠好就行了，不能太糟糕，但也無須完美。做得過頭了會導致孩子過於依賴父母，甚至驕橫跋扈；而照顧不足、情感忽視甚至虐待，則會在心理或情感上傷害到孩子。如何把握中間這個度，是為人父母最大的難點之一。

我的大多數來訪者在童年時都成長在情感關懷極度匱乏的家庭中。

是的，父母無須完美，大部分父母也的確在他們能力範圍所及之內對孩子給予了足夠的物質關懷。或許，他們一直都在用自己以為正確的方式去表達對孩子的愛和關懷。他們的付出和心意都是值得被肯定和認可的。

但同時，很多成年人也的確因為童年時在情感上長期缺乏來自父母的愛和關懷，導致現在經歷著各種情緒和人際關係方面的困惑。琳琳就是其中的典型之一。承認琳琳因為童年缺愛而在情感上受到了傷害，並不是否定她的父母在她成長過程中的付出。當我們允許自己直面經歷過的傷害後，我們才能允許自己感受那些被壓抑已久的情緒，並去找尋方法幫助自己痊癒。

／小練習／

你的童年快樂嗎（童年期不良經歷調查表）

你的童年是怎樣的呢？是否有過任何讓你感到情感傷害的經歷呢？

童年期不良經歷（Adverse Childhood Experiences，簡稱ACES）是美國疾病預防與控制中心在二十世紀九〇年代研發的一套調查問卷，旨在排查民眾在童年時是否經歷過情感創傷事件。該科學研究專案被稱為美國歷史上最具重要性的公共健康調查項目之一。

【測試指南】在你年滿十八歲之前，是否曾經歷過以下事件？

① **你的父母或其他常住在你家中的成年人，是否曾經：**

經常對你說髒話、辱罵、指責或羞辱你？

或：在行為舉止方面讓你感到害怕，使你以為對方會在身體上傷害你？

□是　□否　　如果是，請在下欄裡標 1 ＿＿＿

② **你的父母或其他常住在你家中的成年人，是否曾經：**

經常推搡你、拖拽你、打你、掌摑你，或朝你扔東西？

或：在你身體上留下過哪怕一次傷害的印記，包括淤青、傷痕甚至傷筋動骨等？

□是　□否　　如果是，請在下欄裡標1 ______

③ **任何成年人，或比你大至少五歲的人，是否曾經：**

對你的身體有過不恰當的觸摸，或曾讓你對其身體有過不恰當的觸摸？

或：曾嘗試與你發生不正當的性行為？

或：曾對你實施任何方式的強暴？

□是　□否　　如果是，請在下欄裡標1 ______

④ **你是否曾經經常覺得：**

家人並不愛你，或並不覺得你是重要的、獨一無二的？

或：家人彼此並不互相照顧、互相關懷、互相支持？

□是　□否　　如果是，請在下欄裡標1 ______

⑤ **你是否曾經經常感到：**

自己不得不餓肚子、穿髒衣服，並沒有人能真正保護你？

或：你的父母由於種種原因（工作、酗酒、吸毒、賭博等）而無法照顧你，比如你生病時無法帶你去醫院等？

□是　□否　　如果是，請在下欄裡標1 ______

⑥ 你的父母是否曾經分過居或離過婚？

□是　□否　如果是，請在下欄裡標 1 ＿＿＿＿

⑦ 你的母親或繼母是否：

經常被他人推搡、拖拽、打，或被東西砸？

或：有時或經常被他人踢打、咬、用拳頭揍，或用物體擊打？

或：曾經至少一次被長時間地毆打，或被他人用刀或槍威脅過？

□是　□否　如果是，請在下欄裡標 1 ＿＿＿＿

⑧ 你是否曾經跟有酒癮或毒癮的人居住在一起過？

□是　□否　如果是，請在下欄裡標 1 ＿＿＿＿

⑨ 你的家人是否曾經：

有過心理或情緒上的困惑？

或：嘗試過自殺？

□是　□否　如果是，請在下欄裡標 1 ＿＿＿＿

⑩ 你的家人是否曾經進過監獄？

□是　□否　如果是，請在下欄裡標 1 ______

十道題全部填寫完畢後，將每一欄的分數相加，得到的總分值就是你的童年不良經歷自測值，即ACES分數。

中國目前暫時沒有針對國民童年不良經歷的調查資料。所以在這裡，我想暫時分享一下美國疾病預防與控制中心當時的調查結果。當時有一萬七千人參加了調查，在所有調查結果裡，只有三十六・一%的調查者沒有任何童年不良經歷，也就是說他們的ACES分數是0。其餘高達六十三・九%的調查者有至少一個童年不良經歷。

其中，二十六%的調查者經歷過一個童年不良經歷（ACES分數=1），十五・九%的調查者經歷過兩種童年不良經歷（ACES分數=2），九・五%的調查者經歷過三種童年不良經歷（ACES分數=3），有十二・五%的調查者經歷過四種或四種以上的童年不良經歷（ACES分數≥4）。

當研究人員把所測出的ACES分數與調查者的身體和心理健康狀況進行比對時，他們驚訝地發現ACES分數越高，調查者的身體健康狀況越差，患心臟病、高血壓、糖尿病等疾病的風險都是ACES分數得分為0者的數倍。同時，ACES分數越高，調查者患有抑鬱症和焦慮症的概率就更高，酗酒、吸毒或犯罪行為的發生概率也更高。

本章結語

在這一章裡，我們探索了童年的重要性，以及導致我們焦慮和不安的思維習慣的根源。我們瞭解到，我們生而為人所需的安全感、歸屬感、信任感和自我認知，絕大部分都來自童年。我們的思維習慣、表達情緒的方式、人際互動模式等等，也都是在童年時就扎下了根。如果在嬰兒期、幼兒期和童年期有重要的情感需求長時間沒有得到滿足，我們就很容易在情感和認知發展上陷入死循環。

這個問題的直接影響，就是我們的身體依然在成長，但我們的情緒管理能力和自我認知能力卻停滯在某個階段。那些被內化的消極認知會不斷影響，甚至主導我們日後的個人成長和人際關係，尤其是親密關係的發展。

關於童年經歷的探討，幫助琳琳進一步看清為什麼自己明明並不差，但內心深處卻極度缺乏自信心，並很容易感到焦慮和不安。

之後，琳琳非常急切地說：「知道了原生家庭對我的影響，的確對我瞭解目前的困惑有幫助。可是，過去的事情已經發生了，現在的我到底該如何改變自己的現狀呢？」

下面我們就從如何改變開始聊起。

Chapter 3

活在當下的藝術

如何從快節奏的生活中慢下來？

情緒失控時，如何拯救自己？

腦子裡總是胡思亂想怎麼辦？

一腦多用，真的好嗎？

為什麼活在過去和未來的人容易焦慮？

被思維和情緒牽著鼻子走是什麼體驗？

Mindfulness is paying attention in a particular way:

on purpose, in the present moment, and non-judgmentally.

—— Jon Kabat-Zinn

所謂正念，就是有意識地覺察，

專注當下的每一秒，並不加任何主觀評斷。

——喬・卡巴金

（美國正念減壓療法創始人）

大家在平日生活裡是否有過類似這樣的經歷：

- 在公司裡跟老闆的談話不順利，於是整整一天都沒心情工作，滿腦子都回想著當時談話的內容、老闆說過的話和他給出的指令和要求，甚至一想起他當時說話的表情，就會覺得內心壓力倍增。有時雖然已經下班了，但腦子裡還是會時不時地想起這件事，回憶起過去跟老闆尬聊的相似場面，擔心明天上班要是再碰到老闆會是什麼樣子，甚至擔心自己以後會不會丟了工作。想著想著，晚上就失眠了……

- 跟朋友之間發生了一些不愉快，感到既生氣又委屈，覺得他／她一點兒都不通情達理、善解人意。自己獨自一人待在家裡，開始回想過去和這個朋友發生的其他過節，發現他／她每次都會做類似的事讓你生氣。於是，越想越憋悶，越想越生氣，一想到未來不得不再見到他／她，就覺得內心非常抵觸。自己不知道該怎麼去面對這個人，擔心無論做出怎樣的決定，都會被朋友圈的其他人指指點點。於是，整個人的心情就因為這件事跌落到了谷底。

● 本來想嘗試心平氣和地和家人商量一件事，但聊著聊著氣氛就變得嚴肅緊張起來。像往常一樣，你又沒有得到自己所期待的來自家人的理解和支持，一想到之前幾次家人也是用同樣的語氣和原因否定了你，你立馬怒火中燒，脫口而出一些自己本不打算說的話。由於你的衝動反應，對方的怒火也被點燃了。和平溝通就此因為雙方情緒過於激動瞬間演變成了一場口舌之爭。

如果你曾經有類似的經歷，你可能就體會過那種千思萬緒、心亂如麻的感覺。你也可能自己體會過，或是看到他人因為情緒失控，而導致事情的局面失控的樣子。

當我們的思緒失控時，我們的注意力要麼飄回過去，懊悔過去已經發生的事，要麼飄向未來，擔心未來可能會發生的事。當一個人情緒失控時，往往會在當下做出一些事後讓自己無比後悔的事，有些人甚至會因為情緒失控而釀成大禍。

我第一次和琳琳聊到這個話題時，她頻頻點頭，說自己經常有類似的經歷。她給我舉了一個例子，說有一天晚上她發了一條動態，特別希望她心儀的男孩能給她點個讚，可是等了一晚上，那個男孩也沒給她點讚。

當天晚上，琳琳失落極了，因為她覺得這個男孩根本不喜歡她。那種感覺讓她回憶起了高中時她暗戀了一個男孩整整三年，但當她終於鼓起勇氣表白的時候，卻被對方拒絕了。琳琳開始納悶，為什麼喜歡她的她不喜歡，而她喜歡的卻不喜歡她？她開始懷疑自己的性格有問題，擔心自己一個人孤獨一輩子，擔心將來如果找不到老公該如何跟父母交代。同學聚會時別人要是都在曬老公，她該怎麼辦？

想著想著，琳琳便感到頭皮發麻，呼吸急促，想要找個地洞鑽進去。她感到越來越低落，晚上好朋友約她聚會她也推掉了，只想把自己一個人關在家裡。在琳琳還沒有意識到的時候，她彷彿真的已經成了自己心裡幻想的那個遭人嫌棄、孤獨終老的單身狗。

然而，以上的一切都只來自琳琳頭腦裡的一個想法，就是她覺得那個男孩沒有給她點讚的原因是因為他不喜歡她。

後來，琳琳才知道，原來那天男孩的手機落在了家裡，根本沒有看到她當天晚上發的動態。雖然一切都是虛驚一場，但這次經歷讓琳琳見識到了大腦的厲害：即便什麼都還沒發生，但我們大腦的想像力就可以在幾秒鐘內幻化出一幅繪聲繪色的景象，俗稱「內心戲」。

其實，我們的大腦思緒會四處遊蕩，是一件非常正常的事。沒有一個人的思緒是可以百分之百持續地高度關注在一件事上而不遊走的。我們的大腦是人體中構造最複雜的結構之一，同一單位時間內大腦有無數個訊息需要處理，每處理一個訊息就會生成一個新的思緒，這就造成了大腦思緒會不斷遊走的屬性。

然而，真正的問題出現在當大腦思緒過多地停留在過去和未來，而不是關注在當下時，這就很容易造成焦慮情緒，因為過去和未來都是不由我們掌控的，人在失去控制感的時候就一定會焦慮不安。

聊到這裡，琳琳期待地問：「我發現我就是特別容易活在過去，或活在未來，很少會真正活在當下。前段時間我在網上看到一句話，說『活在過去的人最憂傷，活在未來的人最焦慮，而活在當下的人才最快樂』。我到底如何才能真正活在當下呢？」

解答這個疑問，我們就需要從正念這個概念開始說起。

焦慮的天敵：正念

走進正念

正念用英文講就是 mindfulness，意思就是覺察、關注和注意。這個概念最早來源於佛教的禪修，後來被引入西方心理學範疇，來幫助人們更好地進行情緒管理、自我調節、提升注意力等。美國麻薩諸塞州醫學院榮譽醫學博士喬・卡巴金博士在一九七九年時將這個概念引入課堂，開創了正念減壓課程，並初創了正念減壓療法。在那之後，這個概念在心理學界就開始慢慢普及了起來。

卡巴金博士曾說，所謂正念，就是有意識地覺察，專注當下的每一秒，並不加任何主觀評斷❻。

正念，其實就是用一種很特殊的方式去關注和覺察一件事。當我們處在正念狀態時，我們會有意識地放下自己對這件事的主觀想法，從而去單純地好奇地審視這件事原本的樣子，而它本來的樣子才會更加真實地展現在我們面前。

比如，對外，我們會更容易看到大自然本來的美好；對內，我們會更簡單地把我們的思緒僅僅看作是思緒，把情緒僅僅看作是情緒，而把身體感覺僅僅看作是身體對一件事的本能反應。

當我們對自己當下的想法、情緒和身體感覺沒有意識時，我們很容易會在無意識的情況下陷入自己假想的精神世界裡。就像琳琳舉的例子一樣，男孩沒有給她的動態點讚，她就覺得這是因為他不喜歡自己。於是，她把自己的一個主觀猜測當成了事實，並基於這個「事實」在心裡上演了一出自導自演的悲劇。

雖然當下什麼都還沒有發生，但在琳琳的內心世界裡，故事的細節卻顯得尤為真實。正因為如此，當下的琳琳才會無比掙扎。這種掙扎，使她越來越厭惡自己，憎恨自己，無法接受自己，這又觸發了新一輪自卑、不安和焦慮的情緒。要想防止這樣的消極迴圈反覆發生，我們就需要從正念開始做起。也就是說，**我們需要學會去察覺自己的思維活動、情緒起伏以及身體反應，從而漸漸學會如何掌控我們的思維和情緒，而不是被思維和情緒牽著鼻子走。**

正念不是什麼

聊完了正念的概念後，我們再來看看正念不是什麼。這一小節的內容之所以重要，是因為時下有很多人對正念這個概念的理解是有偏差的。因為理解偏差，導致在練習的時候放錯了關注點，於是久久無法見到成效。

現在，我們就來看看正念到底不是什麼。

第一，正念不是頭腦放空，什麼也不想。相反，正念是把注意力高度集中在當下正在發生的事情上，並允許大腦中立地、客觀地、好奇地去覺察事物本身，既不假裝視而不見，也不把自己的主觀想法強加其中。

第二，正念的目的不是為了減壓，即便它有時可以達到減壓的效果。就好比很多人鍛鍊身體的直接目的不是為了增加自信心，而是為了減肥，讓身體更健康，但當體重降下來，身體更健康後，它往往會幫助提升一個人的自信心。

正念的核心之一在於以好奇的心態去體察事物本來的樣子，而不加以主觀評斷。當我們希望可以給自己「減壓」的時候，這意味著大腦在潛意識裡已經對壓力本身產生了抵觸情緒。事實證明，我們越抵觸一件事，這件事對我們的影響反而會越大。相反，如果以正念的方式去好奇地覺察壓力本身，而並不是刻意地逃避或壓制它，反而可以在練習過後體會到減壓的效果。

第三，正念不等於平靜或放鬆。很多人都是抱著平靜和放鬆的目標去做正念練習的。這進一步說明人類的情感趨勢，就是只想感受舒服的情緒，而會本能地逃避或抵觸讓人不舒服的情緒。實際上，雖然當一個人用正念的方式去生活時，的確在很多時候可以發現自己會漸漸達到一種內心平靜、放鬆和舒適的狀態，但正念練習本身的目的並不是放鬆。

正念的目的是要活在當下，以一種客觀的好奇的方式去體察當下發生的一切。同時，正念的當下並不完全都是平靜或放鬆的。當我們用正念的方式去體察消極情緒時，我們當下的體驗可能是難受或痛苦的，而正念只是允許我們敞開心扉，去體察和感受這種痛苦，而不是逃避。

第四，正念不是一種宗教修行。正念這個概念最初的確來自佛教，因為當時人們發現僧人在禪修時，會以一種中立的、超脫的心境覺察一切，即人們口中常說的「看破紅塵」。也就是說，無論事情好壞，禪修的僧人們都可以用一種豁達的心態去坦然接受，並給予每個人善意和關懷。

正念一詞，指的只是佛教僧人在禪修時那種獨特的思維方式，而並不指代禪修行為本身。因此，正念不等於禪修。實際上，正念本身並不帶有任何宗教性質。一個人即便沒有任何宗教信仰，不穿任何宗教服飾，不念任何宗教經書，也依然可以學習用正念的方式去感受自己和生活。

第五，正念並不是對你的生活進行大型手術。我有很多來訪者，在最初聽到正念的概念時，都會在心裡感到壓力，因為他們覺得自己的生活已經非常忙了，現在卻又要學習一個全新的東西，於是會感到有些望而卻步。

其實，我們不用非得做一件很特殊的事情才能達到正念狀態。實際上，正念和我們具體要做哪件事沒有必然的聯繫。我們完全不需要因為要學習正念，而去給自己建立其他新的生活目標。在我們每天的生活裡，已經有無數個本來就存在的瞬間，可以讓我們進行正念練習。只要理解了正念的真正涵義，那我們隨時隨地都可以正念。具體該如何做，本章的第二節我會和大家慢慢聊。

第六，正念不是包治百病的靈丹妙藥。正念的生活方式有很多益處，後文會一一分享。然而，由於正念本身需要一個人在思維和關注方式上做出改變，因此只有長期練習才能體會到不同。就像健身和練習樂器一樣，三天打魚兩天曬網是很難見成效的。根據很多來訪者的真實回饋以及我的個人體驗，一般情況下，如果一個人可以每天堅持僅僅三到五分鐘，並持續兩三個月，那麼就可以多多少少體會到一些不同。

正念的益處

自從正念在心理學界越來越受重視之後，無數科學研究人員、心理學家、精神科醫師、精神分析學家和臨床心理諮詢師都圍繞著正念對人類大腦、身體、情緒和行為的影響做了研究調查和實踐追蹤。研究結果是十分令人驚喜的❼。

第一，正念可以提高人們的幸福感。研究調查結果顯示，很多選擇以正念方式去生活的人們，都發現自己更容易捕捉到生活中的一些小美好，同時也更容易全身心地參與到身邊的世界裡。他們發現自己與周圍人的情感距離更近了，自己的內心彷彿也變得更加充盈和感恩。當真正做到了活在當下時，他們發現自己變得不再像從前那麼容易被擔憂的思緒所困擾，自己也不會總是陷在對過去的懊悔和對未來的焦慮當中了。

第二，正念可以使身體更健康。無數科學研究顯示，由於我們的大腦神經元是可塑的，因此長期的正念練習可以幫助重塑大腦神經元，並在緩解心臟病、降低高血壓、治療長期的身體病痛、提高注意力、改善睡眠、提高免疫力等方面，都有非常積極的影響。

第三，正念可以減少焦慮，改善心理和情緒健康。近些年來，正念練習在臨床心理諮詢領域得到了越來越廣泛的運用。很多受抑鬱情緒、焦慮情緒、自卑感、人際關係等問題困擾的人，都對正念練習給予了十分積極的回饋。

我最初剛和琳琳聊完了正念的益處之後，她有一種將信將疑的感覺：「這個東西聽上去好像挺有用，但又感覺有點兒玄乎。我總覺得我的大腦經過了二十多年的成長，已經定型了。它已經習慣了焦慮，習慣了瞎想。我到底該怎麼個『正念』法，才能讓自己慢下來，並活在當下？」

琳琳有這樣的疑慮是完全可以理解的。對於很多人來說，正念這個概念的確是全新且陌生的，而且它跟我們以往習慣的東西幾乎是背道而馳的。

生活在現代社會的都市人，講求的是高速度和快節奏。我們已經習慣了在單位時間內做盡量多的事，以求高效。我們可以一邊開會，一邊在腦子裡想著今晚要吃什麼，並一邊在手機上和多個人聊微信。我們可以一邊吃早點，一邊打電話，同時快速地刷著微博或動態消息。

長時間處在快節奏生活中的人們，大腦的確已經習慣了這種超負荷運轉的狀態。好的一點是，正因為大腦是非常靈活和可塑造的，只要願意練習，每個人都可以掌握正念這種能力。

接下來，我們就來看看該如何回答琳琳的問題：我們到底該怎麼個「正念」法，才能讓自己慢下來，並真正活在當下？

如何真正活在當下

提及正念，其實是有「法」可循的❽。

正念三步驟

我們首先來看看到底有什麼技巧可以幫助我們做到正念，從而更好地掌控自己的思緒和情緒呢？

第一，覺察（observe），即有意識有目的地把自己的關注力向內看去*，好奇地體察一下當下的自己在想些什麼，情緒如何，身體有什麼感覺。當我們以一種好奇的心情觀察自己內在正在發生的一切時，我們的大腦就會自動從之前高速運轉的狀態漸漸慢下來，安靜下來。

在覺察的時候，你可以把自己的內在想像成一片天空，把你的思緒、情緒和身體反應分別想像成一片片大大小小形狀各異的雲彩。當「天空」上形成了一片或多片「雲彩」時，你唯一需要做的，就是允許自己意識到它們的存在，並允許它們以自己的節奏從「天空」中慢慢飄過。

我們無須試圖將它們從「天空」中使勁抹去，或強求某一片「雲朵」可以永遠停留下來。如果你有這樣的想法，請允許自己覺察到這個想法，因為這個想法的產生本身就是「天空」中新添加的一片「雲彩」。

當我們去覺察的時候，暫時還不需要用語言描述當下發生的一切。也就是說，我們只是在安靜地好奇地觀察「天空」上發生的一切改變，而暫時不需要告訴自己「此時此刻，我發現天空的西南角上出現了一片面積巨大的火燒雲」。

「『覺察』這個概念太有意思了，你說的這個『天空』和『雲彩』的比喻，我大概可以理解。可是，在平常的生活裡，有什麼事情可以讓我體驗一下『覺察』到底是一種什麼感覺呢？」琳琳好奇地問。

我跟琳琳分享說，其實生活中的很多事情，都可以幫助我們去體驗「覺察」的感覺。比如：

當我們洗碗時，好奇地感受一下自來水從指縫之間劃過是一種什麼感覺，彷彿這是我們人生中第一次體驗這種感覺。然後，將自來水的流速在快慢之間隨意切換，感受一下手指被不同水速擊打時在感覺上的區別。

當我們早晨往臉上抹護膚霜時，嘗試以一種緩慢的、溫柔的方式去擦拭護膚霜，彷彿這是我們人生中第一次有這樣的經歷。認真感受護膚霜接觸我們的臉部肌膚時，是一種什麼感覺。當我們的指頭輕輕撫摸自己的臉部時，是一種什麼感覺。當你的鼻子聞到護膚霜的味道時，又是一種怎樣的體驗。

在我們嘗試以上練習的時候，大腦的思緒一定會游離。比如，覺察著覺察著，我們有可能會不由自主地想「天啊，我正在用手給自己的臉抹護膚霜，但卻要想像這是我第一次這麼幹，這種感覺太詭異了」。如果有了類似的想法，我們只需要察覺到這個想法的存在，並意識到「天空」上又多了一片「雲」。

然後，覺察著覺察著，我們可能又會想「這麼練習到底管不管用啊？」無須多說，只需要覺察到這個想法的存在即可。「今天晚上我該吃什麼？」覺察到這個想法。「我會不會做得不對啊？」也覺察到這個想法。「我的臉上怎麼總是長這麼多痘？」繼續覺察到這個想法。無論在練習的當下你覺察到了什麼，覺察到你思緒的遊走本身就是一種覺察，可以感受一下覺察到你的覺察是一種怎樣的體驗。

第二，描述（describe），即以客觀的、中立的、就事論事的方式去描述自己的思緒、情緒和身體反應。之前在覺察的時候，我們只是允許自己安靜地觀察「天空」上「雲朵」的樣子。而在描述的時候，我們則是在嘗試用客觀的語言去形容「天空」上的「雲朵」是什麼樣子。

描述的時候，就事論事這一點非常重要。也就是說，事情本身是什麼樣子的，我們就把它描述成什麼樣子。比如，當覺察到內心產生了某種情緒時，我們在描述時需要給當下的情緒命名，比如感動、悲傷、快樂、內疚、

---

*正念可以分為關注力向外去，覺察我們周圍的一切，或關注力向內去，覺察我們內在發生的一切。為了更好地詮釋本書的主題，在對正念技巧進行解釋的時候，我們這裡主要會側重於自我覺察，即關注我們內在發生的一切。

興奮、悔恨、激動、孤獨、放鬆、絕望、幸福、生氣、自豪、委屈、勇敢、害怕……無論你體察到了什麼情緒，當這些情緒出現時，只需要告訴自己：這是一種情緒。**學會體察自己的情緒，是有效管理情緒的第一步**。

再比如，當覺察到有不同的思緒飄到腦海時，我們只需要客觀地描述當下的想法是什麼。同時，提醒自己：**這是一個想法，而不一定是事實**。正是由於我們經常容易把想法和事實混淆，我們才需要提醒自己，當我們覺得「我做不到」時，這不一定意味著我們真的做不到；當我們覺得自己「很沒用」時，這不一定意味著我們就真的毫無價值。當我們允許自己把思緒僅僅看作是思緒，而不是事實的時候，我們就做到了正念。

琳琳在進行正念練習之前，經常容易把情緒、思維和事實三者混淆在一起。當她感到焦慮和緊張時，就會以為自己一定會失敗。當情緒和想法都很強烈的時候，她甚至會覺得自己好像已經失敗了，於是很多時候她都不願意去爭取本來可能屬於她的機會。後來，我引導琳琳做了很多正念練習。我們從覺察和描述這兩步開始做起，引導她好奇地觀察自己當下的思維、情緒和身體反應。

其中的一個練習裡，我引導她把自己當下的思緒、情緒和身體反應，分別想像成是兒童樂園大型球池裡不同顏色的塑膠球。我邀請琳琳在覺察到它們的時候，對它們進行客觀描述，然後把它們分別歸類到她想像空間裡的三個籃筐裡。漸漸地，琳琳不僅可以將三者清晰地區分開來，還發現自己可以在感受到它們的時候，延緩自己對它們的本能反應。

為了幫助琳琳檢驗自己的練習結果，我把她的記憶重新帶回到了她喜歡的男生沒有給她的動態點讚的那晚。我引導她在腦海中以慢動作重播的方式回憶當時發生的一切，以幫助她重新體察當下她的思維和情緒的變化。

琳琳說，她當下覺察到的第一個思緒，就是「他不喜歡我」。我提醒琳琳覺察到這個主觀想法的產生，並邀請她把這個想法放到她想像空間裡承載「想法」的籃筐裡。

之後，琳琳意識到這個想法觸發了很多複雜的情緒。我引導她好奇地按照這些情緒出現的先後順序慢慢體察它們。琳琳分享說，她當下感受到的情緒包括困惑、憤怒、受傷、失望、擔憂、絕望和孤獨，然後將這些情緒一個個慢慢地放進了她想像空間裡承載「情緒」的籃筐裡。

最後，我引導琳琳把關注力向內看去，好奇地體察一下此時此刻她身體的哪裡體驗到了這些情緒。琳琳意識到她的呼吸節奏稍微變快了一些，胸口有些發悶，胳膊和腿感覺有些無力。我引導她好奇地覺察這些身體反應，並在想像空間裡把她覺察到的東西放進「身體反應」的籃筐裡。

進行完幾輪正念呼吸（詳見本章第三節）後，琳琳重新審視了整件事。她發現：第一，這件事對她個人的影響好像不如當時那麼強烈了；第二，當她在內心告訴自己「這只是一個想法」或「這只是一種情緒」時，她發現自己好像多了一些掌控感，因為她知道自己的想法和情緒，並不一定代表事實。

總之，當我們以就事論事的方式去描述一件事時，我們會允許自己意識到：思緒僅僅是思緒而已，並非事實或真理；情緒僅僅是情緒而已，並非事實或真理；身體反應僅僅是身體反應而已，並非事實或真理。**你，並不等同於你的思緒、情緒或身體反應**。

當你覺得自己是一個徹頭徹尾的失敗者，什麼事都幹不好的時候，這並不代表你就真的是一個什麼都幹不好的失敗者，因為那只是你自己的主觀想法而已。當你感到害怕的時候，這並不代表你就真的一定會失敗，因為那只是你的情緒而已。

當我們可以分清楚這些時，我們就做到了正念。而這就是正念的根本目的所在，即透過對當下自己內在發生的一切更有覺察性，從而幫助自己對自己的情緒和思維更有掌控感，真正做到活在當下。

第三，參與（participate），即全身心地參與到一件且僅一件事情當中。換句話說，就是多重作業和一心多用的對立面，也就是活在當下的字面意思。我一直都覺得，一個人如果真的能做到吃飯的時候只是吃飯，散步的時候只是散步，放鬆的時候只是放鬆，工作的時候只是工作，那得是怎樣的一種境界啊！

想像一下，當我們漫步在一條林蔭小道時，如果我們允許自己不加評斷地、好奇地覺察四周的事物，允許自己欣賞夏天的綠葉，聆聽溪流的潺潺水聲和布穀鳥的啼叫，感受腳底踏在林蔭小道時傳來的聲音，呼吸著大自然的芳香，允許自己的身體被周圍的一切包裹著，並體會和大自然融合在一起的感覺，那是一幅多美的畫面。這，就是全身心地參與。這，就是正念的狀態。

瞭解了都有哪些技巧可以幫助我們做到正念後，我們再來看看該如何有效地運用這些技巧。

正念式活法

第一，不加評斷（non-judgmentally），**即我們在覺察、描述和參與的時候，要以一種不加主觀評斷的、中立的、客觀的方式進行，這是正念最為重要的一部分。**很多時候，孩子的世界充滿了簡單和快樂，是因為他們鮮有主觀評斷。當一個小孩子以兒童視角去觀察世界時，一切都是新奇的。當第一次看到流水、落葉和雨雪時，他們只會非常好奇地觀察和欣賞它們獨有的存在，而不會去評定它到底是好是壞。當我們以「好」、「壞」去評斷一件事時，或覺得一件事「應該」或「不應該」是什麼樣子時，我們就已經無形地把自己的主觀評斷強加了進去。

所謂不加評斷，就是說我們要允許自己暫時放下個人的主觀想法，並以中立的、客觀的、猶如兒童視角那般好奇的心態去覺察一切。當你體察到一個想法時，告訴自己：這只是一個想法，並不分「好」、「壞」。當你體察到一個情緒時，告訴自己：這只是一種情緒，也不分「好」、「壞」。

再次借用「天空」和「雲彩」的比喻：當我們在覺察和描述的時候，嘗試用一種不加主觀評斷的方式去體會和接受一切。無論你的「天空」是掛滿了「七彩祥雲」還是「烏雲密布」，無論這些「雲彩」是大還是小，無論它們在「天空」中行走的速度是快還是慢，都允許自己覺察和接受它們原本的樣子。

當然了，人類的本性之一就是對事物產生自己的觀點：這件衣服真難看，那個女人太黏人，這個孩子怎麼這麼笨，這件事我又沒做好……這些對內對外的評價幾乎每分每秒都在發生著。因此，當你自我苛責的時候，意識到這個想法，並嘗試不要因為自我苛責而進一步苛責自己。說起來容易做起來難，但是只要勤加練習，這些都是可以被我們逐漸掌握的能力。

第二，一心一意（one-mindfully），即我們嘗試在當下專注且只專注在一件事上。比如，一心一意地聽一首歌、看一部電影、讀一本書，或是放下手機，用心與家人高品質地相處一段時間。當我們的頭腦和身體同步投入到一件事時，我們通常會以最高效和最持久的關注力完成這件事。

聊到這裡時，琳琳說她深有體會。她經常把自己的日程表排得滿滿當當，每天都希望自己既可以把當天的工作按時完成，又可以為第二天的工作準備就緒，同時還要求自己把考試也複習好。通常，她都會非常焦慮地在當下該做的項目和第二天要開的會議之間頻繁切換關注力，同時腦子裡還要想著其他N件事情。大多數時候，她想把幾件事都做好，但卻往往幾件事都沒做好。最後，她就會無比自責道：「我怎麼總是什麼事兒都做不好？」

實際上，根本不是琳琳什麼都做不好，而是她承受的壓力實在太重了。這麼多的事情，這麼重的負擔，無論給了誰，都會感到壓力山大，痛苦掙扎。

自從練習了正念之後，琳琳開始越來越快地意識到自己又陷入了這種狀態裡。當她意識到這一點的當下，她就感覺自己的情緒和行動之間產生了一些心理距離。這個距離可以幫助她慢下來，去感受自己的情緒，而不是本能地衝動回應。然後，她會根據重要性和緊急性把手頭的待辦事項進行主次排序，並全身心地投入到其中的每一件事當中。最後，當她慢下來時，反而把幾件事都依次做完了，而且完成效果都不錯。

這就是正念的力量。

第三，行之有效（effectively），即做當下對自己和對情境本身有效的事，而不讓自己被頭腦中的執念禁錮住。其實我們每個人的心中都有執念：我們希望自己是對的，希望生活是順心如意的，希望世界是永遠公平的……因此，每當事情不按照我們的心願發展時，我們就很容易在現實中卡住，不願接受事實，並與其抵抗和衝突。

當我們以一種行之有效的方法去生活時，這意味著我們選擇關注在解決問題最有效的途徑上，而不是關注在自己的執念上，因為很多時候為了證明自己是正確的，或為了事情朝著心裡希望的方向發展，我們固有的解決問題的模式反而會使我們離目標越來越遠。

說到這裡，我想起了之前見過的一位來訪者。她的故事可以很好地證明為什麼行之有效的策略往往會在你想不到的時候幫助你達成目標。

這位來訪者叫小妮（化名），她和老公結婚有一段時間了，婚後生活還算幸福。平日小倆口除了偶爾拌個嘴以外，其他的也沒什麼大事兒。後來因為公司人事變動，小妮的老公突然丟了工作。自從失業之後，老公就經常把自己關在屋裡玩電腦遊戲。

起初小妮還算有耐心，理解老公想要放鬆一下心情。但是，幾個月過去之後，小妮急了。她發現老公不但完全沒有找工作的意思，反而遊戲玩得越發頻繁了，經常通宵熬夜打遊戲。為此，她感到特別絕望、傷心、孤獨和憤怒。

最初，小妮苦口婆心地勸說老公，軟硬兼施，客氣話說了，架也沒少吵，可不但不起作用，反而讓夫妻關係變得更糟糕了。

在我們的會面中，小妮經常哭訴自己用心良苦，一個人背負著全家的經濟重擔，老公不但不幫忙，反而一直在打遊戲。她覺得自己完全接受不了，夫妻之間的溝通出了大問題。

於是，我們從小妮與老公的溝通方式切入。我問小妮她一直以來和老公的溝通方式是否有效。小妮斬釘截鐵地說有。我問她效果在哪裡。小妮想了很久，說她覺得夫妻二人就是應該同時肩負家庭的擔子，有事一起扛，她想讓老公看清楚她是對的，從而使老公開始改變。

我幫助小妮看到，她其實混淆了「有效」和「有理」這兩個概念。其實，不是小妮不知道兩者的區別，而是因為她太過渴求老公可以改變，同時她也的確是有理的。但正因為她知道自己有理，當老公看不到她的理時，她的怒火一下就上來了。

在我們的會面中，我引導小妮覺察自己的想法和情緒，幫助她找尋自己行為背後的心理驅力。同時，也幫助她學會換位思考，去好奇地體察她老公行為背後的情感需求。

漸漸地，小妮發現其實老公表面雖然在玩遊戲，但內心深處可能是非常害怕和脆弱的。他只不過是用玩遊戲的方式把自己包裹了起來，不去和外界交流。小妮以一種好奇的、理解的方式和老公平心靜氣地聊了一次。沒想到，老公居然在她面前默默地流下了眼淚。

後來，小妮告訴我，那次聊完之後，她才知道原來老公自從丟了工作，內心深處就感到無比焦慮、害怕和羞愧。他責備自己沒能保住飯碗，擔心將來找不到其他的好工作，害怕自己無法像當初結婚時承諾的那樣給小妮一個幸福的生活，並因為自己沒能盡到一個丈夫對家庭的責任而感到羞愧。作為男人的他，不知道該如何表達自己的情緒，於是才把一切都藏在心裡，遊戲便成了他唯一的情感宣洩口。

小妮說，從那之後，她就再也不拿玩遊戲這件事本身來責怪老公了。她開始更多地關注老公的情感需求，不斷給他加油鼓勵。同時，小妮也更願意把自己的真實情感說出來給老公聽。之後，小倆口有了很多次交心的長談，老公也終於拿出了實際行動。沒過幾個月，他就找到了一份比上一份工作薪水更高、待遇更好的工作。

小妮雖然無法直接改變她的老公，但她卻透過改變了自己的思維角度、處理自己情緒的方式和溝通方式，間接地影響了她老公。

有時，**我們可能無法控制周圍的人和事，但我們永遠都可以控制自己**。我們可以選擇衝動地情緒化地應對一件事，也可以選擇在情緒發生的當下意識到它，並對它進行有效處理（本書第五章非常詳細地談到了情緒管理的話題）。

這就是為什麼我們要嘗試用行之有效的方式去應對自己的想法和情緒。執念本身並無問題，但如果它的存在阻擋了你有效地解決問題，那麼允許自己意識到這一點，並停下來問問自己：

我現在到底想從這個情況中得到什麼結果？我現在正在做的一切，是幫助我離自己的目標更近了，還是更遠了？如果更遠的話，此時此刻最為有效的方法是什麼？

以上，我們就聊完了關於如何運用正念技巧的話題。當然了，任何技巧或能力如果只停留在書本上，就無法使我們真正受益。只有把它運用在生活中，我們才能讓它為我所用。所以，在接下來的部分裡，我們就來看看該如何在日常生活中把以上講到的所有正念技巧運用起來。

生活裡的正念

正念習慣是怎樣練成的

眾所周知，就像學樂器和健身一樣，一個新習慣的養成需要透過反覆練習。正念也是如此。就像練習其他所有的技能一樣，練習正念時，我們也可以從小到大、從易到難。

在開始練習之前，我們需要明白：**我們練習正念的目標是要提高自己覺察事物的能力和控制關注力的能力，而不是要把注意力放在某個東西上不離開**。大腦的注意力會在不同事物之間來回游走，這是一個非常正常的現象。我們需要練習的是，當注意力遊走時，察覺到它，然後把注意力重新放回到我們希望觀察的事物上。

很多講解正念練習的英文資料裡，經常會出現一個單詞，那就是anchor，翻譯過來就是「錨點」。如果我們把大腦的注意力想像成是一艘會隨風漂泊的船隻，那麼大腦關注的那個注意點，則是這艘船的錨。我們知道，只要我們把錨拋出去定了點，那麼就算周圍有大風大浪，船隻也不會輕易被海浪卷走。拋錨後，船隻來回搖晃或轉圈是可以的，我們只要隨時回到錨點中心即可。

在實際練習的過程中，任何事物都可以被我們當作錨點。比如，我們可以用情緒作錨，用身體反應作錨，或拿外界的任何一個事物作錨。當我們找準這個錨點之後，就可以開始進行正念練習了。練習的時候，把注意力放在錨點上，當思緒從錨點飄走的時候，我們只需要注意到它，然後把思緒重新放回到錨點上。

接下來，我們就一起做一個小練習*，來感受一下正念的感覺。在這個練習中，我們就拿自己的呼吸作為錨點。

---

* 你可以自己朗讀練習文稿，並把它錄下來，然後用自己的錄音給自己作引導。或者，你也可以讓自己信任的人在你練習的時候讀文稿給你聽，以此作為引導。熟知正念練習的內容之後，自己就可以脫稿了。

正念呼吸

當你獨處的時候，找到一個最為舒適和放鬆的姿勢坐下或躺下。如果願意的話，可以輕輕閉上雙眼。如果不願意，將雙眼微張，低頭俯視地面也可以。告訴自己：接下來的三分鐘，我要和自己相處一段時間。準備好之後，開始把注意力慢慢向內看去。

首先，把自己的注意力想像成一個「身體檢測儀」，好奇地從頭到腳檢查一下此時此刻自己身體裡的各個部位分別是什麼感覺。如果有任何身體部位有緊繃的感覺，請有意識地允許自己放鬆。想像自己此時此刻正躺在一個水溫適中的澡盆裡，想像溫暖舒服的熱水正在漸漸融化你身體裡的緊繃感，使你的全身變得越來越鬆弛，越來越柔軟……

當自己在體內感受到了一些放鬆或鬆弛的感覺時，開始把注意力放到呼吸上。允許自己意識到，你的身體正在呼吸著。即便我們不去有意識地命令我們的身體，它都一直本能地處在呼吸狀態中。你無須有意改變呼吸的節奏，無須讓它變得更快或更慢，只需按照自己最舒適的節奏呼吸即可。

想像自己的注意力是帶眼睛的，我們可以把它稱為「意識之眼」。用「意識之眼」認真觀察你的呼吸，以及它的節律和深淺。漸漸意識到當你吸氣的時候，空氣通過鼻孔進入身體，慢慢充滿體內的各個器官；當你吐氣的時候，空氣又漸漸地離開了你的身體。嘗試一下自己是否可以認真地好奇地依次觀察每一輪吸氣和吐氣，彷彿這是你有生以來第一次體驗呼吸的感覺。

第一輪：好奇地觀察當你吸氣時，肩頭慢慢隆起；吐氣時，肩頭慢慢下垂。

第二輪：認真地觀察當你吸氣時，胸腔慢慢膨脹；吐氣時，胸腔慢慢收縮。

第三輪：用心地觀察當你吸氣時，腹部慢慢鼓起；吐氣時，腹部慢慢下沉。

在這個過程中，你的注意力免不了地會開始遊走。腦中也許會開始飄過各種各樣的想法。你可能會想「這個週末我要去哪兒玩呢？」「明天的報表我還沒做出來」或「這個練習我做對了嗎？」你甚至有可能會想「這個練習太無聊了，完全是在浪費時間」。或者，你可能會在這個過程中體會到不同的情緒，比如你可能會感到平靜、放鬆，或是無聊、煩躁、困倦等。

如果你發現思緒沒有關注在呼吸上，反而遊走到了其他地方，那麼告訴自己，關注力游走是完全正常的，這些情緒和思緒的產生也是完全正常的。你只需不加主觀評斷地覺察到它們的產生，然後慢慢把關注力重新放回到錨點——也就是自己的呼吸上，繼續體察下一輪的吸氣和吐氣。

無論注意力多麼頻繁地被其他事物打亂，你都只需覺察到它，然後重新把關注力放回到呼吸上，再重新用「意識之眼」去觀察自己的呼吸。

你甚至可以想像，每當你吸氣時，新鮮的空氣進入到你的身體，進入到肺部和心臟，並透過血液被傳輸到大腦和全身。每一次吸氣，都想像你的身體被新鮮的空氣滋養著。而當你吐氣時，想像身體裡的焦慮、壓力和一切其他煩惱，都隨著空氣離開了你的身體，使身體越來越放鬆、舒適和平和。

就這樣，繼續進行幾輪正念呼吸。

當你想要結束練習的時候，重新把注意力放回你的身體，檢測一下現在的身體從頭到腳是什麼樣的感覺。如果有哪個部位依然感受到了緊繃和壓力，請允許自己有意識地將其放鬆。

最後，在心裡感謝自己選擇花三分鐘的時間和自己的呼吸相處。當你準備好後，漸漸把注意力重新放回你所在的現實環境中。然後，慢慢地睜開雙眼。

做完正念呼吸練習後，給自己一兩分鐘時間回味一下這個感覺。

你剛才的個人體驗是怎樣的？當我們已經習慣於注意力向外延伸時，花三分鐘把注意力向內看去，是一種怎樣的體驗？當你把注意力僅僅放在自己的呼吸上，並去安靜地觀察自己的呼吸時，是一種什麼感覺？在練習的過程中，你的注意力有沒有遊走？如果有的話，你自己是否察覺到了？察覺到之後，再把注意力重新放回到呼吸上時，是一種什麼樣的體驗？練習的過程中，你有沒有體察到任何身體感覺的變化？整個練習做完之後，自己的狀態和練習之前的狀態有何不同？

很多人在進行正念練習時會選擇呼吸為注意力的錨點，是因為呼吸是時刻存在的，很容易在我們需要的時候為我們所用。同時，當一個人焦慮、緊張或害怕的時候，關注呼吸，並嘗試放慢呼吸的節律，往往可以起到調控情緒的作用。

除了呼吸之外，很多事物都可以作為我們關注力的錨點。接下來，我們來嘗試一下把自己的身體感覺作為錨點來進行正念練習。

正念身體檢測

當你獨處時，找到一個最為舒適和放鬆的姿勢坐下或躺下。如果願意的話，可以輕輕閉上雙眼。如果不願意的話，將雙眼微張，低頭俯視地面也可以。告訴自己：在接下來的十分鐘裡，我要和自己的身體高品質地相處一段時間。當你準備好之後，把注意力慢慢向內看去。

首先，請把注意力放到自己的呼吸上，無須有意加快或放慢呼吸的節律，只需覺察此時此刻吸氣和吐氣的韻律即可。用「意識之眼」安靜地好奇地觀察自己的呼吸：吸氣時，空氣從鼻孔進入到身體，胸腔隨之漸漸隆起；吐氣時，空氣從口中離開身體，胸腔隨之慢慢下落。

如果願意的話，可以把自己的手輕輕地放在胸腔或心臟的部位，允許自己認真感受身體因為呼吸而律動的感覺。每一次吸氣的時候，感受身體被新鮮的空氣滋養著；每一次吐氣的時候，允許自己的身體進一步放鬆。

然後，逐漸把注意力擴散到全身，好奇地觀察一下此時此刻你的身體是什麼感覺。是否感到勞累、飢餓、困倦、疼痛或是壓力？無論是什麼感覺，允許自己好奇地體會這種感覺，並嘗試給予這種感覺存在的空間。

現在，把自己的注意力想像成一臺「身體檢測儀」。

首先，我們從雙腳開始檢測起，慢慢把「身體檢測儀」移到自己的腳部。仔細用注意力觀察一下此時此刻自己的雙腳是什麼感覺，認真感受地面對雙腳的支撐，體察雙腳踩在地面上的感覺。允許自己覺察到雙腳的重量、和地面的接觸、腳部肌肉的感覺，以及腳部與鞋面接觸的感覺。如果雙腳有任何不適或疼痛感，只需覺察到它即可。允許自己意識到，我們腳掌的面積如此之小，但它們卻承載著我們身體的全部重量，並每天都帶著我們去到不同地方。如果願意的話，可以用自己的意識向雙腳道感謝。

然後，慢慢把「身體檢測儀」——也就是你的注意力——向上移，移動到自己的腿部和臀部。覺察到此時此刻腿部和臀部的姿勢，腿部和臀部與椅子或床面接觸的感覺。好奇地檢測一下這些部位的肌肉現在是什麼感覺，是否有任何緊繃或疼痛感。無論有或沒有，只需覺察到它即可。允許自己意識到我們的雙腿上下有無數個骨頭、關節和肌肉群，它們的共同協作幫助我們坐下、站立、行走和奔跑，這本身就是一個奇蹟。如果願意的話，可以用意識向自己的雙腿及臀部道感謝。

接下來，把「身體檢測儀」繼續向上移，移動到自己的背部。我們的背部通常會在不知不覺的情況下積蓄很多壓力，並轉化為疼痛。此時此刻，允許自己認真地觀察一下後背部、腰部和肩胛骨等部位的肌肉，是否有任何疼痛、酸痛或無力的感覺？如果有的話，允許自己覺察並好奇地體驗它。

當你吸氣時，想像新鮮的空氣進入到你的身體，不斷融化著背部不適的感覺；當你吐氣時，想像氣息將背部的不適感漸漸帶離你的身體，使背部肌肉漸漸柔軟和鬆弛下來。

在這個過程中，如果自己的思緒被往事、情緒或其他事情擾亂了，只須意識到它，然後把注意力重新放回來，繼續關注在自己的身體上。我們無需因此自責或覺得自己做得不夠好，提醒自己這是很正常的，並給予自己一些寬容和理解。

現在，繼續把「身體檢測儀」移動到身體的前面，關注到自己的腹部和胸腔。當你呼吸時，用心體察腹部和胸腔緩緩隆起和下沉的律動感，並嘗試去感受心跳的感覺。我們身體的這個部位容納了心、肝、脾、肺等至關重要的器官，每一個器官都不可或缺，也都承受著不小的負擔。如果願意的話，可以用自己的意識向它們一一道感謝，辛苦它們了。

「身體檢測儀」繼續順著身體兩側下移，感受一下此時此刻你的胳膊是什麼感覺。繼續向下移，感受一下雙手和十指的感覺。好奇地體察一下，雙臂和雙手的肌肉是什麼狀態？緊繃還是鬆弛？是否有任何不適或疼痛感？雙手手掌心是冷還是熱？乾燥的還是出汗的？是否可以用「意識之眼」體察到十個手指尖，甚至指甲的感覺？

無論自己在這個過程中感受到了什麼，只需覺察它即可。允許自己意識到我們的雙臂和雙手在日常生活中幫助了我們太多太多。因為它們，我們才可以提拿物品，可以寫字，可以把美食放進自己的嘴裡，可以去擁抱我們愛的人。世界上最美的藝術，大多都出自人們的雙手。然而，我們可能已經很久沒有細緻地愛護過我們的雙臂和雙手了。如果願意的話，可以用你的意識向雙臂和雙手道感謝。

現在，繼續把注意力上移到肩膀和脖頸，認真體察這些部位此時此刻的感覺，看看它們是否有任何酸痛、緊繃或壓力感。然後，有意識地觀察自己臉部的感覺，之後漸漸移到咽喉、下巴、嘴唇、鼻子、雙耳、臉頰、眼睛、眉毛、腦門，直到頭頂。如果在這個過程中體會到了任何感覺，或是沒有體會到任何感覺，都只需覺察到它即可。如果願意的話，可以認真考慮每個部位在你生命中扮演的角色，提醒自己它們存在的價值，並向它們道感謝。

最後，把注意力重新擴散到全身，從頭頂到腳趾。意識到此時此刻的你正在呼吸，血液在全身流淌，心臟在跳動著，各個器官在你的身體團隊裡各司其職，它們共同支撐著你的生命。此時此刻的你，是活著的。如果你願意的話，可以向自己的身體道感謝，並體察一下當你這樣做時是一種怎樣的體驗。

練習結束之前，把注意力重新放回你所在的空間裡。幾輪呼吸後，慢慢睜開雙眼。如果需要的話，可以隨意地伸一個大大的懶腰，並感謝自己選擇花十分鐘的時間來關懷自己的身體。

做完正念身體檢測練習後，給自己一兩分鐘時間來回味一下剛才的體驗。

做這個練習的當下是一種什麼感受？當我們已經對自己的身體習以為常的時候，用正念的方式去格外關注身體當下的感覺，是一種怎樣的體驗？在練習的過程中，你的注意力有沒有遊走？如果有的話，你是否察覺到了？察覺到之後，是否可以把注意力重新放回到身體上？練習過程中，你有沒有體察到任何身體感覺的變化？向自己的身體道感謝，是一種怎樣的感覺？整個練習做完之後，自己的狀態和練習前的狀態是否有任何不同？

正念呼吸和正念身體檢測這兩個練習，可以幫助我們不加主觀評斷地、一心一意地、行之有效地去覺察、描述和體會自己的呼吸和身體。這些都屬於注意力向內看去的正念練習。

除此以外，我們可以用同樣的方法和心態把正念融合到我們的日常生活中。例如，很多正念練習關注的是我們在體驗過程中體會到的感覺，這類練習被稱為品味式正念練習。**所謂「品味」，指的是意識到當下感受到的美好感覺，並允許自己不受干擾地全身心沉浸其中。**

我們來一起嘗試看看以下這個品味式正念練習——正念散步。

正念散步是我經常推薦給來訪者們的一個練習。你可以在任何方便的時候，花十到十五分鐘時間獨自一人出去散步。我個人建議不要帶手機，或把手機調成靜音。散步途中要是遇到美好的事物，不要用手機拍照。

正念散步的目的是允許自己以兒童視角重新審視大自然裡的一切，並用自己的五官——視覺、聽覺、嗅覺、觸覺，甚至味覺——去用心體驗它們，而不是用手機記錄它們。

正念散步

出發之前，告訴自己：在接下來的這段時間裡，我要全身心地花一段時間與自己以及周圍的環境相處。當我邁出第一步時，我將允許自己把與散步無關的思緒暫時擱置一旁。

邁出第一步時，開始用心觀察四周的環境，彷彿這是你第一次如此細緻地觀察周圍的一切。你可以看到什麼？周圍的氣溫是怎樣的？是否可以感受到有微風輕拂在臉上？是否有樹木在風中搖曳？你可以聽到什麼聲音？在空氣中是否可以聞到任何味道？

散步的時候，周圍是否有任何事物讓你感到心曠神怡、心情舒暢？你是否可以感受到溫暖的陽光、花朵的芬芳、鳥兒的歌唱、美麗的樹葉、雙腳踩在泥土裡的感覺，或者是他人的笑臉？

無論你注意到了任何讓你覺得美好的事物，允許自己沉浸在其中，認真地去品味它的細節。如果你願意的話，甚至可以用手去輕輕觸摸樹葉的表面、柔軟的沙子，或是流動的溪水。全心全意地允許自己享受並關注當下你體察到的一切，彷彿這是世界上唯一的存在。

當你覺得自己對一個事物品味足夠時，可以繼續去尋找下一件讓你感到心曠神怡的事物。這就好比你是一隻飢餓的蜜蜂，在一朵花前吮吸夠了花蜜後，可以再繼續前往尋找下一朵你喜歡的花朵。

在這個過程中，如果自己的注意力被其他不相關的思緒帶走了，或是感受到了某些情緒，比如無聊、煩惱、著急等，只需不加主觀評斷地覺察到這些思緒和情緒的出現，然後重新把注意力慢慢放回到四周的環境上。

結束時，在內心默默告訴自己，這段特殊的散步旅程要結束了。如果願意的話，可以用一種感恩的心情感謝自己願意嘗試這樣一個新體驗，因為勇於嘗試新事物的舉動是非常值得讚揚的。如果你選擇這麼做的話，感受一下當自己去認可自己的時候，是一種怎樣的體驗。

做完正念散步練習後，給自己一兩分鐘時間來回味一下剛才的經歷。

正念散步的當下你是一種什麼感覺？你在周圍環境裡是否觀察到什麼讓你感到心曠神怡的事物？如果這個環境是你之前就很熟悉的，那麼在正念散步的過程中，是否有什麼事物是你之前沒有注意到的？把自己沉浸在大自然的美好中，是一種什麼樣的體驗？用感恩的心情感謝和認可自己，是一種怎麼樣的感覺？整個練習做完之後，自己的狀態和練習前的狀態是否有任何不同？

除了散步以外，吃飯的過程也是一個可以幫助我們在日常生活中體會和練習正念的有效方法。吃飯是我們每天必不可少的一件事，然而我們已經習慣在吃飯的時候看電視、玩手機或聊天，甚至是工作。如果我們以正念的方式來吃飯——即吃飯時就只是吃飯——那會是一種什麼樣的感覺？我們來嘗試看看下面這個品味式正念練習，練習中以吃巧克力為例。

正念吃巧克力

當巧克力已經擺放在你面前時，先允許自己花一分鐘時間以兒童視角認真地好奇地觀察它的樣子。想像這是你有史以來第一次見到它，允許自己用心地觀察它的包裝、形狀、大小、顏色等。把巧克力放在手中，感受一下它的質感和重量。深呼吸，感受空氣中彌漫著的巧克力味道。

想像一下在這塊巧克力來到你手中之前，它可能都經歷了什麼。想像那些種植可可豆的農民、工廠中對其進行加工的工人、運輸巧克力的貨車司機，以及商場對其進行銷售的店員……多少人的辛勤努力才使它有了今天這個樣子，並讓它呈現在你的面前。

接下來，開始準備慢慢地享受你面前的這塊巧克力。

注意到此時此刻的你也許已經不由自主地流了口水，覺察你的手如何緩慢且靈巧地撥開了巧克力的包裝紙，觀察巧克力本身的形狀和顏色，然後慢慢把巧克力用手送到自己的嘴唇邊，感受當巧克力輕觸嘴唇、舌頭和牙齒時的感覺。

當你輕咬下第一口時，允許自己用心品嘗它的味道，可以分別嘗試口中含著巧克力、緩慢地咀嚼巧克力，以及稍快地咀嚼巧克力之間在感覺上有什麼區別。當你第一次咽下巧克力時，認真感受吞咽

的感覺，並用「意識之眼」好奇地體察巧克力從食道慢慢滑入胃中的感覺。

繼續以這樣一種非常有意識的方式享受剩餘的巧克力，每咬一口、每嚼一次、每咽一回，都允許自己認真地沉浸在那種用心體察的感覺裡。當吃完整個一塊巧克力後，細心回味它的味道，並嘗試看看嘴裡是否有任何巧克力濃郁的餘味。好奇地聞一下自己的手指，看看手指上是否留有巧克力的味道。

做完正念吃巧克力練習之後，給自己一兩分鐘時間回味一下剛才的體驗。用正念的方式吃巧克力是一種什麼感覺？在這個過程中，是否有什麼讓你意想不到的體驗？正念吃法和普通吃法在感覺上有怎樣的區別？整個練習結束之後，自己的狀態和練習前的狀態是否有任何不同？

以上的幾個正念練習，只是我們日常生活中體驗和練習正念的個別方法。其實，無論我們做任何事，都可以用一種正念的方式去做。比如，正念式刷牙、正念式走路、正念式開車、正念式吃早點、正念式化妝、正念式陪孩子玩、正念式坐地鐵、正念式洗澡等等。

每當你在意識游離時把它重新放回當下，我們的大腦裡就會產生新的腦活動和神經通路。久而久之，我們對自己關注力的控制能力就會越來越高。**當我們的意識與當下正在進行的行為高度統一時，我們才能真正做到在快節奏的生活中慢下來**。哪怕每天只花三五分鐘的時間以正念的方式度過，持續堅持下去，你就能體會到一些不同。

當我們活在當下

琳琳真正體會到改變時，就是在她開始練習正念之後。

練習正念之前，琳琳每天都處在壓力和焦慮中。每天早晨一睜眼，她就能體會到一種急迫感。她擔心自己因為起晚了，而來不及趕地鐵；因為上班遲到，而來不及完成當天的工作任務；因為拖延症，而過不了資格檢定考試；因為自己不夠努力，而趕不上同齡人的腳步……因此，琳琳覺得自己從未真正活在當下過。

鑒於琳琳每天都很忙，我建議她無須在平常的日程之外額外添加其他正念練習，只需在平日生活裡找一件事以正念的方式做就行。

於是，她決定嘗試正念洗澡。

用琳琳的話說，她之前的洗澡方式像打仗似的：飛快地跳進淋浴，迅速洗完頭髮，然後擦洗全身，最後沖洗完畢，擦乾走人，全程不超過十分鐘。與此同時，她經常會邊洗澡邊想著今天公司會議的發言，下午專案報告的撰寫，週末逛街要買的東西等。所以，即便她的身體在洗澡，但大腦的意識層面卻在高速處理著其他N件和洗澡毫不相關的事。

當琳琳開始嘗試正念洗澡時，她想像自己帶著張開的五官和心靈踏進淋浴。她用眼睛認真觀察水蒸氣在空中幻化成不同的姿態，用鼻子靈敏地捕捉著洗髮液和沐浴乳淡淡的香味，用耳朵聆聽著熱水擊打著皮膚和地面時奏響的樂章，她全身的肌膚都在盡情地享受著熱水從身上流過的舒適感覺。

最初的幾次練習，琳琳經常會覺察到自己的思緒又被其他的生活瑣事擾亂了。但是，她並沒有放棄練習：每當覺察到思緒在游離時，她就把自己的注意力重新放回到洗澡上。漸漸地，當她的思緒被擾亂時，她可以越來越快地覺察到它，並把它重新帶回到當下。

當她真正用正念的方式去洗澡時，她發現平日裡這樣一件讓她感到無感，甚至是麻煩的事，現在竟會讓她體驗到一種妙不可言的感覺。她和我分享說，每次洗澡時，哪怕只有短短的十幾分鐘，她都覺得自己的大腦彷佛是放了一個久違的長假。

漸漸地，正念式洗澡中學到的技巧和體會到的狀態，在琳琳毫無察覺的情況下被帶到了她生活中的其他事情中。**一個多月之後，她告訴我，她突然發現自己的專注力提高了**，在做報表的時候就只是做報表，走路的時候就只是專心走路，和朋友聊天時就只是和朋友聊天。

另外，**她還發現自己對想法和情緒的覺察力變強了**。當她焦慮的時候，她可以更快地在當下意識到這一點，並意識到是當時的哪些思緒引發了她的焦慮。之後，她也可以更快地把注意力從這些思緒和情緒中抽離出來，重新關注在當下正在發生的事情上。

琳琳說，學會了活在當下的生活哲學後，她真的發現自己的內心狀態發生了一些細微的改變。雖然每天依然很忙，還是有很多事情需要處理，但是她和之前相比，變得更加踏實和平靜了。她知道自己還有很長的一段路要走，但是正念為她的這段自我成長的旅程開了一個非常好的頭。

活在當下，是一種人生哲學，更是一種生活態度。生活態度不同，每天的體驗自然就會不同，人生的走向也會漸漸開始發生改變。正念就是有這樣一種力量：當我們用心感受當下的一切，用一種好奇的、中立的心態去迎接生命中的每個瞬間時，我們自然會發現這些瞬間其實都有它們各自獨特的美好和涵義。

／小訣竅／

日常生活裡的正念練習

日常生活裡的任何一件事都可以用正念的方式去做，比如正念式刷牙、洗臉、洗澡、化妝、穿衣服、喝咖啡、聽音樂、散步、鍛鍊身體、騎自行車、做瑜伽等。

選擇一件你日常生活裡每天必做的事，並嘗試以正念的方式進行。最初練習時，建議挑選早晨的一段時間，進行三到五分鐘的正念練習，因為人在清晨的注意力相對來說較為集中。

另外，最初練習時，可以先選擇只對某個感官層面進行關注。比如，喝咖啡時只關注味覺，化妝時只關注觸覺，散步時只關注視覺，聽音樂時只關注聽覺等。這樣的話，我們可以有機會強化自己對某個感官的關注力，之後再循序漸進地對五種感官，及事情的整體體驗進行正念式覺察。

允許自己好奇地感受練習當下的一切個人體驗，無論它是積極還是消極。如果你一直在納悶自己到底有沒有做「對」，這就不是正念。如果你意識到了自己在擔心自己是否做對了，這就是正念，因為你覺察到了自己的「天空」上出現了一片「雲」。

練習過程中，允許自己對自己耐心一點，友好一點，溫柔一點。如果感到受挫，請記住這不是因為你做得不好，或下的功夫不夠，或學習能力差。你只是需要給自己足夠的時間去鍛鍊這個能力。別忘了，任何習慣和能力的養成，都是需要時間的。

本章結語

在這一章裡，我們非常詳細地聊到了該如何運用正念技巧真正做到活在當下。

正念這個話題對於有效管理包括焦慮在內的消極情緒至關重要，因為在一件事情發生的當下，很多時候我們會由於情緒的爆發以及事情本身，而無法意識到自己當下的想法、情緒和身體感應。如果我們不先學會如何去體察自己的思維和情緒，那就很難知道該如何改變它。這就好比，如果我們連獵物是什麼和在哪裡都不知道，那還何提追捕獵物呢？

正念式的生活態度可以幫助我們學會一種客觀的接納式的思維方式，這會為未來重塑自我認知打下堅實的基礎。

本章由卡巴金博士對正念的定義開始，那麼我想繼續用他曾說過的另外一句名言結束。這同時也是我個人非常喜歡的一句話：

Mindfulness is a way of befriending ourselves and our experience.

我把它翻譯為：

正念，就是我們和自己做朋友；正念，就是我們和自己的體驗做朋友。

Chapter 4

思維——靈魂的自我對話

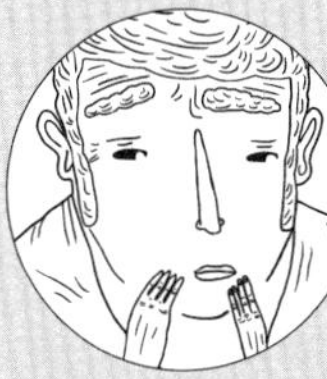

我們的內心為何總是如此糾結？

你知道自己每天都在想什麼嗎？

明明想減肥，為何總管不住嘴？

思維習慣定性了，現在改還來得及嗎？

為什麼你總有這麼多內心戲？

積極思維是怎樣練成的？

Change your thoughts,

and you change your world.

—— Norman Vincent Peale

改變你的思維，就可以改變你的世界。

——諾曼．文森特．皮爾

（美國著名演說家）

如果說之前關於正念的一章講的是如何接受當下，那麼從這一章開始，我想和大家聊一聊關於如何改變的話題。

透過認知金三角的概念，我們瞭解到了認知、情緒和行為三者之間密不可分的聯繫。要想最有效地管理消極情緒，從內心深處建立自信心、自尊心和安全感，就得從這三者開始一一著手。

柏拉圖曾說，「思維是靈魂的自我談話」。我們腦中的所思所想時刻影響甚至決定著我們的情緒、身體狀態、行為，以及和他人的關係。因此，在認知金三角的三者之中，我們就先從認知開始聊起。

思維，為何如此重要

開始這個話題之前，我想先問大家一個問題。

你知道自己每天都在想什麼嗎？

這看似是一個非常簡單的問題。但是，如果我們允許自己坐下來仔細回想的話，就會發現自己其實並不是非常明確地知道自己每天到底在想些什麼。我們也許知道我們在想工作、家庭、學習、賺錢、考試、未來等，但卻很少有時間或意識去認真研究我們腦中的想法。

「你知道自己每天都在想什麼嗎？」這是我特別喜歡問來訪者的一個問題。為了幫助我更好地瞭解他們，同時也為了幫助他們更好地瞭解自己，我們必須得知道這個問題的答案。

那麼，我們為什麼需要知道自己每天到底在想什麼呢？

這裡就需要花一些篇幅先來聊聊我們人體裡最複雜的器官——大腦。

我們的內心糾結從何而來

大家以前是否有過類似這樣的糾結經歷？

明明已經下定決心要減肥，但當美食擺在面前時，自己心裡的小人兒就開始打架了：

「哇，這塊蛋糕看上去實在太誘人了，我已經流口水了。我恨不得現在就一口把它吃掉！」

「不行，不能吃！我昨天剛發誓要戒甜食的。一旦吃了的話，體重肯定要回升，我必須得忍住！」

「可是，享受美食的感覺實在是太美妙了！算了，我就只吃這一次，下不為例！」

而蛋糕入口後，可能又會因為後悔而自責：

「哎，我又沒管住自己的嘴，真是無藥可救，怎麼一點兒自控力都沒有？」

---

*在本書裡，「思維」和「認知」兩個詞表達的是相同的意思。

以上的場景是不是似曾相識？你是否也曾體會過內心無數個自己在打架的感覺？如果有的話，你有想過這到底是為什麼嗎？

美國神經系統科學家保羅・麥克萊恩在一九五二年時曾提出過著名的三重腦理論（The Triune Brain Theory）*❾。按照在人類進化史上出現的先後順序，他把人體大腦分成了三個截然不同的部分：

▼爬行動物腦，俗稱本能大腦，負責本能反應；

▼古哺乳動物腦，俗稱情感大腦，負責情緒體驗；

▼新哺乳動物腦，俗稱理智大腦，負責理性思考。

如果把我們的身體比喻成一家公司，那麼大腦的三部分就像是三個固執己見的老闆一樣。他們每個人對於該如何運營這家公司都有一套自己的方案，有時由於他們彼此之間的溝通並不是非常順暢，因此會導致很多矛盾和衝突。

我們分別來具體看看大腦這三部分各自的功能。

▼本能大腦

本能大腦由腦幹和小腦組成，是我們大腦裡最原始的一部分，爬行動物和鳥類都擁有這個部分的大腦。本能大腦最主要的功能，就是保證我們的生存和安全。大家可以把它想像成我們的私人醫生，它時刻關注著我們的身體健康：心跳是否正常，呼吸是否平穩，各個器官是否在正常運行，餓了是否有飯吃，渴了是否有水喝。

這些最基礎的身體需求都歸本能大腦掌管。

此外，本能大腦對於貪婪、欲望、疼痛和恐懼，都會做出最快速的本能反應。當我們看到美食時會忍不住流口水，看到美女或帥哥時會不由自主地想入非非，碰到發燙的東西時會下意識地躲避，遇到危險時會本能地進入戰鬥、逃跑或僵在原地的狀態，這都是因為本能大腦的存在。

很重要的一點是，本能大腦無法區分現實和假象。也就是說，當你掉到了老虎籠子裡時，和當你想像自己掉到了老虎籠子裡時，本能大腦會驅使身體做出一模一樣的壓力和恐懼反應。

同時，本能大腦也無法很清晰地區分過去、現在和未來。正因為如此，當我們回想起過去發生的某件不太好的事時，本能大腦就會自動觸發身體的壓力和恐懼反應，因為它以為這件事在此時此刻正在發生。

簡而言之，對於本能大腦來說，假象等於現實，過去等於現在和未來。這麼說起來，好像顯得本能大腦如此落後和低級，但即便如此，它卻掌控著我們生活裡大部分的日常活動。**我們很多的慣性思維和行為習慣，幾乎都來自本能大腦。**

▼情感大腦

情感大腦，也叫邊緣系統，位於本能大腦的外層。它包括杏仁核、海馬迴等重要部分，諸如馬、狗、貓、老鼠等哺乳動物都擁有這個大腦。杏仁核主要掌控情緒感知，而海馬迴則對於長期記憶起著至關重要的作用。

---

*編註：隨著神經解剖學的發展，以及古生物學與比較解剖學的發現，麥克萊恩用生物演化過程來解釋大腦功能的假說已被推翻，其對大腦結構與活動的解釋也不夠精確。然因其簡單易懂、符合直覺，長久以來仍廣為流傳。

正因為有了這兩個關鍵結構，貓和狗在情緒感知和記憶力方面，就比蜥蜴和鱷魚要進步得多。

情感大腦最重要的功能，就是追求快樂和舒適，同時躲避痛苦和不適。無論多麼複雜的事物，經過情感大腦的過濾，都會以要麼舒服，要麼痛苦的感覺呈現。

和本能大腦一樣，情感大腦也無法很好地辨識現實和假象。同時，它完全沒有時間概念和因果邏輯概念。只要你隨便想像一個可能讓你感到舒服快活的場景，情感大腦就會立刻驅使身體去追逐並感受那種快活的感覺。

當一個人明明肥胖但卻無法管住嘴，明知菸酒有害但卻無法戒癮，明明需要鍛鍊但卻寧可賴在家裡看電視，其實都是由於情感大腦的驅使。情感大腦總是以為那些當下讓你感覺舒服的事情，就是真的對你有益。它並無法意識到，一些短期看似讓我們感到愉悅和舒適的事，在長期看來反而可能會對我們造成危害。

本能大腦和情感大腦有另外兩個共同點。第一，兩個大腦都在潛意識層面活動。第二，兩個大腦做決定的依據都是過去的記憶。正因為如此，如果一個人過去的成長經歷大部分是消極的，那麼這兩個大腦就會基於此，把未來的人生也描繪成一副黯淡無光的樣子，從而導致這個人行動力不足、抑鬱、焦慮、不安和不自信。

簡而言之，情感大腦只關注當下這一刻我們的體驗是否舒適愉快，並會本能地逃避一切在情感上讓我們感到難受和痛苦的事情。當我們的情感需求沒有得到滿足時，情感大腦在很多時候都會給我們傳遞很重要的信號。同時，也正是因為情感大腦的存在，我們在試圖養成新習慣的過程中才會困難重重，飽受「拖延症」的折磨。

▼理智大腦

理智大腦，也就是大腦新皮層，是人類進化史上最新出現的腦結構，位於情感大腦的外層。它同時也是占據大腦容量最多的部分，包括大猩猩、黑猩猩等在內的靈長類動物以及海豚，都擁有這個部分的大腦。

理智大腦掌管著邏輯推理、訊息處理、語言溝通、制訂計畫和目標設立等能力。因為理智大腦的存在，我們才有能力去學習新技能和為未來做打算。理智大腦最擅長的就是解決問題。讓它最與眾不同的一點是，在進行訊息處理的時候，它不需要完全參考過去發生的事情，因為它有能力把從過去搜集到的訊息進行篩選和甄別，去其糟粕，取其精華，從而總結出對當下最有用的新訊息。

與本能大腦和情感大腦不同的是，理智大腦的活動是在意識層面的。很多認知神經科學家透過科學研究調查發現，儘管人類被稱為高級動物，但我們僅對百分之五的認知是有意識的，也就是說我們平日裡絕大多數的行為、決定、身體感受和情緒，都是由剩下百分之九十五的潛意識所引發的。

這樣看來，怪不得改變對每個人來說都是極其困難的，因為無論我們想要做出什麼改變，理智大腦都得過本能大腦和情感大腦這兩關。

簡而言之，理智大腦是客觀和冷靜的，它並不關注那些**感覺**好的東西，它關注的是那些**真的**對你好的東西。因此，無論你內心多麼抵觸，理智大腦都會鼓勵你去鍛鍊身體、健康飲食、早睡早起和學習進步，因為理智大腦知道這樣做在長期對你是有益的。

瞭解了三個大腦的功能之後，我們再回過頭來看看本節開頭舉的例子。美食當前，三個大腦開始向我們分別表態了：

本能大腦說：「哇，這塊蛋糕看上去實在太誘人了，我已經流口水了。我恨不得現在就一口把它吃掉！」

理智大腦說：「不行，不能吃！我昨天剛發誓要戒甜食的。一旦吃了的話，體重肯定要回升，我必須得忍住！」

情感大腦說：「可是，享受美食的感覺實在是太美妙了！算了，我就只吃這一次，下不為例！」

二比一，理智大腦輸了。蛋糕入口之後，它開始自責道：

「哎，我又沒管住自己的嘴，真是無藥可救，怎麼一點兒自控力都沒有？」

這樣看來，大家是不是立刻明白了為什麼我們的內心總是這麼糾結？

不同的大腦，各司其職。它們其實都是為我們好，但由於關注點截然不同，才導致我們的內心經常會有類似的矛盾和衝突，致使我們在做決定時容易猶豫不決，舉棋不定。這些內心糾結使我們感到困惑、無助、焦慮、不安，甚至失控，耗費無窮無盡的情感資源。

我和琳琳聊完關於大腦的內容後，她恍然大悟道：「怪不得我總是感覺自己跟自己在心裡打架，原來如此啊！」大腦的運作原理幫助琳琳弄明白了她為什麼有時既想複習考試，又想追韓劇，既想早起跑步，又想睡懶覺。之後，琳琳抱怨道：「我怎麼感覺只有理智大腦是清醒的，是真正為我好呢？其他兩個大腦，要麼是只顧保命，要麼是及時行樂，簡直就是拖後腿。難怪改變這麼難！」

我提醒琳琳，其他兩個大腦其實也都是真心為我們好，它們各自都有著非常重要的職能。本能大腦，在迎面高速行駛來一輛貨車時，會驅使我們立刻拔腿就跑，逃過一劫。情感大腦，賦予我們豐富的情感體驗。因為有了它，我們有能力欣賞日出的美好、關懷流浪的小狗、享受戀愛的感覺，來一場說走就走的旅行。要是沒有了本能大腦，人類早就絕跡在和野獸競爭的蠻荒時代了。要是沒有了情感大腦，這個世界則會顯得冰冷無比。

同時，由於本能大腦和情感大腦的運作方式在很多時候確實不是最有效的，我們的確需要對它們進行管理和控制。試想，如果我們任由本能大腦和情感大腦操控一切，我們的人生會是怎樣一幅景象？

思維影響力的蝴蝶效應

很多人以為既然大多數思維是潛意識的，看不見摸不著，那麼它對我們生活造成的實際影響就並不大。事實真的如此嗎？

我們來看看一個小思維對我們到底可以產生怎樣的蝴蝶效應。

無數神經科學的研究結果顯示，每當大腦產生一個想法時，大腦裡的神經元之間就會產生某種資訊交換。也就是說，當我們被很多思緒困擾的時候，我們的大腦裡其實正在進行著大量的快速的頻繁的訊息交換。

每一次訊息交換都會作用在我們的身體上，而身體感覺又會即時反應在我們的情緒和行為上。當我們產生一個消極想法時，大腦就會釋放出消極的化學物質，使我們的身體產生消極反應。相反，當我們產生一個積極想法時，大腦就會釋放出積極的化學物質，使我們的身體產生積極反應。

測謊儀的原理就是一個很好的例子。

測謊儀本身，是透過監測一個人的體溫、心率、血壓、呼吸頻率、肌肉鬆弛度以及汗液分泌等，來確定一個人是否在說謊。如果被測人員在當下說了哪怕一個謊，或是想著該如何隱瞞事實，除非他受過專業訓練，那麼他的身體就會在當下立即做出壓力反應，也就是心跳加速、血壓升高、呼吸加快、肌肉緊繃、身體出汗等。相反，如果他沒有說謊，那麼他的身體在當下就會做出放鬆反應，也就是心跳勻速、血壓平穩、呼吸正常、肌肉鬆弛、體溫正常等。

也就是說，無論我們當下說什麼、做什麼，身體對大腦裡的任何想法都會在第一時間做出反應，而且反應速度都是非常驚人的。

如果把我們的身體比喻成生態環境，把身體裡的五臟六腑比喻成生態環境裡的水、土壤、動物、植物等，那麼來自本能大腦和情感大腦的消極思維就像是侵入生態環境的汙染物一樣。這些汙染物可以在短期內對環境品質造成影響，如果不加以克制，它們對環境的影響在長期看來就是毀滅性的。

這就是為什麼很多被抑鬱情緒、焦慮情緒、情感傷害或其他人際問題困擾的人，往往在身體上也會有各種各樣的健康問題。在我的臨床執業生涯裡，從來訪者那裡聽到的關於健康問題最常見的抱怨就是失眠。毫不誇張地說，在我見過的來訪者裡，幾乎每個受焦慮情緒和抑鬱情緒困擾的人都感覺睡不著或睡不好。此外，就是身體疼痛，比如胃疼、腰疼、頭疼、背疼等等。種種情緒困惑不但會導致身體疼痛，還會使本來已有的病痛加劇。

消極思維不但時刻影響著我們的身體，它對情緒和行為的影響也是不可小覷的。抑鬱情緒就好比一副黑色墨鏡，當我們戴上這副墨鏡時，無論看哪裡都是黯淡無光的。當我們覺得「我沒有價值，我做不到，沒人會喜歡我」時，我們自然會感到無助、傷心、失落、絕望和孤獨，而這些情緒又會驅使我們離人群越來越遠，把自己徹底孤立起來。

而焦慮情緒就像是一副紅色墨鏡，當我們戴上這副墨鏡時，會覺得這個世界好像處處在著火，危機四伏。當我們想著「要是我失敗了怎麼辦？要是我來不及怎麼辦？要是我做不好怎麼辦？要是沒人喜歡我怎麼辦」時，我們則會隨時活在無盡的擔心、焦慮和不安中，而這些情緒又會進一步影響和改變我們和他人之間的互動。

這就是為什麼我們需要認真弄明白自己每天到底在想什麼的原因：一個想法會觸發另一個想法，一串想法會形成思維習慣，而思維習慣則會左右我們平日裡所做的大大小小的決定。

如果我們習慣了讓本能大腦和情感大腦在做決定的過程中占據上風，而不去有意識地對理智大腦加以訓練和強化，前兩者則會在我們成長的過程中影響，甚至決定我們的做事習慣、心態和性格，乃至我們的人生軌跡和方向。

聊到這裡時，琳琳好奇地問：「我都二十多歲了，大腦已經『定型』了，現在改變還來得及嗎？」

我們人類大腦最神奇的一點，就是它像黏土一樣，是極富柔韌性、適應性和可塑性的。就算你好久不玩一塊黏土，它硬得像石頭，你隨時都可以給它加點兒水，反覆揉捏，過一會兒它就又可以變軟，並變成你想讓它變成的模樣。

大腦也是如此，它是可以被改變的！即便成人學東西不如孩子快，即便你覺得一個習慣已經養成了太久太久，即便自己曾經歷過很多情感傷害，但我們的大腦時時刻刻分分秒秒都可以接受新的訊息，同時產生新的神經通路。用一句極帶雞湯感的話說：**只要你願意，此時此刻你的大腦就可以做出你想讓它做出的改變。這是你可以選擇的。**

得知這個事實後，琳琳迫不及待地問道：「既然一切為時不晚，那我到底該如何幫助理智大腦戰勝本能大腦和情感大腦，去創造出更多積極的理性的思維呢？」

現在，我們就來看看導致我們焦慮、不安和自卑的思維習慣主要有哪些，以及該如何透過訓練理智大腦，幫助它創造出更客觀、更健康、更積極的思維。

我到底在想什麼

從無意識到有意識

改變的第一步，是要先意識到問題在哪裡。**改變思維的第一步，則首先要先弄清楚我們頭腦裡的想法到底是什麼。**也就是說，我們要把本能大腦和情感大腦驅使的潛意識想法，上升到意識層面來。

這就是為什麼之前的章節花了很大篇幅分享了正念的概念和技巧。當我們掌握了客觀地、好奇地體察事物的能力時，我們就可以用同樣的正念技巧去覺察自己頭腦裡的想法。

覺察頭腦裡的想法，這個概念說起來容易，但由於我們很少會有意識這麼做，很多人其實並不知道該如何辨識自己的想法。

在辨識內心獨白時，我們可以把自己想像成兒童繪本裡的人物。在繪本裡，每當人物的頭上出現一個雲彩框時，雲彩裡的話通常指的就是這個人物當下的內心獨白，即他／她頭腦裡的想法。

為了幫助自己對當下的思維認知更加有意識，填寫ABC紀錄表（見下頁）是一個非常有效的方法。在這張表格裡，A代表 **activating event**（導火線事件），也就是任何一件發生在你生活裡的事。B代表 **belief**（認知），也就是被這個事件觸發的你在當下的想法。C代表 **consequence**（結果），也就是由你的認知所引發的結果，包括情緒和行為等。

在學會對自己的思維變得更有意識之前，琳琳以前對自己每天的所思所想是非常懵懂的。後來，我邀請她用ABC紀錄表去追蹤自己每天的內心獨白，然後和我一起討論。

不久之後，琳琳把一部分填好的ABC紀錄表交給了我。我問她，把關注力放在自己每天的內心獨白上，是一種怎麼樣的體驗。她不好意思地捂著嘴笑了笑說：「我以前從來都沒有意識到，原來我的大腦每天都這麼忙，怪不得我會焦慮呢！」

說著，琳琳給我舉了一個例子（見頁一〇八）。

仔細看琳琳填寫好的其他ABC紀錄表，B欄裡的內容大多都是一些非常消極和情緒化的想法。比如：

「我這輩子都嫁不出去了，肯定沒人會喜歡我這樣的女孩。」

▼ ABC 紀錄表

A：導火線事件（具體發生了什麼事？）	B：認知（我跟自己說了什麼？）	C：結果（我產生了哪些情緒和行為？）
B 欄裡的想法合乎現實嗎？		
如果在未來遇到同樣的情況，我可以對自己說什麼？		

▼ ABC 紀錄表樣例

A：導火線事件 （具體發生了什麼事？）	B：認知 （我跟自己說了什麼？）	C：結果 （我產生了哪些情緒和行為？）
我在工作報表裡寫的一個資料是錯誤的，老闆因此對我進行了批評。	我是一個做事非常不細心的人，總是出錯。我的工作能力有問題。老闆不喜歡我了。這個季度的獎金肯定沒戲了。同事們肯定在背地裡笑話我。	我感到焦慮、緊張、害怕和懊悔，週末在家加班，把報表重新做了一遍。失眠了好幾天，不想和大夥出去吃飯，感覺精神緊繃，覺得有很多事要做，但又感覺做什麼都提不起精神來。

B 欄裡的想法合乎現實嗎？
不合乎現實。實際上，我做事相對來說比較細心，這次是失誤導致的。我並不是每次都犯錯，大多數出自我手的報表品質都是過關的。我並不知道老闆是否真的不喜歡我，他會批評每個工作上出錯的員工，但這並不代表他就不喜歡這個人了。這個季度還剩好幾個月，之後還有很多機會彌補。我並不知道同事們怎麼看我，他們很可能根本不知道或不在乎這件事。

如果在未來遇到同樣的情況，我可以對自己說什麼？
工作上出差錯是很正常的，每個人都會出錯。以後在工作上出錯時，我可以把關注力放在為什麼會出錯上，並汲取教訓，以防未來再次發生。我不至於因為出一次差錯，就徹底否定我的工作能力，並覺得他人也會因此徹底否定我。

「我真是沒用，太失敗了。」
「她根本就看不起我，以後不跟她做朋友了。」
「像我起點這麼低的人，這輩子也沒機會翻身了。」
「老天爺真是不公平，憑什麼別人就要什麼有什麼，而我就得全靠自己？」

當琳琳把平日裡的內心獨白全部寫下來，並大聲讀出來的時候，她感到驚訝極了。她說她知道自己有些消極，但從未意識到自己竟然如此消極。

如果我們的人生是一段旅行，我們是旅途上的背包客，這些消極想法就像是我們背包裡一塊又一塊沉甸甸的磚頭一樣。人生路本來就坎坷難行，這一塊塊「磚頭」更是壓得我們直不起腰，喘不過氣。很多人就是被這些思維重擔卡在原地，動彈不得。

琳琳覺察到自己思維的那一瞬間，對她來說是非常值得花時間好好品味的。當我們對自己的認知有了意識的時候，這種意識本身也是一種認知。**對固有思維的覺察和意識，是從本能大腦和情感大腦向理智大腦轉變的第一步，也是改變的關鍵和開始。**

九種常見的認知誤區

當我們對自己的思維內容更有意識後，改變思維習慣的第二步，就是要弄清楚自己目前的思維習慣具體是怎樣的。如果我們繼續用背包裡的磚頭來舉例的話，也就是說我們需要辨識一下，此時此刻的自己到底都背著哪些「磚頭」，因為不同的「磚頭」需要用不同的技巧進行拆卸。

當本能大腦或情感大腦在對某件事進行訊息處理和解讀時，很容易產生不理性的、不現實的、不準確的和無益的想法，這些想法在心理學上被稱為認知誤區（cognitive distortion）。

由於這些想法存在於潛意識，我們通常無法在它第一次發生時去糾正它。這就導致這樣的想法在我們成長的過程中一次次被強化和內化，使我們信以為真。漸漸地，我們養成了這樣的思維習慣，致使每次發生類似的事情時，都會陷入同樣的思維迴圈。

九種比較常見的認知誤區包括⑩：

●非黑即白的極端思維

這是很多人都有的一塊「磚頭」。所謂非黑即白的極端思維，顯而易見，就是說我們眼中看到的世界要麼是黑色的，要麼是白色的，很難看到中間的灰色地帶。我們很容易認為一件事要麼是好的，要麼是壞的。一個人要麼是成功的，要麼是失敗的。

每當琳琳在工作上取得一些成績時，她就會覺得自己是有價值的。每當在工作上受挫時，她就會覺得自己毫無價值，一無是處。這就是典型的非黑即白的思維習慣。

實際上，這個世界上很少有事情是絕對非黑即白、非此即彼的，就好比這個世界上沒有任何一個人是絕對好或絕對壞的。所謂的好人，有時也會做出一些不太好的事；所謂的壞人，有時也會有讓人為之動容的地方。

當我們以非黑即白的方式去看待一件事或一個人時，當一個認知帶有諸如「永遠，從來，根本，每次」等極端詞語時，這往往就是我們離事實最遠的時候。而當我們嘗試找尋黑白之間的灰色地帶時，這往往是我們最接近事實和最客觀的時候。

● 把事情全部歸咎在自己身上

這可以說是最容易讓人產生自我懷疑的一塊「磚頭」。把事情全部歸咎在自己身上，說白了，就是覺得任何事情的發生都是因為自己的緣故。我以前見過的一位來訪者，就是很典型的例子。每當老闆在會議上發火時，她就覺得是自己惹老闆生氣了。有朋友結婚沒邀請她時，她就覺得這個朋友不喜歡她了，所以故意沒請她。

有這樣思維習慣的人，內心深處往往背負著很深的負罪感和羞恥感。他們的潛意識裡覺得自己生而為人就是有問題、有缺陷的，所以才會把自己認定是一切壞事發生的根源。

然而，如果追究事實真相的話，我們往往會發現事情其實另有原因。拿同一個來訪者舉例子，她很多次發現其實老闆發火是因為跟老婆鬧矛盾，帶著一肚子火氣來上班，跟她本人沒有任何關係。那位沒有邀請她去婚禮的朋友，實際上是因為要節省開支，於是把婚禮局限在了家人範圍裡，沒有邀請包括她在內的任何朋友或同事。

正是因為我們很少去檢驗和質疑自己的思維，在現實生活中也鮮有機會去調查事實真相，導致很多人一直堅信自己是一切問題的根源，造成了很多人際關係中本可以避免的誤會和矛盾。

● 以偏概全

以偏概全，就是基於單一事件而武斷地對一個整體下結論。比如，我之前見過另外一位來訪者，因為父親出軌，導致父母離婚，她就因此斷定天下所有的男人都會出軌。這樣的認知使她在婚戀關係中非常掙扎，雖然前後談過幾個不錯的男朋友，但每次都因為她無法信任對方，認定對方一定會出軌，而導致雙方不歡而散。

類似的例子在生活中很常見。例如，一次演講失敗，就斷定自己不是演講的料。遇到一個不靠譜的理工男，就覺得所有的理工男都不靠譜。這類思維習慣的致命之處在於我們很容易會因為一時的受挫失敗，徹底放棄重新嘗試的決心，從而失掉本可以屬於自己的大好機會。

●貼標籤

貼標籤的思維習慣，指的是用情緒化的語言來籠統地形容自己或他人。「我是剩女」、「我是一個徹頭徹尾的失敗者」、「這個孩子是個膽小鬼」、「他是高富帥」、「她是心機女」、「老闆是工作狂」等，都屬於給自己或他人貼標籤。

貼標籤這類認知誤區的問題在於，我們會下意識地將一個人的行為和經歷，等同於這個人本身。標籤式的語言會讓我們覺得這個人被定了性，彷彿他／她的行為會不斷重複，單一經歷會成為他／她整個人生的主旋律。這種孤立地看待自己或他人的方式，都是不理性、不客觀和不準確的。

時下很流行的「人設」一說，就是典型的標籤式思維。「人設」就像是給每個人量身定做了一個小框子：當你在框子裡時，你就是你；當你出了框子時，好像這就是無法讓人接受的。然而，沒有任何一個人只是一維或二維的，這個世界上的每個人都是立體的複雜體，是多面的。「人設」的存在很容易蒙蔽我們的雙眼，讓我們無法真實地完整地瞭解這個人。

●無視或否認積極事實

陷入這類認知誤區的人，很容易過濾掉任何積極的事情，並把它解讀為「不算數」。我之前見過一位來訪者，各方面能力都算不錯，但她自己不這麼覺得。考取了一個資格證書後，她認定這是因為自己走運，碰巧矇對了考題答案。找到了心儀的工作後，她也覺得被錄取是純靠運氣。當別人稱讚她時，她總以為這是因為他人不好意思告訴她真相。就連結婚後，她都認為老公是因為實在找不到更合適的，才湊合娶了她。

另外一位來訪者，是一名工作能力非常出色的ＩＴ男。有一次，在他運算的七百多個序列中，其中一個出錯了，他就因為這件事自責無比。即便他依然是全公司員工中運算成功率最高的，即便其他七百多個序列都對了，但他完全無視這些事實，依然因為這一個錯誤就認定自己是一個失敗者。

當我們有意無意忽略掉生活中積極的事情，而全部關注在消極的事情上，並只用消極的事情去定義自己時，我們的世界自然會被烏雲籠罩。這些烏雲會遮蓋一切，讓我們無法看到世界原本的模樣。

●「應該」法則

所謂「應該」法則，指的就是我們的執念。當生活被執念控制時，我們會有意無意地給自己或他人設立不切實際的期望值。我們會覺得自己或他人應該、甚至必須以我們期待的方式去行事。很多有完美主義傾向的人，身上都背著很多代表「應該」法則的「磚頭」。

我有一位來訪者，自從生了寶寶後，就一直糾結於該如何平衡工作和家庭。她生活裡絕大多數的壓力，不僅來自繁忙的生活，更來自她對自己的高要求。她覺得自己顧了孩子，就顧不了工作；顧了工作，又疏忽了孩子。好不容易把兩者剛平衡好後，夫妻關係和婆媳關係又出了問題。矛盾剛解決後，她又會因為自己沒有加緊健身，減掉肚子上的嬰兒肥而感到內疚。為此，她覺得自己實在太失敗了。

她完全沒有意識到，自己對自己的期望值已經遠遠脫離了現實。可以時刻把一切都打理得很完美的，是機器，不是人。就算是機器，都會有故障的時候。只要是人，就會有局限，會累，會掙扎，會手足無措，會情緒失控，會疏忽犯錯。

當我們沒能達到自我預期時，很容易對自己產生失望和厭惡的情緒。當他人沒能做到我們覺得他們「應該」做到的事時，我們也會對他人產生類似的情緒，並進而懷疑對方對自己的付出。

這並不意味著我們不該有期望。期望是該有的，我們只是需要衡量一下自己的期望是否符合現實。

● 讀心術

讀心術是指自己隨意揣測他人心思，並武斷地認為自己是對的。這是每個人都容易產生的一種認知誤區，也是人與人之間產生誤會的最大罪魁禍首之一。

在我之前接受過的一個認知行為學療法培訓上，講師分享了一個讀心術的例子，讓我記憶猶新。

男友開車帶女孩出去約會，女孩坐在副駕駛的座位上。由於女孩之前多次暗示對方自己想要結婚的心意，但男友都沒做出任何反應，導致她內心非常擔心和糾結。開車的過程中，女孩的內心非常焦灼。她看到男友雙眼緊盯前方，表情冷漠嚴肅，於是斷定他今天就要和她攤牌，告訴她其實他根本不想結婚。

女孩越想越怕，頭漸漸低了下去。對於女孩的這個舉動，男友沒有任何回應。她心想：「他完全不關心我，也許他早就不愛我了，也許他的心裡已經有了別人。也許他今天帶我出去吃飯，就是打算要跟我分手！」

想著想著，女孩流下了傷心和絕望的淚水。這時，男友終於注意到了，他納悶地趕緊問她為什麼哭。女孩傷心欲絕地說：「我知道你其實早就不愛我了，你就直接提分手吧，別再折磨我了！」

男友對於女孩突如其來的情緒崩潰感到非常莫名其妙，因為他根本不知道發生了什麼。反覆追問後，女孩終於把自己所有的心理活動都告訴了男友。男友無奈地說道：「你瞎猜什麼啊？我剛才一直在想，昨天曼徹斯特那場球賽怎麼踢得那麼糟呢？」

後來女孩才知道，其實男友打算在她生日當天跟她求婚，但因為她的情緒崩潰，男友不得不把這個驚喜提早告訴了她。

這個故事聽上去像是一個笑話，但讀心術的威力就是這麼強大。當我們對自己觀察到的行為和現象進行主觀解讀時，大腦就會立刻幻化出一幅非常逼真的場景，好像我們真的可以讀懂對方的心。然而，因為這些猜想通常都基於主觀情緒，所以大多數時候都是不準確的。

● 情緒化推理

情緒化推理，指的是由於我們感受到的情緒非常強烈，於是就認定當下的推論一定是事實。這是一種在日常生活中非常常見的認知誤區。

舉個例子，我有一位來訪者，在家裡排行老大，她下面有一個弟弟。自她記事起，父母就教育她說，她這輩子最重要的責任就是要照顧好弟弟，因為弟弟是男孩，「男孩的命更貴重」。因此，每當她擁有一件東西時，父母就會說服她把它讓給弟弟，小到玩具、書包、文具，大到教育機會、工作機會等。她已經記不清自己為了弟弟放棄過多少次本該屬於自己的機會了。

長大成人後，弟弟的發展不如她好，但這竟成了父母苛責她的原因。他們埋怨她沒有幫助弟弟發展，給他的機會不夠多、不夠好，這些言語讓她感到內疚極了。這種內疚感跟隨了她幾十年，使她真的覺得弟弟的今天都是因為她沒有盡到一個做姐姐的責任。

因為感到內疚，而覺得是自己的錯；因為感到害怕，而覺得自己會失敗；因為感到嫉妒，而覺得伴侶出軌了。這些都是非常典型的情緒化推理的認知誤區。在本書的第五章裡，我們會具體聊聊該如何處理這樣的情緒，從而幫助自己的人生朝著心願的方向前進。

● 災難性思維

災難性思維，顧名思義，就是經常假想事情最糟糕的可能性。比如，一門功課成績不理想，就擔心自己無法順利畢業。一天生意不熱鬧，就擔心公司會倒閉。身體出了點兒小問題，就擔心自己患了絕症。

災難性思維，往往是一連串消極可能性的集合：得到面試通知，於是開始擔心面試通不過。一想到面試失敗，就開始擔心自己徹底找不上工作。一想到找不到工作，就開始擔心由於付不起房租而露宿街頭。最後，面試還沒去，就已經因為有可能露宿街頭而焦慮難耐。

有災難性思維習慣的人，往往經常處在焦慮狀態中。正是因為思緒經常游離向未來，而未來又不完全由我們掌控，所以這樣的擔憂只會加重我們的無力感和絕望感。

細數的話，認知誤區的種類還有很多很多，以上只是平日裡比較常見的。需要注意的是，認知誤區不等於心理扭曲，有類似的思維習慣並不代表你一定是一個有心理問題的人。實際上，世界上的每個人都會從以上九種認知誤區裡看到自己的影子。

琳琳也是一樣。學習了這些知識後，她才意識到自己平日裡經常陷入以上大多數的認知誤區，並知道了為什麼自己會經常焦慮不安：「原來我的腦子總是習慣性地上演著各種災難和悲劇，怪不得我會焦慮和失眠呢。」

結合之前學到的關於大腦的知識，琳琳意識到了這些思維習慣都來自本能大腦和情感大腦對自己的保護，同時她也清晰地知道這些思維習慣在現實生活中給自己造成了很多困擾。

接下來，我們就來具體聊聊該如何走出認知誤區，幫助理智大腦在必要的場合下戰勝本能大腦和情感大腦。

如何改變思維習慣

瞭解了改變思維習慣的第一步（即覺察認知內容）和第二步（辨識認知誤區）之後，我們接下來看看第三步和第四步，也就是對固有思維進行檢驗、質疑和替換。

我們頭腦裡想的東西都是真的嗎

改變思維習慣的第三步，是對我們的固有思維進行檢驗和質疑。

想當然地接受腦中的所有想法，是一個很常見的現象。尤其當這些想法產生在童年時期，我們就更會對它們信以為真。在成長過程中，經常聽到父母說我們笨，我們就會以為自己是一個很笨的人。如果他人從未讓我們感受到自己的價值，我們就會以為自己是一個沒有價值的人。如果沒有感受過來自他人的愛，我們就會以為自己是一個不值得被愛的人。

然而，需要意識到的是，他人對我們做出的評價，其實也只是他人的主觀認知而已，並非事實。所以，當我們透過ABC紀錄表對自己的認知內容有了更清晰的意識後，重新對其進行審視、檢驗和質疑，是非常重要的。

實際上，認知只是認知而已，並不等於事實。**思維本身並不能定義你，我們頭腦裡所思所想的東西也不一定都是真的，除非你選擇去相信它。**

無論你在做什麼，無論你是否意識得到，你的大腦每天都在高速處理著數以萬計的認知。我們把大腦比喻成學校操場，把認知比喻成學生。在我們的「操場」上，時時刻刻都站著數萬個排著長隊的「學生」。通常情況下，除非你因為某種特殊原因注意到了某個「學生」，否則所有「學生」看上去都是一模一樣的，你甚至不會意識到他們個體的存在。

早晨刷牙時，你腦中會有一個認知告訴你：「我需要刷牙，因為它對我的牙齒有益。」之後，會有一系列認知指導你刷牙的步驟：「先拿起牙膏，擰開蓋子，將牙膏擠在牙刷上，再把牙刷放入嘴裡，然後開始刷牙。」通常情況下，你會在當下清晰地意識到這些認知嗎？多半不會，因為我們對刷牙這個行為已經習以為常了，無須意識到它也可以很好地完成任務。即便牙已經刷完了，但有時可能都不會記得到底是怎麼刷完的。這些認知，就好比是「操場」上那些完全沒有吸引到你注意力的「學生」。

但是，如果有另外一個認知對你說：「萬一今天老闆找我碴怎麼辦？」由於我們對類似事情會產生本能的畏懼心理，恐懼情緒便會立刻觸發大腦的保護機制，致使我們對這個想法重視起來。於是，我們不但相信了這個想法，還開始為這個假想的可能性做起準備來。

我們可能會不由自主地想起過去被老闆找碴的種種經歷（即關注力飄回過去），或設想老闆真要是找碴的話該如何應對（即關注力飄向未來）。這就好比是「操場」上的某個「學生」在茫茫人海裡被你點了名，走上前來站在你面前，占據了你所有的視野。從性質上來說，這個認知其實跟其他幾萬個認知沒有任何區別，但就是因為我們選擇相信了它，它才對我們的生活產生了影響。

所以，一個思維本身並沒有力量，但如果我們賦予這個思維特殊的意義，它就會變得力大無窮，甚至可以掌控我們的生活。

在我的臨床執業生涯裡，見過很多飽受內心想法摧殘的焦慮症和強迫症的來訪者。很多時候，真正讓他們感到痛苦的，不是頭腦裡的想法，而是他們對這些想法的主觀解讀，以及這些想法對他們的意義。

舉個比較誇張但極為形象的例子，很多患有迫害式強迫症的來訪者，會有類似的想法：「萬一我不小心傷害了我的孩子怎麼辦？萬一我不小心毒死了我的老公怎麼辦？萬一我殺了人，但我卻不記得了，怎麼辦？」

這一連串的認知，其實跟「萬一我不小心中了彩券怎麼辦」、「萬一我什麼壞事都沒做怎麼辦」之類的認知，在本質上沒有區別。人們之所以會因此感到痛苦，是因為他們給這些想法賦予了特殊的消極意義，比如：「我會有這樣的想法，一定是因為我瘋了」、「我怎麼能這麼想？老天爺早晚會讓我遭報應的」等。

然而，思維是思維，你是你。思維不等於你，你也不等於你的思維。只有當我們相信了腦中所想時，它才會對我們的人生造成影響。

你覺得自己是一個十足的失敗者，並不代表你真的就是一個十足的失敗者。你覺得自己會做一輩子單身狗，並不代表你真的就會一個人孤獨終老。這就好像假如你面前放著一杯白開水，它並不會因為你覺得它是一杯紅酒，就真的變成一杯紅酒。

所以，當你的頭腦裡產生了某個想法時，好奇地反駁它一下。你可以問問自己以下這些問題：

1. 有什麼事實證據可以證明這個想法的準確性和真實性？寫下所有可以證明這個想法準確和真實的事實證據，以及所有可以證明這個想法其實並不像你想得那麼準確和真實的事實證據。這裡需要注意：我們找的是事實證據，而不是用一個消極想法去佐證另一個消極想法。
2. 這個想法對我來說真的有幫助嗎？它對我有什麼影響？在長遠看來，它給我帶來了更多的痛苦還是益處？

3.目前，事情最糟糕的可能性是什麼？這個可能性發生的概率有多大？

4.如果你最關心的人有一模一樣的想法，你會和他／她說什麼？

5.如果你所想的並不是真實的，或你所擔心的事並不會成真，這又意味著什麼？它可能會對你的生活造成怎樣的改變？

反駁它的這個過程，就是對思維的檢驗和質疑的過程。

我們檢驗和質疑頭腦裡想法的過程，就是理智大腦與本能大腦和情感大腦博弈和辯論的過程，擺事實和舉例子是關鍵。正因為本能大腦和情感大腦無法區分現實和假象，無法區分過去、現在和未來，所以它們給我們提供的訊息並不一定是真實的。有時即使真實，但也不一定適用於當下。因此，我們需要學會有意識有目的地去質疑它們給我們提供的訊息。只有這樣，我們才能做出最符合當下需求的選擇，從而重新學會掌控當下的生活。

我該如何變得積極起來

改變思維習慣的第四步，就是用積極思維代替消極思維，用平衡思維代替極端思維。很多時候，我們只需對頭腦裡的想法進行微調，就可以極大提高它的準確度、真實度和有用度，從而使我們的思維與事實更接近。這個過程，就是用一個新的思維代替固有思維的過程。

需要指出的是，改變思維並不等於有意去無視消極的東西，或故意裝出一副樂觀的樣子。我們需要做到的，是允許自己選擇最符合現實的、平衡的內心獨白，而不是一直聚焦在情緒化的、不符合現實的、非理性的內心獨白。

用一個思維取代另一個思維的過程，叫作思維替換法。

我的督導曾經用一個很好的比喻來形容思維替換的過程。她說，我們可以把它想像成是在和一個孩子進行對話。假設這個孩子剛剛輸了一場比賽，灰心喪氣地對自己說：「我簡直失敗透了！」這個時候，我們會如何安慰他／她呢？我們也許會說：「你並不失敗，你只是輸掉了一場比賽而已，但你在比賽中的表現實在棒極了！只要是比賽，就是有輸有贏的。別忘了，上一次比賽你贏得就很漂亮！再接再厲，下次加油！」

這，就是思維替換。

每當你發現自己的頭腦裡飛速劃過一個情緒化的消極想法時，跳起來抓住它，然後用事實把它有力地駁回去，不要給它汙染你內心世界的機會！

改變思維習慣四步驟

綜上所述，改變思維習慣的四步驟是：

第一步：覺察認知內容（意識到自己到底在想什麼）。

第二步：辨識認知誤區（識別認知誤區的種類）。

第三步：認知檢驗和質疑（擺事實，舉例子）。

第四步：思維替換法（用更平衡的思維代替情緒化的固有思維）。

這個四步驟被付諸實踐後，具體是什麼樣子呢？我們來一起看看以下幾個例子：

×「我又犯錯了，我怎麼總是犯錯？做什麼都做不好！」

○「這是非黑即白的極端思維。是的，我這次的確犯錯了，但這是因為我的經驗不足。每一個經驗不足的人都會經歷犯錯和失敗的過程，這是很常見和可以理解的。而且，我並不是『總是』犯錯，也並不是『什麼都做不好』。客觀地說，之前的幾次我就做得還不錯。我可以問問自己從這次經歷中學到了什麼，汲取經驗教訓，爭取以後越來越好。」

×「就是因為我催老公盡早去上班，才導致他出了車禍。這一切都是我的錯。」

○「我又不客觀地把事情全都歸咎在了自己身上。事實是，我督促老公出家門的時候，並不知道會發生什麼事。如果我提前知道的話，絕對不會在那個時間點讓他離開家。況且，真正導致車禍的原因是肇事方酒後駕車。這個事故是肇事方的責任，而不是我的責任。」

×「我有一個理工男的朋友，性格非常內向，所以我感覺所有的理工男都是如此。」

○「這是以偏概全的思維。其實，並不是所有學理工科的男生性格都是內向的，有一些理工男性格就很外向活潑。沒有任何調查顯示一個人的性格和所學科目有直接的關聯性。」

×「她不是女漢子嗎？怎麼連這點兒事都做不了？」

○「這是貼標籤式的思維。她雖然是一個相對來說比較獨立的人，但是再獨立的人有時也是需要別人幫忙的。這個世界上沒有任何一個人獨立到不需要他人的幫忙。」

×「自從來到新公司上班，我就感覺適應起來很困難。儘管老闆和同事都說我上手很快，但我還是覺得自己應該適應得再快一些。」

○「這裡有兩個認知誤區：無視或否認積極事實和『應該』法則。既然老闆和同事都給出了積極回饋，就證明我在適應方面做得不錯，目前的進步是值得被肯定的。同時，我需要尊重自己適應新環境的速度，而不是把不現實的預期強加在自己身上。只要我此時此刻在盡力，就是值得認可的。」

×「他怎麼這麼久還不給我回微信？肯定是生我的氣了。」

○「這是讀心術的思維習慣。事實上，我並不知道他是不是生我的氣了。他目前沒有回覆我的微信，可能是因為手機沒電了，也可能是因為工作忙還沒來得及看手機。如果我很擔心的話，可以等一會兒直接給他打個電話進行溝通。」

×「沒人喜歡我。」

○「這是情緒推理。我現在感到自卑和孤獨，並不代表真的就沒人喜歡我。就算此時身邊沒有欣賞我的人，這也並不代表著我是不值得被喜歡和欣賞的。也許，我還沒有遇到對的人。」

×「這次肯定完蛋了，我根本做不到。」

○「這是災難性思維。從現實角度出發，我根本不知道未來會發生什麼。過去很多次我也以為自己肯定做不到，也以為事情會變得很糟糕，但後來實際情況都比我之前料想得要好一些。我此時此刻能做的就是盡力而為。」

學會了改變思維習慣的四步驟後，琳琳之前關於如何用理智大腦創造更多積極的理性思維的疑問也就得到了解答。

於是，帶著半信半疑的心情，琳琳開始嘗試把四步驟付諸實踐，去改變自己的思維習慣。果然，她漸漸地體會到了改變的發生……

思維改變進行時

琳琳最初剛開始學習改變消極思維習慣的那段時間，碰巧由於工作上的一些事而感到情緒低落。仔細一問，原來一切都來自老闆給她發的一封電子郵件。郵件裡，老闆告知琳琳由於她的疏忽，導致她負責的一個專案出了些小差錯。不過，老闆說不用太擔心，另外一個同事已經把問題解決了，老闆只是希望她以後多加注意。即使在郵件末尾老闆因為琳琳負責的另一個專案表揚了她，但她已經沒心情讀下去了。她覺得自己不但犯了錯，還得讓其他同事幫她收拾殘局，實在是太丟人了。她彷彿感覺全公司的人都在盯著她看，一瞬間特別想找一個地洞鑽進去。

當天下班後，琳琳一個人回到家，連吃晚飯的心情都沒有了。她一個人呆呆地坐在沙發上，腦海中幻想著同事在背後說她閒話，和老闆第二天解雇她的場景。她覺得自己做人簡直太失敗了。整個晚上，她既煩躁，又焦慮，既害怕，又絕望。她躺在床上想啊，想啊，頭腦在夜深人靜時變得異常繁忙。那一晚，她又失眠了。

我建議琳琳用這個例子，來幫助自己好好分析一下她當時腦子裡的所思所想，給那些導致她情緒波動的認知做一個「大手術」。

第一步：正念，也就是把注意力從事情本身抽離出來，開始向內看去。我引導琳琳回想事發當下的那一瞬間，她的想法、情緒和身體反應分別是怎樣的。

琳琳認真地回想說：「當時看到郵件時，我直接就懵住了，感覺超級丟臉，心想我怎麼又出錯了？我什麼都做不好，每次都出錯！這次還要同事幫我補救，現在全公司肯定都在笑話我！這麼小的問題，我本該做好的，不該出錯。像我這種做事頻頻出錯的員工，老闆肯定想趕我走人了。」

我引導琳琳開始把她的關注力放在自己的思緒上，意識到她當時的想法是「我什麼都做不好，每次都出錯」、「全公司肯定都在笑話我」、「我本該做好的，不該出錯」、「做事頻頻出錯的員工」、「老闆肯定想趕我走人了」等。我進一步引導琳琳意識到，這些都是她的主觀認知，是她對自己工作能力和他人認知的主觀判斷，不一定代表事實。

第二步：進一步覺察自己的思維，辨識它們的認知誤區種類。我們一起溫習了認知誤區的不同種類。琳琳分別列舉了出來：

- 非黑即白的極端思維：工作上犯了一個錯誤，就把自己全盤否定，認為自己「什麼都做不好」、「做事頻頻出錯」；
- 無視或否認積極事實：儘管老闆在郵件末尾表揚了琳琳，但她覺得老闆這麼做，只是為了安慰她而已，並不是真心認可她的價值，於是就徹底忽略了老闆對她的表揚；
- 「應該」法則：認為自己理應把所有工作都做對，不應該出現任何差錯；
- 讀心術：覺得全公司的人都在笑話她；

● 災難性思維：覺得自己要被解雇了。

第三步：檢驗和質疑自己的思維，即擺事實，舉例子。明確了琳琳在認知層面產生的誤區後，下一步就是把這些認知放在事實的顯微鏡下進行認真分析，看看它們到底有多合乎實際。

我們拿第一個認知舉個例子。

我問琳琳：「你覺得自己『什麼都做不好，每次都出錯』。這點讓我感到很好奇，能不能給我舉幾個例子？」

琳琳給我舉了三個她在工作上出過的差錯，而且描述得特別具體。

我問她在這家公司工作幾年了，琳琳說快三年了。

我繼續問道：「工作三年，出錯三次，平均每年一次。那這三年以來，在工作上做對的事情發生過幾次？」

琳琳沉默了一會兒，尷尬地笑了笑，說：「太多次了，數不上來。」

我問她：「那是不是可以理解為，至少在這過去的三年裡，你在公司裡做對事情的概率要遠遠大於做錯事情的概率？」

琳琳點了點頭。

我說：「既然如此，這聽上去並不像是『什麼都做不好，每次都出錯』，而是『有三件事沒做好』。我理解得準確嗎？」

琳琳又尷尬地笑了笑，說：「嗯，準確。我說得的確有點兒誇張了。」

我繼續詢問琳琳，是否有什麼事讓她覺得在工作上，她比自己想得要更有價值。她說當時面試這份工作時，競爭非常激烈，本以為自己肯定沒戲了，沒想到她最後竟然被錄取了。入職後，她總能聽到同事稱讚她學習能力強，進步快。琳琳跟我分享了幾件具體的事，聊著聊著，她的臉部表情漸漸放鬆了許多，之前那種陰鬱和絕望的表情稍微消散了一些。

但是，在聊到職場的激烈競爭時，琳琳整個人很快又緊繃了起來。她說，就是因為競爭激烈，她才覺得自己理應把所有工作都做好，不該出現任何差錯。

我好奇地問：「你為什麼覺得自己理應把所有工作都做好，而不能出任何差錯？」

琳琳不假思索道：「因為這是我的工作，如果出錯的話，我是要丟飯碗的啊！人家可以隨時找一個比我更好的人取代我的職位。所以我不能出錯，代價太高了！」

我說：「的確，沒人想要出錯，每個人都希望自己永遠是對的，希望自己做出來的東西永遠是高品質的。此時此刻，我們從你現在工作的實際情況出發，你的老闆是否曾說過『在這個崗位上絕對不允許出現哪怕一次錯』之類的話？」

琳琳認真地回想了很久，然後說：「這倒是沒有。」

如果是這樣的話，那麼「我絕對不能出錯，因為一旦出錯，就會丟飯碗」這個認知本身，更像是來自琳琳焦慮、恐懼和不安的心理，而不是來自事實。如果從事實角度出發的話，老闆在郵件裡明明白白地告訴她不要擔心，並因為另外一件事表揚了她，這怎麼看都不像是要丟飯碗的前兆。

聊到這裡，琳琳突然想起了去年一個同事被解雇的場景。那個同事接二連三在工作上出現了重大紕漏，老闆給了那個同事很多次口頭警告和一個書面記過。最後實在沒辦法了，才把那個人解雇了。

我問琳琳她為什麼和我分享了這個故事，她說：「因為我發現自己總是擔心被解雇，的確是太情緒化了。現在想來，如果老闆真要解雇我，之前肯定會有預兆的。」聊到這裡，琳琳的情緒和之前比起來冷靜多了。

第四步：用較為客觀和平衡的認知，取代先前情緒化和非理性的認知。當琳琳的情緒稍微平復了一些後，我邀請她重新回看整件事，並問現在的她如何看待自己。

琳琳認真思考了許久，以一種平靜的口吻說：「其實我就是一個很平凡的普通人。我不是天才，但也絕對不如我之前想得那麼一無是處。我和其他任何人一樣，都有自己的毛病和缺點，但這沒什麼大不了的。那次在工作上出錯，是我的不對，但也不至於因為那件事就把自己一棍子打死。我會認真從中汲取教訓，以後爭取不再犯就行了。」

當這些話說出口的時候，琳琳感到了一種釋然和平和，這件事在她心中也就真的放下了。

雖然這是一件很小的事，但的確是從那次會面之後，琳琳看待問題的方式和角度就開始產生了微妙的變化。她開始越來越關注自己每天頭腦裡的所思所想，每天都用認知質疑表（見本章末尾的小練習）追蹤和質疑自己的固有思維。後來，她形成了這個習慣，即使不用手寫表格，自己也可以在腦子裡透過改變思維習慣的四步驟，去幫助自己變得越來越客觀和平衡。

漸漸地，我在會面中觀察到了她的改變。對話時，她主動分享的內容更多了，她的臉部表情、語音語調和肢體動作，都變得更生動活潑了。她開始喜歡笑了，也變得更加幽默了。

當琳琳看待事物的角度變得更客觀和平衡後，隨之而來的改變還體現在了她待人處事的方式上。當和他人發生矛盾時，她開始學會好奇地考量他人的處境，而不是一味地固守自己的主觀想法，或情緒化地給對方隨便貼上一個標籤。琳琳身邊的家人和朋友也先後跟她分享說，她看上去好像比之前更加開朗活潑了。

換一個角度看世界，風景就會不同。這，就是思維的力量。

╱小練習╱

認知質疑表

認知質疑表可以幫助我們有效地追蹤頭腦裡的想法，並對它們進行檢驗、質疑和替換。在練習初期，推薦每天填寫一份，以幫助自己養成質疑固有思維的習慣。以下表格裡的例子僅供參考。

認知質疑表

① 導火線事件是什麼？

男朋友說下班後會給我打電話，但是卻還沒有打。

② 由於這個導火線事件，我產生了哪些情緒？情緒強度分別是多少？（0—10，0為最弱，10為最強）

擔心（8）　傷心（7）　憤怒（9）　害怕（6）　嫉妒（4）

③ 事情發生的當下，我頭腦裡產生了哪些想法？

（1）他一定是喜歡上別人了。

(2) 他說話從來不算數。
(3) 萬一他不愛我了怎麼辦？
(4) 我們會不會要分手了？

④ **我頭腦裡的想法，符合哪幾種認知誤區的種類？**

(1) 妄下定論
(2) 以偏概全
(3) 把所有事都歸咎在自己身上
(4) 災難性思維

⑤ **有哪些具體的事實證據可以證明我的想法是準確的？**

(1) 我們上週吵過一次架。
(2) 之前有一次他答應給我買花，但是後來也沒買。

⑥ **有哪些具體的事實證據可以證明我的想法並不是百分之百準確的？**

(1) 大多數時候他都是說到做到的。
(2) 總的來說，他對我還是很好的。

(3)雖然上週吵架了，但後來我們已經和好了。之前幾次吵架也都沒有因此就分手。
(4)他前幾週還在聊如何慶祝我們三週年紀念日的事。
(5)之前雖然沒有買花，但後來他用其他禮物彌補了。
(6)他的朋友們都說他對我的感情很專一。

7 **基於5和6列舉出來的事實證據，更為平衡的、客觀的、中立的想法應該是：**

雖然今天到了下班時間後，他還沒有給我打電話，但是百分之九十九的時候他都會在下班後打電話給我。大多數時候他都是說到做到的，今天也許有特殊原因。不能根據這一個原因就判斷他是否足夠愛我，或我們是否會分手。

8 **調整了想法之後，我現在的情緒是什麼？情緒強度分別是多少？（0—10，0為最弱，10為最強）**

擔心（4）　傷心（2）　害怕（2）　耐心（4）

9 **以後要是發生類似的事情，我可以：**

先幫助自己把情緒平復下來，而不是盲目地做判斷。

本章結語

這一章節裡，我們詳細地談到了思維的力量，以及如何一步步去改變我們固有的思維習慣。

俗語有云：「積思成言，積言成行，積行成習，積習成性，積性成命。」柴契爾夫人也曾說：「小心你的思想，因為它們會成為你的言辭；小心你的言辭，因為它們會影響你的行為；小心你的行為，因為它們會成為你的習慣；小心你的習慣，因為它們會成為你的性格；小心你的性格，因為它會決定你的命運。」

思維與思維之間的關聯就像多米諾骨牌的連鎖反應一樣。一個消極思維，容易觸發一系列連鎖的消極思維鏈。我們可以選擇去相信大腦傳遞給我們的所有訊息，同樣也可以選擇去質疑那些對我們並非有益的想法。

如果我們選擇去相信那些消極想法，並給它們賦予力量，它就會使我們的內心世界烏雲密布。相反，如果我們可以意識到它本身其實就只是一個想法而已，我們有權選擇不去賦予它力量，這樣我們才能找回對自己思維的掌控感，並進而找回對生活的掌控感。

本章的最後，我想以馬丁・路德的名言結尾：

We cannot prevent birds from flying over our heads, but we can keep them from making nests on top of our heads. Similarly, bad thoughts sometimes appear in our mind, but we can choose whether we allow them to live there, to create a nest for themselves, and to breed evil deeds.

我把它翻譯為：

我們雖然無法阻止鳥兒從我們頭上飛過，卻可以阻止它們在我們頭上築巢做窩。同樣的道理，雖然我們的頭腦裡時不時會冒出消極念頭，但我們可以選擇是否允許它們在我們的頭腦裡安身駐足，滋生負能量。

Chapter 5

情緒——心靈的顏色

如何徹底消除焦慮？

情商低，怎麼破？

你在鬧情緒，你不知道嗎？

壓力壓得你透不過氣？

糟糕的情緒也是好的？

他／她的一言一行，搞得你不開心？

Unexpressed emotions will never die.

They are buried alive, and will come forth later in uglier ways.

—— Sigmund Freud

未被表達的情緒永遠不會消亡。

它們只是被活埋，並將在未來以更加醜陋的方式湧現。

—— 西格蒙德 · 佛洛伊德

（奧地利著名心理學家，精神分析學派創始人）

聊完了認知金三角裡的認知部分後，這一章我想和大家談談關於情緒的話題。

我一直都覺得，在認知、情緒和行為的認知金三角裡，情緒是三者中最重要的部分。人類是感情動物，有七情六欲。極為豐富的情感體驗以及情緒調控力，是我們與動物的本質區別之一。

在當代社會裡，情商越來越受到人們的重視。一提到那些被大家公認為是情商高的人，我們就很容易聯想到他們會說話、會辦事、善交際、人緣好的樣子，好像無論場合多麼尷尬，無論事情多麼難辦，他們總能化險為夷，轉危為安。其實，情商高的人能遊刃有餘地解決棘手問題，最關鍵的前提之一就是他們在事發當下可以非常有效地調控自己的情緒。

所謂情商，就是情緒智商。它的核心指的就是我們覺察、處理和控制自我情緒，以及認知他人情緒的能力。情商高的人並不是只有積極情緒，更不是沒有情緒。他們也會有消極情緒，遇到挫折和失敗時也會感到氣餒、焦慮、害怕等，但是他們處理自我情緒的能力相對來說更高一些，因此比較不容易被自己的消極情緒影響。

相反，我們聽過太多因為消極情緒得不到及時疏導而傷人傷己的新聞和故事。和他人發生口角、打架、抑鬱症、健康問題，甚至自殺和激情殺人等，都是壓抑情緒的直接後果。著名精神分析學家佛洛伊德曾說：「未被表達的情緒永遠不會消亡。它們只是被活埋，並將在未來以更加醜陋的方式湧現。」

內心情緒無法被他人尊重、傾聽和理解，反而被忽視、漠視或無視；因為有了某種情緒而被人評判、指責，甚至羞辱；內心的情感需求長期無法得到滿足，這些都是一切內心痛苦的根源。

在我近十年的臨床執業生涯中，見過的所有來訪者都是因為情緒困擾而來尋求心理諮詢幫助的。一些表面看起來是因為人際關係、親密關係、職場困惑等問題來尋求幫助的來訪者，深究起來其實都和他們的內心情感需求有關。很多人都不擅長表達自己的情緒，不知道如何滿足自己的情感需求。對自己的情緒和情感需求一無所知的來訪者更是比比皆是。

琳琳就是其中的一個。

雖然之前在認知方面取得的進步對琳琳非常有幫助，但在後來進一步實踐的過程中，她遇到了一個難題：當情緒穩定時，她可以很輕鬆地用改變思維習慣的四步驟幫助自己；可當情緒不穩定時，這個過程幾乎是不可能的。更確切地說，很多時候，正是她的消極情緒導致了一系列的認知誤區。

琳琳清晰地意識到，學會如何瞭解、接納和表達自己的情緒，以及如何覺察和滿足自己的情感需求，是我們每一個人健康快樂地活在這個世界上必不可少的一部分。

「我們到底該如何做到這幾點呢？」琳琳迫不及待地問。

為了回答這個問題，讓我們從情緒是什麼開始聊起。

行為的馬達——情緒

情緒，或稱情感，英文是emotion。這個單詞的詞根是motion，也就是運動、驅動的意思。正如這個詞根的意思，情緒最根本的作用就是驅動我們的行為，就像馬達的作用是驅動汽車前進一樣。無論有沒有意識到情緒的存在，我們每天所做的大大小小的決定全部都基於我們當下的情緒。

比如，開心時，我們可能會選擇和朋友出去玩兒；傷心時，我們可能會一個人流淚哭泣；憤怒時，我們可能會和他人發生爭吵；受挫時，我們可能會放棄當下正在做出的努力。總之，我們每天的所作所為，很大程度上都是由我們所體驗到的情緒左右。

那麼，情緒到底是什麼呢？

情緒的三要素

在科技十分發達的今天，各個領域的學者和研究人員至今都沒能對情緒到底是什麼得出一個較為統一的結論。但是，很多心理學領域的研究人員目前可以肯定的是，情緒是一種包括主觀體驗、身體感受和行為反應三個因素在內的複雜的心理狀態。

▼主觀體驗

很多專攻人類情緒的科學家現在已經可以斷定，無論種族背景和文化背景有多大差異，很多情緒都是人類所共有的，比如快樂、悲傷、憤怒、恐懼和羞恥等等。然而，科學家們認為每個人在感受情緒的當下，個人體驗卻是不同的。

比如，基於性格和情緒體驗方式的不同，小王所說的「開心」和小李所說的「開心」，可能是兩種完全不同的感覺。假設小王、小李在和彼此談戀愛，二人都感到很幸福，但他們對自己幸福感的描述則可能是截然不同的。再比如，同樣是被同事說閒話，小王可能會感到「小小不爽」，小李則可能會感到「勃然大怒」，即便這兩種情緒都屬於憤怒類情緒的範疇。

此外，我們對情緒的體驗並不一定是單一的。有時候，一件事可能會使一個人感受到錯綜複雜的多重情緒。例如，小王要當媽媽了，她可能會同時感到興奮和緊張的情緒。小李熬夜打了一晚上遊戲，他可能會同時感到滿足和內疚的情緒。這些情緒有時可能是同時存在的，有時也可能是先後發生的。我們通常所說的「心裡就像打翻了五味瓶，有一種五味雜陳的感覺」，比喻的就是內心情緒十分複雜的心理狀態。

▼身體感受

當你特別緊張焦慮的時候，有沒有感覺呼吸困難、身體發抖、胃部不適或腦門冒汗？

當你非常傷心難過的時候，有沒有感受過心痛的感覺，好像心口真的被戳了一下？

當你非常快樂、放鬆或平和的時候，有沒有體驗過四肢柔軟輕盈的感覺，好像自己年輕了幾歲？

當你非常悲傷或絕望的時候，有沒有感到過四肢無力，甚至有些沉重的感覺？

如果答案是肯定的話，那麼你可能會意識到，我們的情緒時時刻刻都影響著我們的身體狀態。更準確地說，身體感受其實是人類情緒的一種很直接的表現形式。

眾所周知，我們人體的一切活動都是在神經系統的支配下進行的。自主神經系統主要有兩個重要的組成部分：交感神經系統和副交感神經系統。如果我們把身體比喻成一輛汽車，交感神經系統就是油門，而副交感神經系統就是煞車。

交感神經系統的功能是幫助我們在危急情況下調動一切身體資源去做出本能反應；副交感神經系統的功能則是幫助我們恢復生理平衡。兩者的作用雖然是截然相反的，但正是因為「油門」和「煞車」之間的互相制約、互相配合，才能幫助我們身體的「這輛車」正常行駛。

我們來舉一個非常簡單的例子。假如你正在動物園悠閒自得地觀賞動物，突然聽到廣播裡高聲播報說，一隻老虎剛剛掙脫了牢籠，從籠子裡跑了出來。說時遲，那時快，你一扭頭，看到那只老虎從你身後正快速向你跑來。

在這樣的情境下，幾乎一瞬間，你的身體就會產生心跳加速、呼吸急促、四肢肌肉緊繃、雙手冒汗等症狀，這就是交感神經系統——你的「汽車」的「油門」——在起作用。你當下會有這樣的身體反應，是因為恐懼這個情緒對你身體產生的影響，它在驅使你採取必要行動以保護個人安全。

假如你正在逃命，卻突然看到老虎被動物園的工作人員制伏，重新被關回了籠子，那麼當下你可能就會立刻感到鬆了一口氣。漸漸地，你的心跳會恢復正常，呼吸頻率會慢慢變得平穩，肌肉重新開始放鬆，血壓回歸正常。這就是副交感神經系統——你的「汽車」的「煞車」——在起作用。你的身體會有這樣的反應，是因為恐懼的情緒逐漸消散，並被放鬆、平和、釋然等情緒代替。

正因為情緒隨時隨刻都影響著我們的身體狀態，所以當我們的情緒無法得到紓解，或者說當我們有了「心病」時，它才會間接地導致身體健康問題。我們平時所聽說的「笑一笑，十年少；愁一愁，白了頭」、「藥補食補，莫忘心補」、「治病必先治神，藥療必先療心」等諺語，都很直白地描述了情緒和身體的關係，以及調理情緒對身體健康的重要性。

▼行為反應

行為反應是情緒外化的一種體現。說白了，一個人當下到底感受著怎樣的情緒，以及這種情緒的強度如何，都會左右這個人的一言一行。

比如，當一個人感到焦慮時，他說話的聲調、語速、音量等都會發生變化，和他人溝通時的臉部表情及肢體語言也會相應發生改變。這些行為特徵都可以被當作是一個人當下情緒體驗的判斷標準。

在電視劇或電影裡，我們經常看到一些幫助警方偵破奇案的心理分析高手，他們往往對嫌疑人的一舉一動觀察入微。無論是在審問的過程中，還是在分析案情的時候，他們都會從嫌疑人的行為細節入手。很多時候，儘管嫌疑人表面故作鎮定，想以此隱瞞自己撒謊時焦慮的情緒，但很多行為細節的不一致依然逃不過心理分析高手的慧眼。

我們再來看看之前老虎逃脫動物園牢籠的例子。通常情況下，人類在面對這類突如其來的危險情況時，身體會本能地呈現出三種生理反應：戰鬥（fight）、逃跑（flight），或僵在原地（freeze）。當我們下意識地呈現出這三種行為反應時，就意味著我們當下體驗到了恐懼或焦慮的情緒。相反，如果我們的行為漸漸放鬆下來，這就意味著我們體驗著和恐懼或焦慮相反的情緒。

我為什麼會有情緒

很多科學家相信，複雜多元的情緒是我們作為人類所具備的一種獨特且重要的特質，是人類幾百萬年進化的產物。人與動物的眾多區別之一，就是人類所體驗的情緒要比動物更加多樣化，而且人類具備調控情緒的能力。無論從身體上、心理上，還是人際交往來說，情緒都對我們在這個世界上的健康生活起著至關重要的作用。

從身體上來說，情緒可以保護我們的人身安全。比如，因為感受到了恐懼，我們的身體才會做出反擊或逃跑的反應，從而提高面對危險時的存活率。因為感受到了噁心，我們才會有意避開一些可能使我們生病的食物。在類似的情境下，保護我們安全和健康的往往是情緒，而不是思維。

從心理上來說，情緒會驅使我們去滿足內心的情感需求。例如，因為感到了焦慮和擔心，我們才會為業績努力工作。因為感到了內疚，我們才會去彌補自己的過錯。因為感到了同情，我們才會去幫助他人。因為感到了憤怒，我們才會去為自己或他人伸張正義。

此外，情緒在很大程度上會影響人際交流。回想一下我們的成長過程，一個孩子往往在很小的時候就可以讀懂他人的情緒。透過周圍人的臉部表情、說話語氣、音量大小等訊息，孩子就可以感知他人的心情，並決定該如何和他們溝通交流。小孩如此，大人也是如此。當一個人看到公司老闆嚴肅地板著臉時，他就可能會推斷出老闆心情不好，於是乖乖地把手頭工作做好，省得惹事讓老闆更生氣。

這麼說來，情緒的重要性看似是顯而易見的，然而在實際生活中，卻很少有人會意識到這些。大多數人對自己的情緒——尤其是消極情緒——多多少少都抱有抵觸心理。

琳琳就曾對我說，她非常討厭自己的情緒，也討厭情緒化的自己。她覺得是那些消極情緒使她內心痛苦，行動力低下，自我懷疑，並無法放鬆地和他人交流。最令她鬱悶的是，大多數時候她根本不知道自己為什麼會有這樣那樣的情緒。

明白了情緒的重要性後，琳琳第一次對自己的情緒產生了單純的好奇心。但是，她依然有一個疑問：「既然情緒這麼重要，那當我被它困擾時，到底該怎麼辦呢？」

琳琳給我舉了幾個她被情緒困擾的例子：「比如，我覺得自己很容易情緒化，我媽總是因為這個說我太幼稚、不成熟。另外，我總覺得自己沒法控制我的情緒：明明該鎮定的時候，我卻會發火；明明該大方的時候，我卻會嫉妒。一件事明明已經過去很久了，但每次聊起來，我心裡還是會感到有些不是滋味兒。總之，只要聊到情緒這個話題，我就感覺自己滿腦子糨糊，不知道該怎麼辦。」

琳琳的這些困惑在當下社會裡實在太常見了，幾乎每個人都有類似的困惑。我們平時非常注重智力培養，但卻極度忽視情感和心理教育。我們很少接受關於情緒管理方面的系統教育，只能透過觀察他人的言行去猜想應該如何管理自己的情緒，怪不得很多人對自己的情緒存有很多疑問。

除了疑問外，包括琳琳在內的很多人對情緒這個話題有很多誤解。正是因為這些誤解，導致人們在處理情緒的過程中出現了問題。所以，要想為自己解惑，我們就得先來看看大家平時對情緒都有哪些常見的誤解，以及事實究竟是怎樣的。

對情緒的七大常見誤解

×誤解一：情緒有好壞之分。

○事實一：情緒沒有好壞之分。

一個非常常見的現象是，我們會根據主觀體驗，把諸如高興、激動、幸福、平和、釋然、放鬆、自信等情緒看成是好情緒、正面情緒和積極情緒，而把諸如憤怒、悲傷、心痛、內疚、失落、羞恥、焦慮等情緒看成是壞情緒、負面情緒和消極情緒。

實際上，情緒本身是沒有好壞之分的。當我們用「好」與「壞」這樣具有評價性質的詞語去形容情緒時，就已經加入了自己的主觀評斷。第三章講到的正念原則裡，最重要的一條就是要不帶主觀評斷地去客觀中立地審視一件事。當我們消極地看待自己的情緒，並因為有了某種情緒而自我指責時，這不但不會解決當下的問題，反而會導致更多情緒產生。

假設我們把情緒比作天氣，如果把雨天和雪天看成是「壞天氣」的話，每當下雨和下雪時，我們心裡自然會產生抵觸和厭煩心理。相反，如果以客觀的、好奇的心態去觀賞雨和雪的話，我們反而可以體會到一種別樣的心境。*

×誤解二：有情緒意味著一個人幼稚、不成熟。

○事實二：有情緒意味著我們是正常的人類；沒有情緒的是機器人。

很多人都覺得成熟的人就是不把情緒展露在外、只把情緒留給自己的人，好像向他人展露情緒就代表著這個人幼稚、脆弱、不堅強、意志薄弱等。實際上，情緒的存在，以及是否向他人展露情緒，和一個人是否成熟、堅強和有意志沒有任何直接關聯。

人類是感情動物，所以有情緒是很正常的。有了情緒就需要表達，這也是再自然不過的。這就好比只要是人，就需要吃飯和喝水。滿足這些生理需求，是很自然的事情。我們並不會因為自己剛吃了早點，中午就又餓了，便覺得自己是一個「虛弱、不夠健壯」的人。因此，也無須因為自己有情緒和情感需求而去怪罪和指責自己。

真正成熟的人並不是沒有情緒，也不是不把情緒展露給他人。相反，他們允許自己有情緒，懂得如何接納自己的情緒，並知道如何用**恰當的、健康的方式**表達情緒，使周圍人可以接受。因此，問題的關鍵點並不在於是否應該表達情緒，而在於表達情緒的方式是否恰當和健康。

✕誤解三：我的情緒是由他人左右的。

〇事實三：他人並不對我們的情緒負責；我們應該為自己的情緒負責。

在日常生活裡，你是否說過或聽到過「你怎麼總是惹我生氣」、「他是故意說這些話讓我傷心的」、「我希望你不要讓我失望」等類似的話？很多時候，我們要麼覺得他人應該對我們的情緒負責，要麼覺得我們應該對他人的情緒負責。然而，事實是我們無須為他人的情緒負責，他人也不必為我們的情緒負責。唯一應該對自己情緒負責的，只有情緒的主人。

在講認知金三角的時候，我們瞭解過了認知和情緒之間的關係。仔細分析的話，不難發現一點：真正導致情緒產生的其實並不是他人的所作所為，而是情緒主人看待事情的角度，以及應對事情的方法——也就是認知和行為。

他人可以在一定程度上影響我們的情緒，但對情緒的掌控權永遠都握在我們自己手裡。當我們的視角和應對方式發生改變時，情緒自然就變了。所以，雖然我們無法掌控他人，但我們可以選擇不同的視角和應對方法，

---

* 在很多心理類或勵志類的書籍裡（包括本書在內），大家都會看到「積極情緒」和「消極情緒」的字眼，這只是作者在篇幅有限的情況下，對某類情緒的書面描述法。我在這裡鼓勵的是以中立的、客觀的心態看待情緒。

從而化解自己的情緒。

✕誤解四：我不應該有這樣的情緒。

〇事實四：無論我們是否對其有意識，任何情緒都有它存在的意義和理由。

大家平常是否會對自己說類似的話：「我因為這點兒小事就過意不去，真是不應該」、「她是我的好朋友，我竟然心裡還會暗暗嫉妒她，我是不是心理有問題？」、「不就是一個面試嘛，我怎麼緊張成這樣？我的心理承受能力太差了！」……

類似這樣的話都代表著我們對自己當下的情緒是不接納的，覺得自己不該有這樣的情緒，並因為這些情緒的存在而去指責自己。正因為如此，很多人要麼會忽略或無視自己的情緒，要麼會有意逃避或壓抑自己的情緒。

情緒最大的特點就是吃軟不吃硬。你越和它抵抗作對，它反而會越來越強大；你越去正視接納它，它反而很快就會消散。因此，與其質疑情緒的存在，並和它對著幹，不如去理性地正視它，並找尋它產生的原因和存在的意義。

任何情緒都不會平白無故地發生。我們暫時不明白自己為什麼會有某種情緒，不代表這種情緒不應該存在。只有明白了情緒存在的原因，並認同了它背後的意義時，我們才能學會如何去接納它的存在。

情緒聚焦療法的創始人格林伯格博士曾經說過，試圖去掌控或改變我們的情緒有時會事倍功半；相反，我們需要做的僅僅是去覺察我們的情緒，並和它們和諧共存在一起。說白了，與其嘗試改變自己的情緒，更為有效和健康的方式是去改變我們與自己情緒之間的關係。這個內容我們會在本章後面的部分裡慢慢詳聊。

✕誤解五：只要我不去感受情緒，它就會慢慢自動消失，我的心情就會慢慢好起來。

〇事實五：被逃避的情緒永遠不會自動消散，它只會在日後某一天你毫無防備時突然爆發出來。

當一個人不想面對一件事時，最為常見的處理方法就是無視它。當一個人由於情緒太痛苦而不想面對它時，也很容易會有意無意地無視和逃避這種情緒的存在。這就是之前提到過的情感逃避，它是一種非常常見的自我防禦機制。

然而，有趣的一點是，**當你告訴自己不要去想一件事的時候，你的大腦其實已經在想它了**。比如，假設我說：「接下來的十秒鐘裡，你隨便想什麼都可以，但就是不要去想米老鼠在你頭頂上跳舞的樣子。」那麼，你腦袋裡現在想的是什麼?不用說也知道，肯定是米老鼠在你頭頂上跳舞的樣子。

這就是逃避的結果：我們越逃避一樣東西，反而越容易被它掌控和影響。情感逃避更是如此。這就是為什麼很多人都覺得自己有時會間歇性地情緒崩潰，這往往都是之前情感逃避的結果。

✕誤解六：如果我允許自己感受情緒，我害怕自己會太過痛苦，或是瘋掉。

〇事實六：當我們允許自己感受情緒的時候，情緒的能量才能得到釋放，並最終消散。

很多有臨床焦慮障礙的來訪者經常和我說，他們擔心如果允許自己去體驗焦慮，那麼自己會因為焦慮症發作而瘋掉。於是，很多人都會有意躲避一些可能導致焦慮的場所和事情，因為他們覺得只有這樣做，自己才能不焦慮。但是，越來越多的人發現，這樣的逃避行為不但使他們的生活圈子越來越小，而且使自己變得越來越焦慮，越來越害怕。

當我們不允許自己感受情緒的時候，情緒就會一直困在身體裡，導致身體產生健康問題。同時，情緒的存在意味著情感需求沒有得到滿足。如果我們不允許自己去感受情緒，就無法滿足情感需求，內心的痛苦就會隨著時間的推進慢慢加深。

雖然有些情緒體驗起來很難受，但它並不會對我們造成人身危險。當我們允許自己感受情緒的時候，我們才能有機會去練習情緒管理能力，對情緒的容忍度才能慢慢提高。當我們直面情緒，並學會滿足情緒背後的情感需求時，它的能量才能得到釋放，並最終消散。

×誤解七：控制和管理情緒的意思就是不要有情緒。

○事實七：情緒管理的目的不是不要有情緒，而是在有情緒的時候允許自己感受它，然後重新回到平衡狀態，而不是深陷在一種情緒狀態中無法自拔。

每當我問來訪者他們做心理諮詢的目標是什麼時，很多人都會說他們希望自己「不再焦慮，不再鬱悶，要永遠快樂」。然而，這個世界上不存在永遠快樂的人。悲傷、抑鬱、焦慮、憤怒等情緒是我們每個人都會有的正常體驗。期望自己不要有這些情緒，就好比是期望自己不再飢餓、不再口渴和不再有上廁所的衝動一樣，是不現實的。更為現實和理性的看待情緒的角度，是**允許自己體驗豐富的情緒，同時可以有能力掌控這些情緒，而不是被這些情緒所掌控。這才是情緒管理的意義。**

舉個例子，一個人明明在工作上頻頻受挫，卻還非要強求自己在情緒上完全不受影響，這是不現實的。當工作上遇到了不順心的事時，感到心情差是正常的。所謂的情緒管理，是當自己心情差的時候，意識到它，允許自己心情差（即給情緒存在的空間，而不是壓抑情緒，或因為情緒的存在而責備自己），然後選擇去做一些健康的事讓心情漸漸好起來。當我們這麼做時，這就意味著我們可以在不同的情緒狀態之間彈性轉換——也就是情感大腦和理智大腦的通力合作——而不是卡在某種情緒狀態中無法跳脫出來。

我和很多來訪者之間的會面都圍繞著他們的情緒展開。當我一一澄清他們對情緒的誤解後，他們便有機會去重新認識和定義自己與情緒之間的關係。很多人之前都對自己的情緒——尤其是消極情緒——持抵觸、排斥和逃避的態度，但聊完這個話題後，他們都開始嘗試以全新的角度去看待自己的情緒。

改變，就在這個過程中悄然發生了。

自從學習了正念後，琳琳一直都在練習用正念的方式體察自己的情緒，她已經可以越來越快地意識到情緒的存在。重新認識了情緒之後，每當她又感到焦慮、不安、害怕、孤獨或憤怒時，她不再像以前那樣去抵觸這些情緒，反而開始以好奇的心態去審視它們，並給予它們存在的空間。

漸漸地，琳琳發現自己和情緒之間的關係，從之前的「敵對關係」變成了之後的「友好關係」。她開始對自己的情緒感到越來越好奇，於是新一輪的問題就此產生了：

「我為什麼會有這些情緒？它們背後都隱藏著什麼？當消極情緒出現的時候，我到底應該做些什麼？」

為了回答這些問題，我們就要從情感需求這個話題接著聊下去。

情緒背後的真相

情感需求是什麼

眾所周知，我們的身體信號告訴我們自己的身體到底需要什麼。比如，口乾舌燥意味著身體缺水了，需要喝水。飢腸轆轆意味著肚裡缺食物了，需要吃飯。這就是我們的身體需求。這些需求一旦出現，就必須得到滿足。

如果明明有身體需求，但卻因為某些原因而一直無法滿足這些需求，那麼不但身體會亮紅燈，還會影響自己當下的行為狀態。如果對身體信號進行了錯誤解讀，比如自己明明是渴了，卻一個勁地往嘴裡塞麵包，或明明是餓了，但卻不停地喝水，這樣做反而會南轅北轍。沒有得到滿足的需求很快會占據你的大腦，霸占你的關注力，直到它得到滿足。

同樣地，**情緒是我們的情感信號，它存在的意義就是告訴我們自己在情感和心靈上到底需要什麼**。這個需求，就是情感需求，或稱心理需求。當情感需求沒有得到滿足時，我們會在情緒上感到不適。

比如，一個和外界脫離聯繫的人會感到孤獨，一個缺乏刺激的人會感到無聊，一個缺乏掌控感的人會感到無助和焦慮，一個缺乏目標感的人會感到迷失，一個缺乏愛和關懷的人會感到自卑、羞恥和渺小。

因此，**情緒其實是我們的幫手，而不是絆腳石**。如果我們一直跟情緒做鬥爭，試圖去打壓和逃避它，那麼背後隱藏的情感需求就無法得到滿足，自己才會因此越來越痛苦。這就好比是我們在口渴的時候，不但不給自己水喝，反而因為自己感到口乾舌燥而指責自己，或假裝自己並不口渴，以為只要忘掉口渴的感覺，就不需要喝水了。

同時，錯誤地解讀自己或他人的情感信號，會阻礙情感需求得到滿足，甚至會對人際關係造成消極的影響。

比如，我之前見過一位來訪者小婷（化名），她總是因為老公不常讚美她而生氣。她害怕老公覺得她心眼太小，於是總把怒氣憋在心裡。後來，她的怒火終於在一次和老公關於家務瑣事的吵架中爆發了。

老公看到小婷因為家務事而生氣，以為是自己家務做得不夠，於是開始努力做家務。但是，由於老公錯誤地解讀了小婷生氣的原因，使她內心深處的情感需求遲遲無法得到滿足，反而讓她更惱火。

而老公明明已經做了更多的家務，卻還是不能博取老婆的歡心，心裡反而變得委屈和不爽了起來，心想：「我不做家務你也生氣，做了家務你還生氣，你到底想讓我怎麼辦？」夫妻關係因此漸漸開始惡化。這就是錯誤解讀情感信號的危害。

現代物質社會存在的最大問題之一，就是人們和自己的情緒嚴重脫節。因此，在日常生活裡，由於錯誤地解讀情感信號，而導致用錯誤的方式去滿足情感需求的例子比比皆是。

例如，很多街邊大幅廣告給我們傳遞的訊息是，擁有了某些物質時，我們在情感上就會覺得開心、滿足和安全，比如一輛更好的車、一個更大的房子、一份更高的薪水、一個更好的分數、一個更美的外貌等等。於是，我們開始拚命去賺更多的錢、住更大的房子、考更好的學校、減更多的肥，以為只要如此，一切煩惱就會離我們遠去，自己就能快樂、自信和幸福起來。

然而，這個邏輯無論從認知還是情感上來講，都是不成立的。從認知上說，「更」這個字往往會把我們帶入一個死循環，因為當你得到了這個「更」好的東西時，下一個「更」好的東西就已經站在不遠的地方給你施壓了。它的存在，會立刻把你之前的成就感和滿足感砸得粉碎，使你無法有一分鐘喘息的時間。

從情感上說，當一個人在內心感到悲傷、焦慮、孤獨和不安時，這些情緒指向的是沒有得到滿足的情感需求。**情感上的需求，需要從情感層面——而不是物質層面——去滿足**。物質有時就算可以滿足情感需求，效果往往是短暫和轉瞬即逝的。

談到這個話題，我想到了之前見過的一位來訪者，名叫曉莉（化名）。

曉莉是那種大多數男生都會對其一見傾心的女孩，不但外表陽光可人，工作能力也比較強。曉莉小的時候和媽媽的關係並不好，兩個人經常吵架。每次和媽媽吵完架後，爸爸就會背著媽媽給曉莉買東西，哄她開心。小到毛絨玩具，大到電子遊戲機，爸爸總會用買東西的方式向曉莉表達他對她的關心和愛。很多時候，曉莉和媽媽吵架的真正原因誰也沒弄明白，但是她的心情總會因為禮物的出現而由陰轉晴。

長大之後，曉莉學會了一點：買東西可以讓自己的心情好起來。於是，自從曉莉開了自己的網店，經濟獨立了以後，就經常在心情不好的時候去網購。無論是因為工作壓力、單身寂寞、和朋友吵架，還是在內心深處感到焦慮和自卑，曉莉總會在第一時間上網去買任何自己喜歡的東西來安撫心情。衣服、首飾、美食、化妝品、包包……曉莉的家裡很快就被各種她需要和不需要的東西填滿了。

然而，曉莉漸漸地發現網購的東西雖然填滿了她的家，但卻填不滿她空空蕩蕩的心。它們雖在短時間內遮蓋了自己受傷的心靈，但是卻無法真正使自己內心的傷口痊癒。曉莉越來越清晰地意識到，她真正需要的其實是愛和關懷，而不是物質本身。

內心的幸福感和滿足感的確會受物質因素影響，但卻和物質因素沒有必然的直接的因果關聯。幸福感和滿足感是一種內心的感受，是情緒。只有當我們向自己的內心看去，與自己的情感達成聯結，用健康的方式去滿足內心所需要的東西時，我們才能體會到一種平靜的、充實的、不為外界言論或因素所影響的幸福和滿足。這就是為什麼一個生活在山村裡的老農夫可以幸福簡單地活到百年，而一個坐擁幾億資產的富翁可能會因為內心痛苦而去選擇結束自己的生命。

用這些篇幅去強調滿足情感需求的重要性，是因為我個人認為**這個世界上的大多數痛苦，都來自內心的情感需求長期得不到滿足**。放眼望去，陷入抑鬱和焦慮情緒的產後媽媽、迫於高考壓力而跳樓自殺的高中生、因為職場競爭激烈而夜夜失眠的社會新人、和父母關係惡化的年輕人、自卑的孩子、大齡的剩女、孤獨的老人、關係惡劣的婆媳、鬧離婚的夫妻……凡是在情緒管理、自我認知和人際關係上出現困惑的人，都是因為內心深處的某種情感需求長期得不到滿足，才使自己在現實生活中卡住了。

當情感需求無法得到滿足時

聊到情感需求長期得不到滿足而造成的痛苦，這讓我想起了以前見過的另外一位來訪者。來訪者名叫英子（化名），最初做心理諮詢的原因是因為丈夫的離世。我以為這是近期才發生的事，沒想到英子卻告訴我，她的丈夫其實是因為一次醫療事故在十多年前就離世了。

據英子敘述，她和丈夫兩人夫妻感情一直很好，一起育有一個活潑可愛的女兒。本以為幸福的三口之家可以一直這樣走下去，誰曾料到丈夫在一次普通的健康例行檢查中查出了問題。醫生說這是一個很常見的問題，只需要做一個小手術就可以解決並康復。可是，就是這個小手術，讓英子從此沒有了丈夫，女兒從此沒有了爸爸。

英子得知這一噩耗的時候，感到無比震驚和難以置信。一個星期前，丈夫還抱著女兒說，等手術做完身體康復後，一家人要一起出去旅行。但在那之後，他竟然就再也沒有回來。

英子對我說：「我不想接受這個事實，但我不得不接受這個事實。我滿肚子都是淚，但我沒有時間流淚，沒有時間悲傷，因為我的女兒需要我。為了她，我只能把我的悲傷都藏起來。」就這樣，英子沒流一滴淚地挺過了丈夫的葬禮。

在接下來的十幾年裡，英子沒有允許自己悲傷過，她和女兒之間也從不會提起任何關於丈夫的話題。如果說人在強顏歡笑的時候，內心會築起一堵高牆，把心底的真實情緒嚴嚴實實地擋在後面的話，那麼英子內心的高牆可能已經很高很厚了。

我好奇地問英子，這麼多年過去了，是什麼讓她選擇現在來做心理諮詢。

英子說，女兒一兩個月前考上了外地的一所大學，有史以來第一次離開了家。用英子的話說，她「本以為自己會一直堅強下去」，因為她還有很多事要做。但在女兒走後，有一天她收拾女兒臥室的時候，偶然在一本書裡找到了一張丈夫和她剛結婚時的合照。原來，是女兒在想念爸爸的時候，把從英子相簿裡偷拿的一張照片藏在了自己最喜歡的一本書裡。

英子回憶說，看到那張照片時，強撐了這麼多年的她，終於在女兒不在的時候，情感崩潰了。那一天，她獨自一人蜷縮在女兒的床上，哭了將近兩個小時。那一瞬間，她因為丈夫離世而感到的悲傷和絕望，她對丈夫的愛和思念，她一個人帶著女兒生活的辛酸，她對生活不公平的憤恨，都隨著淚水一起傾瀉而出。

英子說到這兒時，早已在我的諮詢室裡哭得泣不成聲。我看著無比心疼，同時又因為她終於可以卸下心防，摘下面具，給自己的情緒存在的空間，而感到非常欣慰。英子為了撫養女兒長大，辛苦了那麼多年，付出了那麼多心血。現在，真的是時候好好照顧一下內心的自己，清掃一下多年以來在心底深處積壓的灰塵了。

後來，在和英子的會面中，我才慢慢瞭解到，早在丈夫離世之前，她就已經習慣了把自己的真實情緒隱藏起來，而只給外人展露她看似堅強的一面。英子說，在她還是孩子的時候，就經常因為哭而被父母說教。慢慢地，她不再允許自己哭出來，而是把眼淚往肚裡流。面對丈夫突如其來的離世，英子只是下意識地用自己習慣的方式去應對那些沉重的情緒而已。

在每一個被壓抑已久的情緒後面，都隱藏著一個久未被滿足的情感需求。英子覺得自己的情感需求從來沒有被滿足過，因為她已經習慣把他人放在自己之前。從女兒臥室的書裡找到的照片，不但讓英子壓抑已久的情緒終於得到了宣洩，還讓她第一次意識到，原來女兒在她毫無察覺的情況下，也學會了用同樣的方法——情感逃避——去應對自己的情緒。

英子終於意識到，當自己的情緒像細水一樣流出大壩的時候，就要盡早覺察到它，關注到它，並加以疏導和解決。無視或逃避它，只會讓它越積越多，並在你最沒有提防的時候，把自己的精神大壩沖垮。可是，英子雖然知道要滿足自己的情感需求，但她卻不知道自己在情感上到底需要什麼。

同樣的問題，琳琳也曾問過我：「說實話，很多時候我知道自己在情感上有需求，但我卻不知道我具體需要的是什麼。我到底該如何才能知道我的『情感需求』是什麼呢？」

為了找到這個問題的答案，我們先來一起看看我們作為人類，到底都有哪些基本的情感需求。

人類的八大基本情感需求

聊到情感需求，就不得不提到美國著名心理學家亞伯拉罕・馬斯洛。馬斯洛對心理學領域最大的貢獻之一，就是他在一九四三年提出了著名的馬斯洛需求層次理論（Maslow's Hierarchy of Needs）。根據這個理論，我們每個人的需求從低到高依次可以分為五個等級，包括生理需求、安全需求、社交需求、尊嚴需求和個人自我實現需求[11]。

基於馬斯洛的理論，從中衍生出來的情感需求主要有八個。我們依次來看看：

● **安全感：**人類最基礎的情感需求之一，就是安全感。缺乏安全感的成長環境，容易讓一個孩子的內心滋生恐懼、羞恥、無力、絕望等情緒，同時也會極大地影響這個孩子成年之後的人際關係，尤其是婚戀關係。只有當內心感到安全的時候，我們才能有足夠的情感資源去探索生活和世界，並開發自己的潛能。

● **被愛、關懷和重視：**被他人愛、關懷和重視，尤其是被我們在乎的人，是每個人內心都需要的。當這個需求被滿足時，我們會覺得我們是值得被愛的，我們的存在對他人來說是重要的。反之，如果他人讓我們覺得自己是可有可無的，這很容易讓我們質疑自己生而為人的存在價值。

● **情感歸屬感：**人類是社會性動物，只有群居在一起，我們才能健康地生存和繁衍下去。在蠻荒的原始社會裡，脫離群體就意味著被野獸奪命的危險。而在社會無比進步的今天，雖然我們不再頻繁面臨野獸的威脅，但在情感上缺乏歸屬感不但會危害到一個人的心理健康，甚至會威脅到他／她的生命。

一個人覺得自己不被他人理解、接納和認可，覺得自己孤獨落寞，與周圍的一切格格不入，甚至覺得這個世界上再也沒有自己存在的空間，這些都是缺乏情感歸屬感的直接結果。很多人最後選擇結束自己的生命，都是由於缺乏情感歸屬感而導致的。

● **社會認同感：**我們除了在情感上需要得到歸屬以外，在人際關係和社會互動方面也需要得到歸屬和認同。這個世界上的每個人，內心深處都需要感到自己是屬於一個比自己更大的社會性群體的，比如家庭、工作、學校、興趣社群、志願團、姐妹淘、廣場舞大媽團、退休人士合唱團等。哪怕是一個微信群，都會讓我們覺得自己是其中的一分子。當我們覺得自己作為一個人，是被他人接納的時候，我們才能體會到自己的價值，並形成自我身分認同。缺乏群體認同感最直接的結果，就是自我懷疑，並導致羞恥感。

● **成就感：**成就感是一個人自尊心和自信心的重要支柱。無論一件事是大是小，只要我們能透過做成一些事來體會個人價值，就會感到動力十足，信心百倍。相反，當一個人在生活中無法得到成就感時，很容易對自己和生活失去信心和希望。

- **獨立意願／掌控感：**一個人獲得成就感之前，必須得先有一定的空間和選擇權，去做自己想做的事，過自己想過的生活，這就是所謂的獨立意願。很多人都因為沒有獨立為自己生活做決定的權利、空間和自由，而不得不過著別人想讓自己過的生活，並因為自己的情感需求得不到滿足，而長期承受著巨大的內心痛苦。
- **個人情感空間：**人類特殊的屬性不僅僅要求我們需要與他人進行交流，同時還要求每個人都能有一些獨立的個人情感空間，來讓自己在繁忙之後進行心靈沉澱。只有透過一定時間的獨處，我們才能有機會去進行自我沉澱和自我反省，從而對自己內心的需求更加瞭解。
- **目標和意義：**人這一生，終點都是一樣的。只有找尋到了自己存在於這個世界上的意義和目標，一個人在內心才能感到快樂、充實和希望。

對我們每個人來說，當以上的一個或多個情感需求無法得到滿足時，我們很容易會陷入孤獨無助、鬱鬱寡歡和焦慮不安的情緒狀態。我們從小到大聽膩了「身」、「心」健康的重要性，然而每個人都知道要健康飲食、鍛鍊身體，但卻很少有人會非常有意識地去關注自己的心情——心理和情緒。

如果說每個人的生命都是一株小草的話，那麼愛、關懷、安全感、掌控感、歸屬感、成就感等，就像是這株小草賴以生存的陽光、空氣和水一樣。當我們獲得了這些東西時，我們的生命之草就能長成參天大樹，並結出美麗的花朵和果實。反之，就算我們的身體長成了大樹，但枯死的心靈只會讓這棵樹變成一棵枯藤老樹。

令人感到欣慰的是，我們每個人天生都是自帶內心情感修復資源的。只要我們學會如何有效地利用這些資源，即便在情感層面無法從他人那裡得到我們需要的東西，我們依然可以幫助自己去滿足自己的情感需求。

我非常想和大家分享這些內容，是因為我想讓大家知道：**如果此時此刻的你感到抑鬱、自卑、焦慮、不安、迷茫、孤獨或絕望，這並不是因為你自身有問題或缺陷，而是因為你賴以生存的情感需求沒有得到滿足。**

因此，如果以後又在職場上遇到了挫折，在人際上產生了矛盾，或是由於某件事在情緒上出現了波動，與其自我苛責，倒不如嘗試用好奇的心態看看到底是哪些情感需求沒有得到滿足。

比如，一件事已經過去了很久，但你內心的心結依然沒有解開，與其斷定自己是一個「記仇、斤斤計較的人」，試著以自我關懷的態度問問自己：「我目前在情感上需要的到底是什麼？」

又比如，一段時期裡發現自己的情緒波動得厲害，有時會無緣無故地哭，或是感到煩躁甚至生氣，與其斷定自己是一個「自控力不足、情緒化的人」，還不如認真地考慮一下：「這段時間發生了什麼事？是不是有一些我在情感上需要的東西沒有得到滿足？」

再比如，如果一直以來想做一個決定，但一直舉棋不定、猶豫不決，與其武斷地給自己貼上「優柔寡斷的性格」這個標籤，還不如關心地問問自己：「此時此刻，我在情感和心理上需要什麼，可以幫助我更好地做出決定？」

是的，我們每個人都希望自己可以進步，可以變得更好，但我們首先得學會尊重自己作為一個人應有的情感需求，並學會如何去滿足它。只有當這些基本的情感需求得到滿足之後，我們才能健康地生活，並有動力地朝著我們的目標進發。

具體該如何滿足自己的情感需求，我會在這本書的最後一章裡詳細地和大家分享。現在，我們先返回頭來看看琳琳之前的問題，也就是如何才能知道自己在情感上到底需要什麼。

如何透過情緒來判斷情感需求

準確地判斷我們的情感需求，要從準確地辨識當下的情緒開始。

我們人類的情緒主要可以劃分為一級情緒和二級情緒。

▼一級情緒和二級情緒的定義

一級情緒，也叫初級情緒或基本情緒，是我們對一件事最本能最直接的情感反應。這些情感反應是與生俱來的，是無須經過大腦思考就可以體會到的情緒。比如，受到威脅時感到恐懼，親人離世時感到悲傷，家人團聚時感到快樂等。

我們人類天生所擁有的一級情緒總共有八大類：

- 憤怒：包括暴怒、憤慨、狂怒、易怒等；
- 悲傷：包括悲痛、憂鬱、孤獨、抑鬱等；
- 恐懼：包括焦慮、不安、緊張、恐慌等；
- 喜悅：包括開心、快樂、激動、驕傲等；
- 關心：包括接納、友善、信任、關懷、愛等；
- 驚訝：包括震驚、驚奇、驚喜、詫異等；
- 厭惡：包括鄙視、噁心、討厭、反感等；
- 羞恥：包括內疚、尷尬、後悔、懊惱等。

以上八類情緒，是我們每個人天生就擁有的情緒，是我們的情感大腦自帶的。也就是說，因為這些情緒的天生屬性，使得我們的身體在感受到這些情緒時會產生本能衝動，並做出本能反應。因此，當你因為憤怒而想打人時，這並不一定代表著你有「暴力傾向」。這只是你作為一個正常人因為體驗了憤怒這個一級情緒而產生的本能衝動，是正常的。

需要強調的是，因為憤怒而想打人，和因為憤怒而打了人，完全是兩碼事。前者是正常的，後者是情緒管理問題。**體驗衝動，不一定意味著我們必須得聽從這個衝動而去做出相應的行為。**

這就好比大多數已婚男人看到美女可能會產生生理反應，這是正常的。但是，產生生理反應，不一定意味著這個已婚男人就可以去和美女產生性行為。如果真的產生了性行為，這是情緒管理和個人道德問題。同時，這也是人和動物的本質區別之一——人類的理智大腦可以掌控個人行為，並預測行為導致的後果，並因此對自己的行為進行約束。大多數動物的大腦沒有這個能力。

二級情緒，也叫次級情緒或複合情緒，是我們對自己情緒反應的情緒反應。比如，因為感到嫉妒而內疚，因為感到羞愧而惱火，因為感到害怕而憤怒等等。這時，內疚、惱火、憤怒等就屬於二級情緒。這類情緒反應並不是與生俱來的，而是我們在成長過程中從家庭環境、社會環境或他人身上習得的。

二級情緒主要是因為對一級情緒的不接納和主觀評斷而產生的。舉個例子，假設別人在情感上傷害了我們，如果我們覺得自己感到受傷就意味著自己軟弱無能的話，這種受傷的情緒可能就會轉化成憤怒。這時，受傷就是一級情緒，憤怒就是二級情緒。這種情緒轉化的直接結果，就是我們可能會花大量的時間和精力去生對方的氣，導致在潛意識裡逃避並壓抑了受傷的情緒。

▼如何區分一級情緒和二級情緒

學會如何分辨自己的情緒到底是一級情緒還是二級情緒是至關重要的，因為它可以幫助我們更加準確地解讀我們的情感信號，清晰地分辨我們的情感需求到底是什麼，從而找到更合適更健康的方式去滿足這些情感需求。

一級情緒和二級情緒分別有以下幾個特點：

- 一級情緒通常指向我們內心深處的情感需求，而二級情緒通常起的只是防禦和掩飾作用；
- 一級情緒通常是在潛意識層面，而二級情緒通常是在意識層面；
- 一級情緒容易讓一個人感到脆弱，因此我們會不願與他人分享，甚至不願對自己承認。二級情緒更容易讓一個人產生衝動的行為舉止。

聊到這裡時，有兩個來訪者的案例映入了我的腦海，她們兩個人的故事都能很好地詮釋一級情緒和二級情緒的區別。

第一個來訪者叫小依（化名），她很意外地發現自己的老公出軌了，而且竟然已經和第三者祕密交往了很多年。發現這件事的當下，小依憤怒無比，一氣之下衝出家門，離家出走了。沒過多久，她打電話威脅老公說她要自殺，而且已經找到了可以實施的方法去結束自己的生命。

小依在怒火中燒的時候，不但做出了衝動的舉動，還說出了非常多她本沒打算說的狠話。這些話不但沒有挽救她的婚姻，反而使老公下定了離婚的決心，同時給她自己造成了身體和心靈上的傷害。

在小依和我的一次會面中，我們聊起了這件往事，並深層次地探索了她當時的情緒反應。小依發現，她當下感到的憤怒、怨恨和嫉妒其實都是二級情緒。這些情緒下面緊緊包裹著的，才是她的心痛、受傷和害怕等一級情緒。這些情緒才是真正指向她內心深處最需要的東西——被愛、被關懷、被重視，以及安全感。如果小依當下察覺到了自己的一級情緒，她應對這件事的方法可能就會完全不同了。

第二個來訪者叫芳芳（化名），她經常因為男朋友說話食言而和對方吵架。有一次，同樣的事情又發生了，芳芳的忍耐度達到了極限，她感到無比憤怒（二級情緒）。再次見到男朋友時，她把所有的火氣都發在了他身上，然後整整一個星期沒有理他。

透過芳芳憤怒的情緒往深層次看去，我們也許會發現在她內心深處，其實隱藏著很多相對柔軟的一級情緒，比如受傷、失望、孤獨，甚至羞恥。正是這些情緒，才能更清晰地幫助芳芳明瞭她在內心深處真正需要的是什麼。當她允許自己覺察和承認這些情緒的存在，並把它們表達出來的時候，她的男朋友才能真正明白芳芳需要的到底是什麼，同時更有效地給予她在情感層面上需要的東西。

▼情緒所代表的情感需求

以下這個表格，比較簡略地總結了一些常見的情緒所代表的涵義，及其背後隱藏的情感需求。

另外，大家可以嘗試透過以下練習（見頁一六四），去準確地辨識自己的情感需求。

▼ 情緒及對應的情感需求

情緒	行為趨勢	涵義	情感需求
憤怒	進攻／維護	「這是不公平的」 「我沒有得到應有的尊重」	保護 設立界限
恐懼	戰鬥／逃避／僵在原地	「我受到了威脅」 「周圍有危險存在」	安全感
開心	繼續維持	「這種感覺太好了」 「我還要」	滿足感
悲傷	放慢腳步、 自我封閉	「我失去了一些東西」	表達傷痛
內疚	道歉、補償、解決問題	「我做錯了一件事」 「我的行為傷害到了別人」	責任感 自尊
羞恥	迴避、隱藏、過度討好	「我自己作為一個人是有缺陷、有問題的」	被認同 被接納
安全	保護、遠離危險	「我所處的環境是安全的」	安全感 歸屬感
受傷	在人際關係上保持距離	「我內心很痛苦」 「我的內心需要癒合」	個人情感空間 被愛和被關懷
孤獨	找尋歸屬感	「現在沒人可以理解我」 「我需要情感聯結」	情感 歸屬感
焦慮	尋求掌控感	「我不知道未來會發生什麼」 「過去發生了我不喜歡的事」	掌控感

向情緒問好

當你獨處的時候，找到一個最為舒適和放鬆的姿勢坐下或躺下。如果願意的話，可以輕輕閉上雙眼。如果不願意的話，將雙眼微張，低頭俯視地面也可以。告訴自己：接下來的十分鐘，我要和自己的情緒相處一段時間。

準備好之後，漸漸把注意力放在四周你能感受到的事物上。仔細用雙耳聆聽，你是否可以聽到任何聲音？深吸一口氣，你是否可以聞到任何味道？認真用身體去感知周圍的環境，你是否可以觸摸到什麼？嘗試用心向你感受到的一切事物問好，認可並歡迎它們的存在。

然後，慢慢把注意力向內看去。此時此刻，你的心情如何？你可能會意識到自己在感受著平和、煩躁、疲倦、好奇、孤獨、希望、焦慮、害怕等情緒。無論你現在的情緒是怎樣的，嘗試好奇地去體察這些情緒的存在。仔細感受你身體裡的哪個部位最強烈地體會著這些情緒，並嘗試在心裡客觀地形容這些身體感受。

比如，「我感到心口隱隱作痛」，或「我感到渾身／四肢肌肉緊繃」，或「我感到胃部有些不舒服，有種想吐的感覺」，又或者「我感到指尖發麻」。無論你此時此刻覺察到了怎樣的身體感受，只需用「意識之眼」——也就是你的注意力——去好奇地覺察它即可。

現在，想像此時你正在體驗的情緒，是來到你身體裡的一個客人。當你一聽到這個比喻時，你腦海裡幻化出了什麼？你的這個情緒長得什麼樣子？如果它有性別的話，會是什麼性別？如果它有高矮胖瘦的話，又會是怎樣的？如果這個情緒有年齡的話，大概有多少歲？請允許自己有足夠的時間在腦海中幻化出這個情緒擬人化的樣子。

（給予自己足夠的時間）

現在，想像這個代表情緒的客人在你面前坐下。向它問好，承認它的存在，並好奇地問它：「你來拜訪我的目的是什麼？你是不是有什麼訊息想要傳達給我？」

然後，靜靜地聆聽。

（給予自己足夠的時間）

接下來，繼續好奇地問它：「你想要的是什麼？你希望我在生活中做出什麼改變？」

然後，靜靜地聆聽。

最後，給予自己一些時間，認真回味剛才你從情緒客人那裡得到的訊息，以及自己的身體所經歷的一切反應。

當你準備好的時候，把意識重新放回當下你所處的環境中，感謝自己選擇花一段時間和自己的情緒相處，並慢慢地睜開雙眼。

我推薦大家在做完這個練習之後，用筆記錄下剛才在想像空間覺察到的事情，也就是從情緒客人那裡得到的訊息。這些訊息對你在日後處理類似的情緒非常有幫助。

總之，**與其把情緒當成敵人，不如嘗試把它看作是一個信使**。它的到來其實是在為我們傳遞一個訊息，提醒我們在內心深處的情感層面上，有一些很重要的東西需要滿足。它希望我們可以在日常生活或人際關係上做出一些行動去滿足自己缺失的東西。

我們需要做的，不是對情緒視而不見，或是把它們一把推開，而是應該去嘗試好奇地觀察它們，並認真地傾聽，看看它們到底想向我們傳達什麼。身體肌肉透過鍛鍊可以變得更加結實和健康，我們對情緒的覺察、接納和管理能力也完全可以隨著日常練習而漸漸提高。

接下來，我們就來具體地看看該如何有效管理消極情緒。

情緒管理四步驟

正是因為情緒如此重要，現在人們才會越來越注重情商的培養。高情商的基礎，就是要具備感知和調控自己情緒的能力，這些能力被統稱為情緒管理能力。這一小節裡，我們就來聊聊該如何更為有效地提高自己的情緒管理能力。

正式開聊之前，我想先強調一點：情緒管理能力就像其他任何能力一樣，是需要花時間培養的。具體技巧的確因人而異，並有效果差別之分，但是能力的養成卻毫無捷徑可走。所以，以下提到的任何情緒管理方法都只有在花時間練習和強化的基礎上才能見效。

好消息是，如果你覺得自己在情緒管理方面較為欠缺，甚至完全不懂，同時又看到別人在掌控情緒時顯得那麼得心應手、易如反掌，那麼一定要知道，這並不代表你「不夠成熟、自身有問題、性格有缺陷」等。這只代表你成長的環境和他人的不同，練習的時間較他人來說較少，僅此而已。只要願意選擇在日常生活中反覆練習，包括你在內的每個人都一定能掌握有效管理情緒的能力。

是的，的確有人因為遺傳因素，導致先天在情緒方面易怒、易焦慮、易敏感等，但在我至今所見過的幾百位來訪者中，絕大多數選擇去認真練習情緒管理能力的人，都可以達到非常有效地管理自己情緒的狀態。

再強調一次，**只要你願意去選擇一個適合自己的方法耐心練習，就一定會看到成果**。每當你練習的時候，你的大腦都在發生著非常奇妙的、積極的化學變化。久而久之，你的理智大腦就會越來越強大，在與本能大腦和情感大腦的博弈中，你才能更理智地做出一個最健康的、最符合當下需求的決定。

現在，我們就來聊聊有效情緒管理四步驟：

第一步：覺察

第二步：識別

第三步：認同

第四步：接納

有效地覺察和識別情緒信號

情緒管理的第一步和第二步，就是要察覺和識別情緒的存在。只有意識到情緒的存在，我們才能去對它進行處理。

當我最初和琳琳討論到這一點時，她總會忍不住問我：「你的意思是說在我焦慮的當下，我需要先意識到自己正在焦慮？當我傷心的時候，我需要先意識到自己正在傷心？但是，這難道不是顯而易見的嗎？」

是的，這一點聽上去的確是顯而易見的，但事實是**當我們陷入情緒漩渦的時候，很多人在當下都是意識不到自己的情緒的**。在情緒出現的初期，它的強度通常非常低，使得它很不容易被人察覺到。而這個時候，我們的大腦可能還在反覆回想著事情的始末，關注力完全被導致情緒發生的事件本身——而不是情緒——所占據。

注意力完全被事情的枝微末節牽絆時，由於我們無法注意到情緒的產生和演變，才會導致情緒越積越多、越積越強。通常情況下，等到情緒強度已經非常高的時候，甚至等到事情結束之後，我們才會意識到之前自己有多麼憤怒、傷心、痛苦、害怕等，但為時已晚。

這就是為什麼盡早察覺情緒的存在是有效地管理情緒的第一步。如果我們把自己的身體比喻成船隻，把情緒比喻成海水的話，我們需要做到的是，在海水泛起波浪時就加以注意，使得船隻不被傾覆，而不是等到海嘯來時才去做出行動。在情緒強度較低時對其進行處理，永遠都要比情緒已經臨近爆發點時才對其進行處理要容易得多。

這裡就要聊到另外一個非常重要的話題，就是如何有效地覺察情緒信號。

情緒很重要的一個特點，叫作情緒強度。顧名思義，就是情緒是有強度、有等級的，是層層遞進的。直白地舉個例子，開心的情緒可以籠統地分為一般開心、開心和超級開心；悲傷的情緒可以籠統地分為一點兒悲傷、悲傷和非常悲傷。

由於強度的不同，情緒在我們身體裡的呈現方式都是有細微差別的。比如，在憤怒類情緒裡，當你感到略有不爽的時候，當你感到生氣的時候，以及當你感到勃然大怒的時候，身體裡體會到的反應肯定截然不同。當我們學會覺察同類情緒在不同強度時在身體裡產生的細微差別時，我們才能在情緒強度較低時就覺察到情緒的存在，並對它進行處理。

那麼，我們該如何識別相同情緒在不同強度時發出的信號呢？我們一起來看看下面這個練習。

在這個練習裡，我們以焦慮情緒作為例子，但同樣的練習是適用於其他任何情緒的。這個練習需要記錄一些內容，所以在閱讀以下內容之前，請準備好紙和筆，或在電腦／手機上進行記錄也可以。

有效地覺察情感信號

首先，請寫下「焦慮」這個詞，以及這個詞的同義詞，也就是所有你能想到的表達焦慮類情緒的詞語。

（請給予自己足夠的時間，獨立完成這一步，然後再繼續往下讀）

寫完之後，你的答案可能會包括（但不局限於）以下這些詞語：焦慮、焦躁、煩躁、焦急、煩心、擔憂、慌張、擔心、緊張、著急、恐慌等。

然後，花一些時間認真審視你寫下的每個詞語，並允許自己在內心依次對它們進行感受，並體察它們之間的細微差別。在依次體察每個詞的過程中，嘗試問自己以下這些問題：

1. 這個情緒在個人體驗方面到底是一種怎樣的感覺？
2. 它跟其他詞的細微差別在哪裡？
3. 體會這個情緒的當下，我的內心獨白通常是什麼？
4. 體會這個情緒的時候，我的身體一般會有怎樣的感受或反應？
5. 如果我可以對這個情緒的強度在從0到10的範圍內打分數（0代表完全平靜，零焦慮；10代表最強烈的焦慮），我會給這個情緒的強度打幾分？把這個數值寫在對應的詞語下面。

給每個情緒的強度打完分後，按照強度值把它們從弱到強（即數字從小到大）重新進行排列。也就是說，當這一系列詞語被重新排列後，我們需要看到的是情緒逐漸遞進的感覺，即類似「超級微弱的小焦慮、小焦慮、焦慮、很焦慮、非常焦慮、超級焦慮、令人崩潰般的大焦慮」這樣一個順序。

（請給予自己足夠的時間，獨立完成這一步，然後再繼續往下讀）

比方說，我們按照情緒強度值對以上詞語重新進行排序，這個序列有可能是「煩心、著急、擔心、擔憂、緊張、煩躁、焦慮、焦急、焦躁、慌張、恐慌」*。

如果有某兩個或多個詞語有相同的情緒強度值，請重新進行第二步，看看自己是否可以進一步對它們進行更加細微地分辨。如果這些詞語對你來說的確是一模一樣的感覺，請從中選出一個最可以代表這個強度值的詞語。

最後，透過填寫以下這個表格**，進一步識別你在體驗其中每個情緒的時候，所呈現和對應的內心想法、身體反應和行為習慣。

進行完這個練習後，我們口中一直以來所說的「焦慮」，就不單單只是焦慮了，因為我們進一步瞭解了它在不同情況下呈現出的不同樣子。比如，我們會知道：當我們一想到家裡亂七八糟，有一堆家務活要幹的時候，感到的情緒可能是煩躁。當我們一想到下週要進行的面試時，感到的情緒可能是擔憂。當我們一想到自己未來

---

* 這個序列只是舉一個例子。情緒體驗是極具主觀性的，不同人對相同詞語的理解和個人體驗都是不同的。因此，這個練習的答案沒有對錯之分。大家在排序的過程中，請盡量尊重自己的主觀感受。

** 注意：表格裡的內容只是舉例而已，請根據個人的真實情況進行填寫。

情緒名稱	情緒強度值	個人體驗	內心想法	身體反應	行為習慣
著急	3	按捺不住的感覺	怎麼還不……（心理預期）	胳膊和大腿肌肉微微緊繃	來回踱步
焦慮	6	腦子停不下來的感覺	萬一……怎麼辦？（災難性思維、情緒推理、非黑即白思維）	頭部感到有壓力、呼吸急促、胸悶	咬指甲、注意力渙散、不停地滑手機

可能會丟工作的時候，感到的情緒可能是恐慌*。

當我們可以更為準確地識別情緒時，才能更好地察覺它的產生和演變。也就是說，當自己體驗到著急、擔心等強度值較低的情緒時，我們需要允許自己覺察到它，並意識到這是一個情感信號。這樣我們才能暫時停下自己的腳步，去關注自己內心的情緒狀態，而不是有意無意地任由「海浪」演變為「海嘯」。

同時，當我們對每個情緒所對應的身體反應和行為習慣更有意識時，我們才能在當下更快地捕捉自己的情緒，並對其進行處理。比如，當琳琳又開始咬指甲時，她意識到這就是她正在焦慮的信號；當她感到四肢肌肉開始稍微緊繃時，這就是她正在感到著急的信號。

在沒有任何物理原因的情況下，身體感受到的這些信號通常都是情緒存在的象徵。這些信號的存在，是情緒在向我們求救，因為它需要我們的關注。如果我們無視這些信號，繼續走著原本的路，情緒在積累到臨界點時就會爆發，身體同時會受到極大的負面影響。

認同並接納消極情緒

覺察和識別了當下的情緒後，情緒管理的第三步就是認同這個情緒的存在和意義，而第四步便是在接納情緒的過程中逐漸化解消極情緒。我們在這兩步裡所要做的，是要以正念的方式和自我關懷的心態去審視情緒，以及當下正在經歷情緒的自己。在這本書的最後一章裡，我會和大家分享更多關於自我關懷的內容，這些內容對於治癒受傷的心靈、提高自信心和自我接納等都非常重要。

我們來一起看看下面這個練習。

在這個練習中，我們以緊張情緒為例，並假設最為強烈地體驗著這個情緒的身體部位為心口。

與消極情緒友好相處

當你獨處的時候，找到一個最為舒適和放鬆的姿勢坐下或躺下。如果願意的話，可以輕輕閉上雙眼。如果不願意的話，將雙眼微張，低頭俯視地面也可以。告訴自己：接下來的十分鐘，我要和自己的情緒共處一段時間。

慢慢地將注意力關注在自己的呼吸上，逐漸覺察到你呼吸的頻率和感覺。深呼一口氣，用「意識之眼」觀察空氣從鼻孔進入你的身體。吐氣時，觀察空氣從嘴裡慢慢離開你的身體，使你的全身更放鬆、更平和……

繼續用鼻子呼吸，觀察自己的肩頭慢慢隆起；吐氣時，進一步使自己的身體放鬆。

這樣的呼吸總共進行五輪。在這個過程中，如果發現自己的注意力被其他思緒帶跑，只需要察覺到它，然後重新把注意力放回到自己的呼吸上。

（給予自己足夠的時間，完成五輪正念呼吸）

當身體感到些許放鬆時，請在大腦的想像空間裡，回想任何一件讓你略微感到某種消極情緒的事情。注意，我們在這裡找尋的是一件略微讓你感到消極情緒的事。如果情緒強度值是0到10的話，這件事所導致的情緒強度值，大概在2—3左右。也就是說，這件事讓你感受到了一些消極情緒，但情緒的強度完全在你可以容忍的範圍內。比如，一想到有很多衣服要洗，或一想到交通堵塞，或一想到

＊不同人對相同情況的情緒體驗是不同的，這裡只是舉例而已。

約會遲到等等。

（請給予自己足夠的時間，在大腦的想像空間找尋到目標事件）

當大腦想到了這件事後，好奇地在內心默默地問自己：「想到這件事時，此時此刻的我感受到了怎樣的情緒？」這個情緒是否是憤怒？傷心？焦慮？害怕？煩躁？失望？孤獨或羞恥等？

如果當下的情緒非常複雜，那麼允許自己把關注力放在強度值最高的那個情緒上。然後，以一種非常關心和體貼的口吻在內心默默地提醒自己：

「這是 緊張 的情緒（情緒名稱）」。

識別出情緒名稱後，把關注力擴散到全身，用「意識之眼」對全身上下的每個部位進行掃描，看看此時此刻你身體裡的哪個部位最為強烈地感受著這個情緒。也許，你能感到肩膀緊繃？也許，你能感到喉嚨乾渴？也許，你能感到心口隱隱作痛？也許，你能感到雙手在微微顫抖？無論你覺察到了什麼，允許自己以一種關懷的心情去體察你的 心口 （身體部位）。

想像一股暖流慢慢流進你的 心口 （身體部位），使胸部肌肉慢慢鬆弛、變軟、變柔和……如果感到有些困難的話，可以嘗試先使 心口 （身體部位）的邊緣首先慢慢變柔軟。每一次吐氣的時候，都可以在內心默默地對自己說：「放鬆，柔軟，放鬆，柔軟……」

接下來，嘗試安慰自己的內心和身體。如果願意的話，可以把雙手輕輕地放在 心口 （身體部位）上，想像愛和關懷隨著你的呼吸慢慢進入你的 心口 （身體部位）。允許自己在內心以友善和關懷的口吻與自己對話，來認同和接納這個情緒的存在和意義。如果這一點有些困難的話，可以把自己想像成一個需要安慰和愛的小孩或小動物。

比如，你可以對自己說類似這樣的話：

「我現在感到的是 緊張的情緒 （情緒名稱）。我現在會有這樣的感覺是完全可以理解的，因為 我要面對全公司的同事進行業績彙報，而這是我有史以來第一次做這樣的嘗試，以前從沒有過任何經驗 （提醒自己發生了什麼事，或自己當下經歷的困難等）。大多數人在經歷這樣的事情時，都會感到 緊張 （情緒名稱），所以我現在有這樣的感覺是正常的。」

告訴自己，有這樣的情緒是完全可以的。允許這種情感上的不適在這一分這一秒存在，並嘗試給它留有一些空間。告訴自己，此時此刻當下的自己無論在情緒上和身體上有怎樣的感受，都是可以被接受的。

就這樣，慢慢地允許自己的身體反應變柔軟，用愛和關懷的心安慰自己，並給予當下的情緒一些存在的空間……

在這個過程中，如果你的注意力被其他思緒帶跑了，只需要覺察到它，然後把注意力慢慢地重新放回到你的情緒和身體上。如果此時此刻你的腦中產生了非常強烈的情緒化思維，比如「我一定會把事情搞砸」、「他肯定不會喜歡我」或「萬一我考不上怎麼辦」，允許自己在內心默默地提醒自己，這只是你的主觀思維，而不是事實。

比如，你也許可以對自己說類似這樣的話：

「我會有『我一定會把事情搞砸』這樣的想法，是因為我現在實在太 緊張 （情緒名稱）了。我的這個想法是 情緒推理 （認知誤區的種類），是一種認知誤區，並不是事實。」

然後，重新把注意力放回到情緒和身體上，嘗試提醒自己這個情緒存在的意義。把情緒想像成一個使者，認真聆聽它給你帶來的訊息是什麼。

比如，你也許可以對自己說類似的話：

「我現在會感到　緊張　（情緒名稱），是因為　它在提醒我，現在我在情感上需要得到鼓勵和認可，以增添我面對這樣場合時的信心　（情緒背後所指向的情感需求）。」

當你明確了自己的情感需求後，問問自己：「此時此刻，我在內心深處最渴望聽到別人對我說什麼話？」然後，嘗試把這個訊息傳遞給內心的自己。

比如，你也許可以對自己說類似這樣的話：

「感到　緊張　（情緒名稱）很正常，誰都會有這樣的時候。」

或者：

「　我從來沒有在眾人面前演講的經歷，願意接受這個挑戰已經非常不錯了。只要我自己盡力了，無論結果怎樣，和以前的自己比起來，這都是一種進步！　（你此時此刻最希望聽到的話）」

就這樣，繼續用愛、關懷和理解去充滿你的心靈和身體……

最後，把關注力擴散到你的全身，感受一下此時身體的狀態。如果需要的話，可以隨意活動你的身體，使自己變得更舒服更放鬆。準備好之後，慢慢地睜開雙眼。

做完這個練習之後，給自己一些時間來回味一下剛才的體驗。

在練習的過程中，你覺察到了什麼？你可以識別自己當下的情緒是什麼嗎？你是否可以找到身體裡的哪個部位最為強烈地感受著這個情緒？用愛和關懷的口吻——而不是指責、嚴厲、輕蔑和嘲諷的口吻——和自己在內心對話，是一種怎樣的體驗？當你對自己當下的情緒進行自我認可和接納時，你覺察到了什麼？

需要注意的是，**我們在做這個練習的過程中，並沒有嘗試去改變這種消極情緒，而是嘗試和消極情緒建立一種全新的關係——接納**。就像前面提到的，情緒管理不是不要有情緒，也不是不允許自己感受情緒。相反，有效的情緒管理是允許自己感受並接納情緒。只有在被接納時，情緒的力量才能得到釋放。

為了熟練掌握情緒管理能力——也就是察覺、辨識、認同和接納情緒——我強烈建議大家從強度值較低的情緒開始練起，而不要在心情已經很糟糕的時候才想起來嘗試這些技巧。當情緒強度值已經到8、9甚至10的時候，我們已經臨近情緒失控和崩潰的邊緣。在這樣的情況下，大多數情緒管理技巧都是不會見效的，因為我們已經暫時失去了運用技巧的能力。

因此，在最初練習時，我推薦大家在情緒強度值為1、2或3的時候就開始慢慢練習。這樣，我們才能較好地掌握這些技巧，使它們融入我們的血液裡，變成我們的生活習慣。漸漸地，在情緒強度值比較高的時候，我們才能非常熟練地把它們拿出來使用。

安撫自己的情緒

有時候，當我們有壓力或心情不好時，我們的親人或朋友出於種種原因可能無法為我們及時提供情感支持。在這樣的情況下，我們就得學會為自己減壓。這些小方法通常被稱為自我情緒安撫技巧（self-soothing skills）。除了以上提到的察覺、辨識、認同和接納的四步驟之外，自我情緒安撫技巧對於有效地管理情緒也是至關重要的。

需要指出的是，安撫消極情緒的目的，並不是讓情緒徹底消失，而是增強我們承受消極情緒的能力，並在這個過程中，逐漸降低情緒強度值。

也就是說，也許之前我們的情緒強度值是7，在嘗試不同的自我情緒安撫技巧的過程中，情緒強度值可能會漸漸降為6、5、4、3……當情緒強度值逐漸降低時，情感大腦就會慢慢回歸平和，理智大腦會重新上線，我們才能理性地解決當下需要解決的問題。

自我情緒安撫技巧可以根據我們的感官分類，即視覺、聽覺、觸覺、嗅覺、味覺。我們來分別看一看該如何依靠五個感官來安撫自己的情緒。

視覺 用雙眼關注讓你感到平靜舒緩的事物，並**以正念的方式**去覺察自己所看到的一切。例如：

- 認真觀察雲朵隨著微風在天空中飄浮變幻的樣子；
- 端詳在清風中搖曳的樹葉，和樹葉上倒映的光影；
- 讀一本讓自己感到舒緩／積極的書，並全身心投入進去；
- 看一部讓自己心情放鬆的電影，並全身心投入進去；
- 去畫廊／美術館欣賞讓自己感到平靜的藝術品。

聽覺 用雙耳認真聆聽讓你感到平和放鬆的聲音，並**以正念的方式**去覺察自己所聽到的一切。例如：

- 選擇一些讓自己感到舒緩平和或開心快樂的音樂；
- 細心傾聽大自然裡的聲音（鳥兒的鳴叫、雨滴敲打在地面的聲音、風吹樹葉時發出的窸窸窣窣的聲音、海浪拍打在沙灘和岩石上的聲音等）；

- 輕聲哼唱一首給你帶來美好回憶的兒歌；
- 認真聆聽自己的呼吸聲；
- 注意此時此刻周圍環境裡的聲音，並好奇地覺察它們。

觸覺 皮膚是人體全身上下最大的器官，它對於外界的刺激非常敏感，因此我們可以依靠皮膚的這一特點來為自己減壓。例如，**以正念的方式**嘗試以下活動：

- 一個人安靜地洗一個舒服的熱水澡／泡泡浴；
- 全身心地擁抱自己心愛的毯子／被子，讓自己的身體被安全地包裹起來；
- 做一次讓身心放鬆的按摩；
- 把自己喜歡的潤膚霜輕柔地塗抹在自己的身體上；
- 拉筋、瑜伽、跳舞等對皮膚進行拉伸的運動也可以達到同樣的效果。

嗅覺 科學研究發現，我們所聞到的氣味能以高速進入大腦，身體會即刻根據氣味的性質做出反應，因此嗅覺對大腦和身體的影響完全可以被我們利用起來，進行情緒管理。例如，可以**用正念的方式**嘗試以下活動：

- 用心聞一聞你最喜歡的潤膚露／沐浴乳／護手霜／香水的味道；

- 在房間裡擺放帶有緩解焦慮情緒性質的薰衣草香薰精油；
- 買一束芳香的鮮花擺放在屋裡；
- 認真感受你最喜歡的食物散發出來的香味；
- 找一本你最喜歡的書，感受書頁發散出來的獨有味道。

味覺 對於情緒管理能力有待進步的人，我通常不推薦把味覺作為一個選項，因為利用味覺進行情緒管理，很容易會演變為情緒化進食，反而使問題更複雜。但是，如果可以有效控制的話，我們完全可以透過**正念式體察**味道進行情緒減壓。例如：

- 為自己沏一杯最喜歡的茶，並細細品味茶水獨有的味道；
- 給自己做一杯鮮榨果汁，用心體察其中每一種水果的味道；
- 買一份你最喜歡的甜品，認真品嘗它的滋味；
- 正念式喝水，細心體察清水從嘴裡滑入胃部的感覺；
- 點一份自己最喜歡的飯，用正念的方式慢慢享受它。

自我情緒安撫技巧最為關鍵的一點，就是需要以正念的方式去體察一切。也就是說，無論你選擇了哪些自我情緒安撫技巧，都需要把自己的五官充分「打開」，全身心地體察當下感受到的一切。如果你發現自己的注意力在這個過程中被其他事物擾亂時，只需要覺察到它，然後重新把注意力放回到自己當下正在關注的事情上。

值得注意的是，沒有任何一個自我情緒安撫技巧是放之四海而皆準的。一些技巧對部分人可能會非常奏效，但對其他人來說可能就毫無用處。因此，大家可以保持開放的好奇的心態，對不同的技巧進行嘗試，並從中找出對自己最管用的幾個方法。

我非常推薦大家在有空的時候，填寫完本章末尾小練習裡的情緒管理技巧一覽表，並隨身攜帶，情緒「感冒」時可以隨時拿出來提醒自己。還是那句話，情緒管理能力和其他任何能力一樣，需要時間和練習的積累。如果不進行練習，讀完之後束之高閣，是不會起任何作用的。只要願意花時間去摸索、練習，一定可以熟能生巧，成為自己情緒的主人。

如何最有效地管理焦慮情緒

聊了這麼多關於情緒的內容後，琳琳對自己情緒的認識——尤其是對焦慮情緒的認識——徹底改變了。

一直以來，琳琳都是一個很容易焦慮的人。她告訴我，在幾年前，她其實並不太懂「焦慮」這個詞的意思，她只是覺得自己是一個很容易擔心的人。她擔心考試成績、人際關係、工作業績、結婚生子……這些擔心以前還比較容易控制，但後來卻變得越來越頻繁，越來越強烈。漸漸地，這種情緒不但會搞得她注意力渙散，沒心情做事，甚至會導致失眠、胃痛等問題。

讀了一些相關科普文章之後，琳琳才意識到，原來這就是焦慮。

焦慮到底是什麼

焦慮，是我們由於對未來命運或過往歷史過度擔心而產生的一種正常和常見的情緒。然而，如果焦慮情緒並沒有事實依據，而且強度過高、頻率過繁，並對日常生活造成了一定的消極影響，就可能產生焦慮症*。

美國著名作家馬克．吐溫曾說，他的一生中曾有過很多擔心，但大多數他擔心的事都從未發生過。這句話很好地描述了很多受焦慮情緒困擾的人的生活。琳琳就是一個很典型的例子。

琳琳上大學時，每次考完試後，別人都可以舒心地說一句「終於可以解放了」，但她卻要花幾週的時間去擔心。她擔心自己因為某道題沒答好而被當，擔心萬一被當了，自己就會留級，留了級就無法畢業，畢不了業就找不到工作……

別人都覺得琳琳是杞人憂天，但這些擔憂對她自己來說卻無比真實。可是到最後，很多她當時無比擔心的事根本沒有發生，可她卻一次又一次把時間和精力浪費在了無謂的擔心上。

焦慮，就像開心、悲傷、激動、憤怒、鬱悶等情緒一樣，都是再正常不過的人類情感。那麼，我們到底為什麼會焦慮呢？

任何情緒都是有原因和功能的。**焦慮情緒最大的功能之一，就是驅使我們為未來可能發生的事做好準備。**比如，正是因為我們擔心自己考不好，才會去為考試進行複習。正是因為我們擔心買不上過年回家的車票，才會盡早把這件事提上日程。

我們大腦的本職之一就是確保我們和他人的安全。為了保障安全，大腦就會非常自主地在腦海中幻想各種未來可能出現的場景，以幫助我們為未來做打算。

新手媽媽和新手爸爸的例子就能很好地詮釋這一點。有新生兒的父母都知道，孩子出生後，幾乎跟寶寶有關係的一切都值得被擔心上一整天。比如，寶寶今天怎麼吃這麼少？是不是營養不良？寶寶今天怎麼吃那麼多？會不會消化不良？寶寶今天怎麼拉這麼多？是不是腹瀉了？寶寶今天怎麼拉這麼少？是不是便祕了？寶寶為什麼這麼活躍？是天生過動症嗎？寶寶為什麼這麼沉默？是天生自閉症嗎？

寶爸寶媽的這些焦慮和擔心，僅僅是因為我們需要時刻為各種可能性做好準備，以便在任何情況下隨時做出必要的行動，去滿足寶寶的生理和情感需求。在這樣的情況下，只要在合理範圍內，焦慮情緒都是非常常見和可以理解的。

有效焦慮和無效焦慮

焦慮通常可以分為兩種，有效焦慮和無效焦慮。

▼有效焦慮

有效焦慮指的是擔心的事情在當下處於我們的可控範圍之內，因此在**此時此刻**就可以**馬上**被轉化為行動。比如，假設我們明天要參加一個工作面試，我們可能會擔憂「我在面試裡會遇到什麼問題？我萬一答不上來怎麼辦？我該如何為這些問題做準備？我怎麼樣才能給對方留下一個好印象？」

因為這些焦慮情緒，我們可能會上網對這所公司和這個職位進行一些瞭解，可能會搜索一下類似職位比較

*感到焦慮，並不一定代表有焦慮症，就像感到抑鬱並不一定代表有抑鬱症一樣。焦慮和抑鬱是人類的正常情緒，當這些情緒在某種程度上影響了一個人的正常生活時，才可能成為「症」。

容易被問到的面試問題，可能會嘗試回答一下這些面試問題，可能會提早挑選好面試時穿的衣服等等。

正是因為我們為明天的面試焦慮擔心，正是因為我們害怕自己做的準備不夠充分，我們才會在今天進行以上的準備。也就是說，之前的焦慮促使我們在行動上做出了一些十分有意義、有價值的事情。這些事情可以在很大程度上幫助我們，並降低我們擔心的事情發生的可能性。這就是有效焦慮——我們的擔心是有用的。

▼無效焦慮

無效焦慮指的是擔心的事情在當下處於我們的可控範圍之外，因此無法在此時此刻馬上被轉化為有效的行動。繼續用工作面試這個事舉個例子。如果面試之前，我們擔心的是「萬一我面試不上怎麼辦？萬一我永遠都找不到工作怎麼辦？那別人會怎麼看我？我跟爸媽怎麼交代？到時候我付不起房租怎麼辦？如果付不起房租，萬一我無家可歸怎麼辦？如果我不得不露宿街頭，萬一被地痞流氓搶劫怎麼辦？……」

有沒有覺得這個例子看上去很熟悉？沒錯，之前講到認知誤區種類裡的災難性思維時，也提到過這個例子。很多時候，驅使我們進行無效焦慮背後的思維習慣，其實就是災難性思維。這也恰恰是無效焦慮的一個特點——當我們陷入無效焦慮時，關注力往往會無意識地越過眼前的事，飄向未來我們完全無法掌控的領域去。當一個壞結果的可能性在頭腦裡成真時，就會立刻觸發骨牌效應，產生一連串的消極連鎖反應。

由於我們的擔心還沒有發生，未來也不知道是否真的會發生，因此我們在當下沒法做任何有意義的事情去為其準備。比如，就算真的找不到工作，不得不搬家，難道現在就要開始找新地方住嗎？那萬一工作找到了，豈不是白忙活？就算未來真的有可能在露宿街頭時被流氓搶劫，難道現在就要去學功夫嗎？萬一沒有落到露宿街頭的地步，豈不是瞎浪費時間？

類似這樣的擔心不但會為我們徒增煩惱，無法為解決當下最棘手的問題——面試——帶來任何實際幫助，反而會浪費時間和我們的情感資源。這就是無效焦慮——我們的擔心對現階段來說不但沒用，反而有害。

如何區分有效焦慮和無效焦慮

此時此刻，找一件讓你擔心和焦慮的事，並將這個擔心盡量具體化。當你在腦中找到了這樣一件事時，可以問問自己以下這些問題：

1. 擔心的這件事發生的概率是否其實並不大？
2. 是不是擔心這件事的發生會導致一系列其他壞事發生？
3. 擔心的這件事是不是在將來才有可能會發生，而此時此刻並不需要立刻被解決掉？
4. 現在對這件事如此擔心，是不是因為過去發生過其他和它類似的事情？
5. 現在對這件事如此擔心，是不是因為它在我的可控範圍之外，而我非常希望對生活中的所有事都有完全的掌控感？
6. 現在對這件事如此擔心，是不是因為我潛意識裡無法接受生活本身就有好有壞這個事實？
7. 現在對這件事如此擔心，是不是因為我潛意識裡只接受完美或近乎完美的解決方法／物的發展規律？

如果你對以上大多數問題的回答是肯定的話，你此時此刻的焦慮極有可能是一種無效焦慮。

再來看看以下這些問題：

1. 我現在的擔心是不是可以立刻驅動我為解決這個問題而行動？
2. 我現在的擔心是不是在我的可控範圍之內？
3. 由於我現在的擔心，我是不是可以想出幾種可能把問題解決掉的方案？
4. 即便現在很擔心，但我是不是並未被未來可能發生的消極結果而過多地影響心情？
5. 我是不是允許自己在未來消極結果的確發生的時候，再去思考對策？
6. 我現在擔心的強度和頻率是不是並沒有過多地影響我的正常生活？
7. 我是不是知道「生活本身就是有好有壞的」這個事實，並可以坦然接受它？

如果你對以上大多數問題的回答是肯定的話，你此刻的擔心極有可能是一種有效焦慮。

總而言之，無論我們在焦慮什麼，如果我們在今天、現在、此時此刻，就可以做些事情把問題解決掉，或做些事情幫助我們離自己的目標更近一步，那麼我們的焦慮就是有效的。接下來，只需要去考慮如何展開行動（如果明知道該做什麼，但卻遲遲無法行動，請參考第六章關於拖延症的部分）。

如果我們發現自己此時此刻並無法做任何有效的事去解決焦慮的源頭，這種焦慮很有可能就是無效的。

自從瞭解了有效焦慮和無效焦慮的概念後，琳琳越來越注意到，大多數造成她注意力渙散、效率低下、頭疼甚至失眠的焦慮，都是無效焦慮。琳琳好奇地問：「我們到底該如何應對無效焦慮呢？」

我們來一起看看該如何解答這個問題。

認知。

如何有效地管理無效焦慮

有效地管理無效焦慮主要可以分為兩步：第一步，管理焦慮情緒本身；第二步，處理造成無效焦慮情緒的認知。

▼第一步：管理焦慮情緒本身

無效焦慮，說到底，是情緒的一種，完全可以透過之前提到的情緒管理四步驟來進行處理。意識到自己的焦慮大多數時候都是無效焦慮後，琳琳開始嘗試用情緒管理四步驟來幫助自己處理她的無效焦慮情緒。

不久之後，她便和我分享了她的第一次積極經歷。

那是一個週一的清晨，琳琳在公司開部門會議。在會上，新來的部門經理點名表揚了兩三個業績優秀的同事。由於沒有得到點名表揚，琳琳失落極了。

因為這件事，琳琳整個一上午都沒法集中精力工作。她開始琢磨：「我為什麼沒有得到表揚呢？是不是新部門經理入職第一天時，我做的自我介紹不夠好？是不是我在會上做報告時的表現讓經理失望了？同事們都說，新部門經理對員工業績考核非常嚴格，會不會是因為我之前的業績不夠好，給新領導留下了不好的印象？」

晚上下班後，琳琳焦慮的思緒還是無法停下來。她內心感到惶惶不安，開始責備自己不夠努力。她越想越擔心，越想越有壓力。明明早晨心情還是好好的，但現在心情已經瞬間跌到了谷底。她感到呼吸急促、心跳加快，以及隱隱的頭疼……

因為之前做了很多情緒覺察的練習，琳琳很快意識到了這些身體反應。她告訴自己：「我的思緒又被帶跑了，我需要停下來，整理一下自己的心情。」於是，她把自己的心理諮詢手記翻到了情緒管理的部分，看到上面寫著：

情緒管理四步驟

第一步：覺察

第二步：識別

第三步：認同

第四步：接納

琳琳決定嘗試之前做過的正念練習，即「與消極情緒友好相處」（詳見本書頁一七三）。她輕輕地閉上雙眼，把注意力放在了自己的呼吸上。幾輪正念呼吸之後，她又把注意力放在了自己此時此刻的情緒上。

她意識到此時此刻自己正在焦慮，便在心裡默默地對自己說：「我現在正在感受到的是一種情緒，是焦慮的情緒。」她知道，當焦慮情緒的強度值逐漸增高時，腦海中幻化的場景會顯得越來越真實。她提醒自己，情緒不等於事實。她的大腦只是在幻想著面前有「老虎」，而並不是真的有「老虎」。

覺察並識別出了焦慮情緒之後，琳琳開始嘗試在心裡好奇地問自己：「此時此刻我感到的焦慮，到底想給我傳遞什麼訊息呢？」她一邊進行著深呼吸，一邊在內心好奇地找尋著答案。她在大腦裡把焦慮情緒想像成一個洋蔥，滿懷好奇心地把「洋蔥」的表皮一層層撥開，嘗試尋找隱藏在裡面的其他情緒。

慢慢地，琳琳體會到了一種不安感。她意識到自己作為職場新人，由於覺得自己做得不夠多、不夠好，而導致內心深處有一種強烈的不安和心虛的感覺。

琳琳繼續安靜地體察自己的情緒。很快，她意識到了一絲害怕的感覺。

她在內心對自己說：「怪不得我會這麼焦慮，這是因為作為職場新人的我在心裡感到很害怕，害怕不被他人接受和認可，害怕被社會淘汰，害怕自己的價值不被他人看到……所以我才會忐忑不安，進而變得焦慮。」

琳琳開始覺得初入職場的她，就像是一個第一次上幼稚園的小女孩一樣。對於這個小女孩來說，幼稚園裡的一切都是全新的，新的老師，新的小朋友，新的課程和遊戲規則……她在這裡是否安全，大家是否會喜歡她，在這裡到底會發生什麼，這一切對這個孩子來說都是陌生且未知的，難怪她會感到害怕和不安。換作是誰，都會有類似的感覺。

漸漸地，琳琳真正理解了自己為什麼會有焦慮的情緒，並有史以來第一次感到自己有這些情緒是完全可以接受的。她在心裡關切地對自己說：「感到害怕和不安都是可以的，誰都會有這樣的感覺。面對這樣的情況，這是再自然不過的情緒了。」當琳琳體察到了這一層又一層的情緒，並打心底真正認同和接納了這些情緒存在的原因和意義後，她發現身體之前緊繃的肌肉漸漸得到了放鬆。

這一次，琳琳不但沒有因為焦慮情緒而自責，反而開始覺得有些心疼自己。她第一次覺得自己一個女孩子隻身一人在這樣一個大城市打拚，真的是很不容易。她的腦海裡不斷閃現著那個第一天上幼稚園的小女孩的身影，她想像著自己作為一個成年人去愛護和關心那個因為害怕而瑟瑟發抖的小女孩。她在腦海裡用溫柔的鼓勵的語氣給小女孩加油打氣。漸漸地，腦海裡的小女孩不再那麼害怕了；同時，琳琳自己也彷彿有了一些勇氣。

當琳琳結束了這個正念練習，再次睜開雙眼的時候，她覺得自己的狀態完全不一樣了。雖然她還是有些焦慮、不安和害怕，但這些情緒的強度值已經降到了她完全可以承受的程度。同時，她還覺察到了一些勇敢、希望、關懷和自信的情緒，這是她以前從未體會過的。

琳琳和我分享這個經歷時，眼眶裡泛著激動、自豪和欣慰的淚水。她說：「我從沒想到原來允許自己體驗消極情緒是這種感覺，好像並沒有我以前想得那麼可怕。而且，體驗的當下我不但沒有崩潰掉，反而在做完練習後感覺好了很多！」

琳琳的個人體驗準確地印證了美國德克薩斯大學副教授、自我關懷學創始人克莉絲汀·聶夫教授曾說過的一句話：「無法被感受的情感，就無法被治癒。」**允許自己感受情緒，才是我們邁向情緒健康的第一步。**

▼第二步：處理造成無效焦慮情緒的認知

有效焦慮和無效焦慮兩者之間最重要的區別，就是使我們焦慮的事情是否在我們的可控範圍之內，以及這個事情在當下是否可以被立刻轉化為行動。

好消息是，大多數表面看似完全不在我們可控範圍之內的事，其中總會有一些可以被我們掌控的因素。所以，**在處理造成無效焦慮情緒的認知時，我們需要做的是從無效焦慮中剝離出我們可控的部分。**

比如，琳琳總是擔心自己丟工作。可是，老闆到底提拔誰、解雇誰，這是不由琳琳控制的。反覆擔心這一點，只會讓她感到被動、無力、絕望和不安。但是，琳琳是否可以做些什麼事來降低自己被解雇的可能性呢？比如，她可以拓展自己的業務範圍、學習新技能、考取新職稱等。當琳琳選擇把注意力放在這些領域時，她就成功地把無效焦慮轉化成了有效焦慮，因為這些事情是她完全可以掌控的。

再比如，我有很多來訪者除了情緒困惑外，多多少少都有些身體健康方面的問題。平日裡身上只要稍微有個這疼那癢的，就會懷疑自己得了大病，但又害怕看醫生，只是自己在家裡胡思亂想，經常夜夜失眠。後來，長期失眠導致身體各方面功能嚴重失調，反而造成了更多的健康問題。

由於健康問題而感到擔心和焦慮，是當今社會一個非常常見的現象。是的，有時候疾病的發生的確讓人琢磨不透，也並不百分之百由我們掌控。但是，我們是否可以做些什麼事去降低疾病產生的可能性？比如，我們可以選擇健康飲食、早睡早起、鍛鍊身體、多參加社會活動，並注重自己的情緒和心理健康等等。當真的生病時，我們可以選擇以積極的心態去配合醫生的治療，而不是消極地坐以待斃。

下面這個圖叫作掌控圈（circle of control），可以用來提醒自己該如何更為有效地分配自己的關注力。圓圈裡所填寫的內容以琳琳擔心自己被解雇為例。

▼ 掌控圈

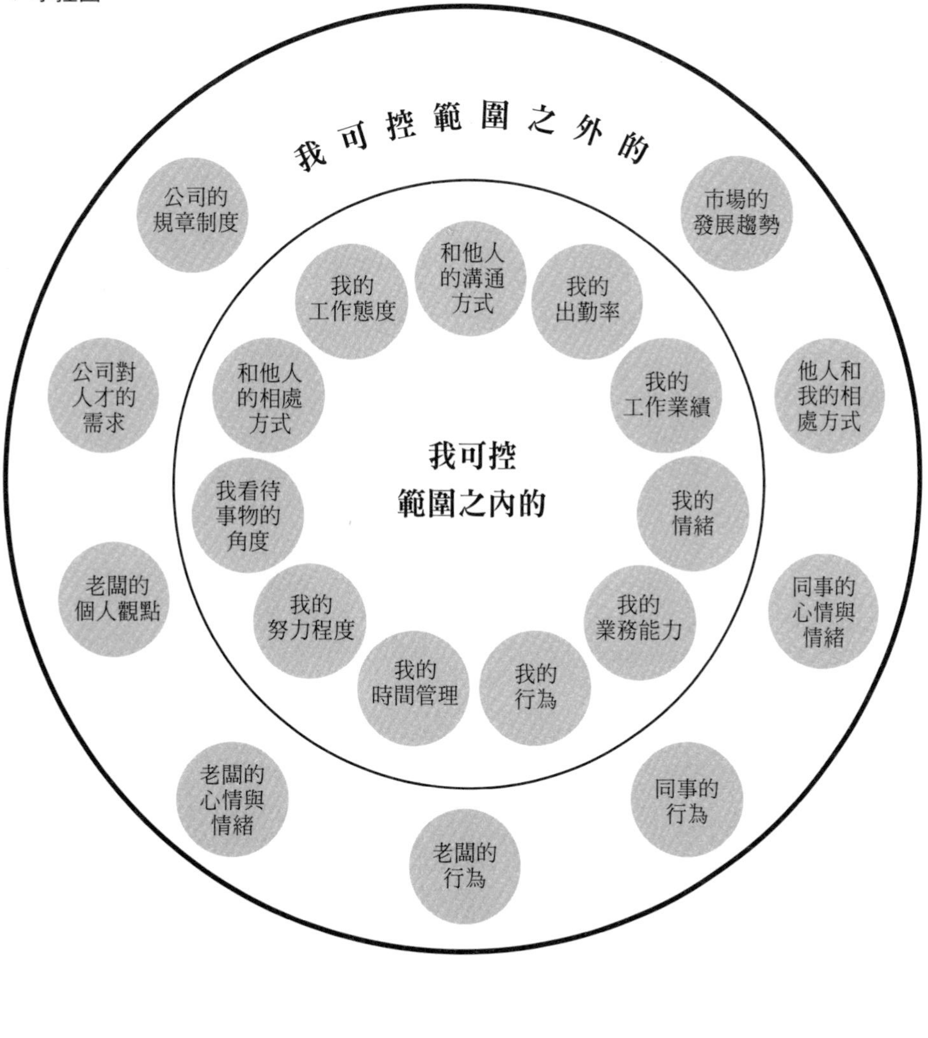

總之，下一次如果你發現自己又在進行無效焦慮的時候，可以停下來問問自己：「目前讓我擔心的這件事裡，有哪些因素是我可以掌控的？又有哪些因素是我無法掌控的？在我可控範圍之外的事情裡，是否有任何我可以掌控的因素在裡面？」把所有「可控」和「不可控」的部分全部羅列出來，並選擇把注意力關注在前者上，然後去展開行動。

三個管理焦慮情緒的小技巧

當用盡以上所有管理焦慮情緒的方法後，如果發現自己依然在為自己不可控的部分擔心，可以嘗試看看以下這三個管理焦慮情緒的小技巧。這些小技巧都是有科學理論依據，並經過臨床實踐證明有效的。

▼焦慮時間

每天給自己分配一段「焦慮時間」，也就是說，每天選擇一個固定的時間段，專門讓自己去焦慮一段固定的時長。

賓州州立大學的研究人員在二〇一一年的一項研究中發現，當不給焦慮設限時，一個人很容易會從早晨不停地焦慮到晚上。相反，如果我們能給焦慮設限，反而會降低焦慮情緒發生的頻率和強度⓬。

比如，根據自己的生活習慣，每天為自己設置十到三十分鐘的「焦慮時間」，比如每天晚上六點到六點半。當我們和自己的焦慮達成這項「協定」後，這就意味著除了每天固定的這三十分鐘時間以外，其他的時間可以允許自己暫時不焦慮。**我們這麼做，並不是告訴自己不要焦慮，而是告訴自己要在專門給焦慮預留的時間裡去焦慮。**

我的很多來訪者都嘗試過這個方法。當他們發現自己平時又忍不住焦慮的時候，就會在心裡告訴自己：「等到了『焦慮時間』，我有的是時間去焦慮，現在可以允許自己先顧好手頭需要做的事。」等到了「焦慮時間」，他們會非常高效率地、專注地去焦慮，這樣的做法反而會激發他們找出解決問題的方法。

▼焦慮瓶

從科學原理上來說，「焦慮瓶」和「焦慮時間」這兩個方法的目的是一樣的，即**給我們的焦慮設置界限**，而不讓它像脫韁的野馬一樣失控。所謂的「焦慮瓶」，其實就是給我們腦子裡所擔心的事情找一個容身之所，讓焦慮具象起來。

我這裡只是用瓶子來舉例，大家可以根據自己的喜好選擇任何容器，瓶子、盒子、袋子、杯子等都可以。如果願意的話，還可以把這個容器進行一番裝飾，在外面還可以寫上對你有鼓勵意義的話。

每當焦慮時，把心裡正在擔心的事情**盡量具體地**用筆寫在小紙條上，每張小紙條代表一個你焦慮的事。全部寫完後，把所有小紙條一一放進自己的「焦慮瓶」。告訴自己，這個瓶子在此時此刻會幫助承載你的焦慮。等你有時間、精力、心情和資源後，可以再回來一一處理你的焦慮。然後，繼續回到自己當下的生活。

「焦慮瓶」可以和「焦慮時間」一起結合使用，即只在「焦慮時間」到了的時候，允許自己打開「焦慮瓶」去集中焦慮。

另外，每隔一段時間，重新回顧一下「焦慮瓶」裡所有代表你焦慮內容的小紙條。借此機會，看看在自己當初擔心的事情裡，發生的比率和沒有發生的比率分別是多少，結果可能會讓你大吃一驚。

▼重複自己的焦慮

如果實在無法控制自己的焦慮想法，另外一個非常有效的方法就是暴露反應預防療法中的技巧之一——重複自己的焦慮。

暴露反應預防療法（Exposure and Response Prevention，簡稱ＥＲＰ）是治療強迫症的一種非常有效的臨床療法之一，它的核心理念就是對大腦進行習慣化訓練。說白了，就是當我們鼓起勇氣去面對那些使自己產生害怕和焦慮情緒的事時，久而久之大腦會習慣這種感覺，最後自然就不再害怕和焦慮了⓭。

比如，如果因為害怕看恐怖片而不去看，我們反而會越來越害怕看恐怖片。相反，假設我們循序漸進地把同一部恐怖片看了七十二遍，我們不僅不會再害怕它，反而可能會把它當成喜劇片或紀錄片來看。把自己反覆暴露在一個先前對我們造成心理壓力的事情面前，這件事終將失去它對我們的影響。這個原理從心理學上來講，叫作習慣化（habituation）。

習慣化的原理運用在管理焦慮情緒上，也是同樣有效的。下一次當你再因為一件事而擔心焦慮時，可以嘗試把自己的焦慮**盡量具體地**寫在紙上，然後把它讀上一百遍。假如你的擔心是「萬一我丟了工作怎麼辦」，當你把這句話連續讀上一百遍時，看看讀完之後你的焦慮情緒有何變化。

大多數嘗試過這個方法的來訪者跟我分享說，當自己一遍不少地把焦慮想法讀完一百次後，他們都有一種「丟工作有什麼可怕的，大不了再找唄」的灑脫感。這並不意味著他們不在乎自己是否真的會丟工作，這只意味著丟工作的可能性給他們造成的焦慮感和恐慌感大大降低了。

之前講過，當我們允許自己體驗自己的感受時，情緒的力量才能得到釋放。重複自己焦慮想法的過程，其實正是允許自己體驗焦慮情緒的過程。當這個情緒被體驗的時候，它的力量就會在這個過程中得到釋放。一切道理都是相通的。

結束這一部分之前，我希望強調的是，即便以上幾個技巧被科學證明是有效的，但這並不意味著它適用於每一個人。推薦大家根據自己的需求和喜好，使用對自己最有效的方法。

／小訣竅／

情緒管理技巧一覽表

這個章節裡和大家分享了很多不同的情緒管理技巧，我在以下這個表格裡對這些技巧進行了歸納和整理。我推薦大家為自己製作一張類似的表格，把最適用於你自己的技巧寫進去。任何本書裡沒有提到，但是對你個人適用的健康的情緒管理技巧，也都可以添加在這個表格中。類似這樣的表格可以幫助我們在情緒不穩定的時候，隨時提醒自己該如何進行情緒自助。

情緒管理技巧一覽表

正念核心技巧	情緒調控技巧	自我安撫技巧
覺察情緒的存在	正念呼吸	洗一個熱水澡
識別情緒的名字	與消極情緒友好相處的正念練習	聽喜歡的音樂
探索情緒存在的意義	正念式散步	陪伴自己的寵物
認同情緒存在的意義	正念式畫畫	有節制地享受自己喜歡的食物
接納情緒存在的意義	運動	欣賞大自然的景象
不加主觀評判地體察身體反應	和朋友聊天	正念身體檢測
不加主觀評判地體察思緒	寫日記	安撫自己的內在小孩（詳見第七章）

本章結語

這一章裡，我們聊到了所有關於情緒的內容——情緒的定義和作用，我們對它的誤解，它背後隱藏的情感需求，以及如何有效地管理消極情緒，尤其是焦慮情緒。

所謂的情緒管理，歸其一點就是要去覺察、認同並接納自己的情緒，無論它是積極還是消極的。以否認、抵觸和指責的態度去和情緒相處，只會造成長期的心理痛苦。相反，以正面、開放、友好的姿態去歡迎和理解每一個情緒的存在，我們才能在情感層面和心理層面上更健康。

沒錯，這個過程非常困難，因為消極情緒在個人體驗層面本身是很難受的。然而好的一點是，只要願意去嘗試和學習，情緒管理能力是每個人都可以學習和掌握的。即便你以前對這些一無所知，即便你長期以來都無法健康地管理自己的情緒，即便你覺得現在已經太晚了（如果你真的這麼想，請意識到這是你的主觀認知，而不是事實），但我們每個人的大腦都是極其靈活和可塑造的。只要你願意，完全可以選擇從此時此刻就開始。

每個情緒管理方法或技巧的有效性都是因人而異的。嘗試不同的方法，找到最適合自己的那一些，並堅持下去。你會發現，和自己的情緒友好相處，是通向內心快樂和平和的必經之路。

本章的結尾，我想分享一首由十三世紀波斯詩人傑拉魯丁．魯米創作的一首詩，叫作〈旅舍〉（*The Guest House*）。

我把它翻譯成：

〈旅舍〉　作者：傑拉魯丁・魯米

每個人的心靈都像是一個旅舍，
每天清晨，都會迎來新的客人。

歡樂、憂鬱或怨恨，
一些轉瞬即逝的念頭
就像是不速之客登門拜訪。

歡迎它們，並熱情款待每一個客人！
即便它們是一群悲痛之徒，
蠻橫地掃蕩你的旅舍，清空你的傢俱，
但依然應該對其以禮相待。
它們為你的旅舍清空所有，
也許是為了讓其容納新的快樂。

無論是消極的念頭，羞恥感，還是惡意，
你都應在門口笑臉相迎，

歡迎它們進來一坐。

無論來者何人，都要心存感恩，
因為每一個遠道之客，
都是被派來的信使，為你指明方向。

魯米的這首詩在世界各地的正念課堂上可謂是一首必讀之作，我也經常把它分享給我的來訪者們。不同人對這首詩的解讀不同，但它的主題非常貼切地詮釋了正念的核心思想。

無論你此時此刻經歷著怎樣的情緒或認知，都嘗試以積極的、感恩的、開放的態度去對待它們。同時，以好奇的中立的態度——而不是帶有偏見和指責的態度——去審視它們每一個「人」。當可以善待自己的內在體驗時，我們才能善待自己。當可以善待自己時，我們才能用同樣的心態和智慧去善待他人，以及生活裡的點點滴滴。

The Guest House *By Jellaludin Rumi*

This being human is a guest house.
Every morning a new arrival.

A joy, a depression, a meanness,
some momentary awareness comes
as an unexpected visitor.

Welcome and entertain them all!
Even if they're a crowd of sorrows,
who violently sweep your house
empty of its furniture,
still, treat each guest honorably.
He may be clearing you out
for some new delight.

The dark thought, the shame, the malice,
meet them at the door laughing,
and invite them in.

Be grateful for whoever comes,
because each has been sent
as a guide from beyond.

Chapter 6

行動——改變的開始

心底的恐懼是天生的嗎？

你的行動配得上自己的野心嗎？

如何告別三分鐘熱度？

「拖延症」到底怎麼破？

成年人談改變，是否為時過晚？

你有膽量改變嗎？

改變他人 vs 改變自己，孰重孰輕？

If nothing changes, nothing changes.

—— Courtney Stevens

如果什麼都不改變，那麼什麼都不會改變。

——寇特妮·史蒂文斯

（美國著名作家）

你是否有過以下的困惑？

- 想改變，卻又害怕改變。
- 決定了要改變，卻又遲遲無法行動。
- 終於有了行動，卻又無法堅持下去。
- 最後，由於半途而廢，以及理想和現實之間的巨大落差，而不斷懷疑自己，焦慮未來……

如果有的話，你想知道解決這些困惑的方法嗎？

在前面的幾章裡，我們談到了很多重新看待事物的方法和處理情緒的技巧。每章的結尾我都會說一句話，那就是選擇一種適合自己的方式，然後堅持練習，才能最終看到效果。如果道理都懂，方法都會，但依然在行動上不做出任何實質改變，這無異於原地踏步。

在現實生活中，很多人的焦慮正源於此。「自己的行動配不上自己的野心」、「思想上的巨人，行動上的矮子」、「想得太多，做得太少」——這些說法都非常準確地描述了當下社會裡大家內心焦慮和不安的原因。

聊完了認知和情緒後，我們在這一章裡就來好好聊一聊認知金三角裡的第三個部分——行為。

多年之後再談改變，是否為時過晚

很多人在內心深處對自己的生活現狀都是不滿意的。有些人可能知道當自己在玩遊戲、買東西、滑手機、追韓劇或情緒化進食的時候，其實是對問題和情緒的逃避。另外一些人可能非常清晰地知道自己目前的工作、生活或人際關係讓自己很不開心，在內心渴望重新開始。然而，當時間飛速流逝，當不滿意已經成為一種習慣，改變對任何人來說都會變得非常艱難。

當被問及是什麼讓改變如此艱難時，來訪者們最常提到的一個原因，就是覺得自己的年齡越來越大，生活漸漸定型，錯過了改變的最佳時機。

給我印象最深的一個來訪者，名叫佳欣（化名），是一個大學畢業生。畢業後，佳欣先後在多家銀行任職，後來跳槽到一家公司做銷售。在她工作的這些年裡，她的很多好朋友都先後出國去留學了。她自己其實也很想出國去看一看，好友們也多次鼓勵她嘗試申請留學，但她從未敢認真地考慮這件事。

拋棄安逸的生活，去選擇一條未知的道路，這是需要極大勇氣的。儘管佳欣的內心非常渴望挑戰和嘗試新事物，她也知道自己不會安於過如此循環往復的平淡生活，但每每提及改變這個話題時，佳欣總是敷衍地點點頭，隨口說句「將來我一定會……」之類的話，然後迅速轉移話題。

這樣說著說著，五年的時間過去了，佳欣的生活還是老樣子。

我剛開始見佳欣的時候，正好是她在當時公司任職的五週年紀念日。她說她想出國，但總覺得自己沒有一個明確的目標，因此遲遲行動不起來。進一步瞭解過後，原來是因為她的內心深處有很強的恐懼感。

讓佳欣最害怕的點，是她的年紀。那個時候，佳欣的年齡已經快到二字頭的尾巴了。在國內辛苦奮鬥了那麼久，事業上終於算是打下了一些基礎。雖然她不是非常熱愛自己的工作，但至少有了一份體面的收入，可以養活得起自己。如果在這個時候斷然決定出國，這就意味著她得放棄一切，去一個完全陌生的地方重新來過。

作為一個女生，最令人擔心和焦慮的就是未來的婚姻問題。此時的佳欣依然是孑然一身，本身就有些內向害羞的她，至少在國內有穩定的朋友圈。透過各種朋友的介紹和推薦，解決個人問題也許並不是難事。可是，如果在這個年齡選擇放棄一切而出國，那她的個人問題該怎麼辦呢？佳欣覺得，在國外要想找一個情投意合的男生幾乎是不可能的。

另外，離開學校多年的佳欣對自己的語言能力毫無把握，對出國流程也一無所知，因此她對自己是否能成功申請到留學根本沒有信心。她斷定自己已經錯過了改變的最佳時機，一切為時已晚。

我對每個來訪者都非常好奇的一點，就是最初到底是什麼驅使他們找到了我。生活周而復始，除非是某件事觸發了某種情緒，使得我們的內心超過了對這件事容忍度的臨界點，否則大多數時候人們是不會選擇去向他人求助的。

聽佳欣這麼說後，我好奇地問她：「那到底是什麼事讓你選擇現在來解決這個問題？」

聽到這裡，佳欣的眼眶一下就紅了。她含著淚水和我分享了一篇在好友動態上看到的文章，裡面談到了人在臨死前最容易有的五個遺憾。高居榜首的就是沒有做自己想做的事，去實現自己的夢想。文章說，很多人在生命即將結束前回望自己的一生時，才懊悔地意識到一些人和事雖然在當時看來顯得無比重要，但其實根本不值得花時間和精力。人們悔恨當初自己沒有勇氣去守護夢想，同時也清晰地知道是自己當時所做的決定導致自己和夢想擦肩而過。

佳欣說她真的已經厭倦了循環往復的生活，實在不能忍受自己錯過實現夢想的機會。她彷彿可以看到自己站在一架天平面前，天平的左端是忍受重複枯燥乏味的生活，天平的右端是忍受自己沒能為夢想去放手一搏。

我問她：「對你來說，哪端在情感上更難以承受？」

佳欣毫不猶豫地說：「右端。」

當這句話說出口時，我在一瞬間就察覺到了佳欣臉上的擔憂和恐懼。就像她之前多年沒有付出行動的原因一樣，她擔心現在付出已經太晚，擔心時間不夠，擔心萬一失敗怎麼辦……

我幫助佳欣意識到此時此刻自己的想法、情緒和身體反應，並幫助她和當下消極情緒友好相處的正念練習，她的臉部表情逐漸放鬆了很多，肢體語言也和緩舒展了很多。

情緒平穩後，佳欣很快意識到，當她感到恐懼和焦慮時，那是因為她的思緒又飄到了未來。同時她也意識到，她在思維層面出現了災難性思維的認知誤區，在沒有任何事實證據證明的情況下，她的內心獨白就已經向情況最糟糕的可能性一邊倒了。

當我們連自己的「敵人」是誰、在哪裡和長什麼樣都還不知道時，很難去準確地評估自己到底能否打敗它。透過我們的幾次會面，佳欣決定先不去想太遠的事情，而只是把注意力關注在當下。同時，她決定不強求自己做到完美，只是在力所能及的情況下，每天只做一點點。

接下來的一個月裡，佳欣陸續瞭解了申請出國的流程，並買齊了備考託福的複習資料。每當她感到壓力大時，我們就會共同練習幫助她關注到這些壓力，並探索壓力的源頭。通常，給她帶來壓力的多數是一些潛意識裡的認知誤區，比如「我肯定考不好」、「要是申請不成功，我就徹底失敗了」等，以及一些不切實際的自我預期。

每當我們找到造成壓力的認知源頭時，就會把它們一點點「消滅」掉。佳欣開始對自己的認知和情緒越來越有意識，並慢慢學會了如何自己去處理掉這些認知誤區。

每當她覺得「如果申請不成功，就證明我是失敗的」時，她就會反問自己：「此時此刻，事實是什麼？」事實是：第一，當下沒有任何證據可以證明她的確會失敗；第二，就算真的申請不成功，她敢於走出自己的舒適區去嘗試，這一點本身就是一種進步。她開始真心覺得，光憑她敢於在工作多年後依然去嘗試追求夢想，就已經是在超越自我了！

同時，佳欣開始把自己對自己的預期值拉回現實。起初，她希望自己每天下班都能複習很多內容，並期待第一次考試就能高分通過。當她意識到這些不切實際的自我預期後，便開始調整角度。她開始嘗試把關注力放在學習的內容上，而不是分數上。她漸漸發現即便每晚只學半個小時，自己也能從中找到學習的樂趣和成就感。

就這樣，佳欣在無數次挫敗和重新嘗試中，找到了一個適合自己的工作和學習的平衡感。之後我每次見到她時，都能從她的眼神中看到更多的堅定、自信和平和。

我好奇地問她：「難道你不再擔心年紀的問題了嗎？出國之後一切都要從頭來過，來得及嗎？失敗了怎麼辦？」

佳欣給我的答案很簡單：「至少我嘗試過了，無論結果怎樣，心裡不會總是掛念著了。心懸在半空不上不下的感覺最糟糕。」

我又問她：「那你現在是怎麼看待自己未來的婚姻大事的？」

佳欣笑了笑，灑脫地說：「緣分這個事兒，真的是老天爺做主的。我在國內待了這麼久都沒找到男朋友，說不定真的是因為這個人在國外的某個角落等著我呢。總之，該相識的兩個人，無論隔著天涯海角，總會相遇的。」

就這樣，由於一點一滴的行動改變，佳欣的情緒發生了變化，從之前的焦慮、恐懼和悲觀，變成了後來的平和、樂觀和自信，而她看待事物的角度也隨之發生了根本的改變。

如果這個故事發生在電影或小說裡，結局可能是：因為佳欣不懈的精神和努力的付出，終於憑藉自己的奮鬥順利申請出國了……

然而，這不是小說，也不是電影，而是現實生活中的真實故事。

後來的結局是，佳欣沒能如願申請出國。當我們去處理她的情緒時，她承認自己的內心有失望，有失落，也有遺憾。但是，她一點兒都不後悔，也一點兒都不覺得她失敗了。她覺得自己在有限的人生裡曾經放手一搏過，就已經足夠了。我因為她能如此寬容地對待自己而感到動容。

因為佳欣最初做心理諮詢的困惑已經得到解決，於是我們結束了工作。

但事情後來發展的走向，是我沒有想到的。大概在我們結束心理諮詢的八個月後，我很意外地收到了一封來自佳欣的感謝郵件。

在郵件裡，佳欣告訴我她目前一切都好。雖然沒有成功申請出國，但是因為她當初下了功夫學習英語，領導欣賞她的語言能力，把一個公司外派出國進修的機會給了她。給我寫郵件的時候，佳欣正在國外進修。

佳欣說，她無論如何都沒有想到，自己會以這樣的方式來完成她出國的願望。即便這個進修項目只有短短的一年，但這依然讓她看到了人生無限的可能性。這件事讓她真的相信了那句話：上帝為你關上一扇門，同時一定會為你打開一扇窗。

聊完了佳欣的故事後，我們再來重新看看之前的話題：多年之後再談改變，是不是有些為時已晚？

這個問題的答案取決於這裡的「改變」具體指什麼，是人生方向的改變，還是行為習慣的改變。

如果指的是人生方向的改變，這個答案就是因人而異的。一個人決定在某個年齡段改變自己的人生方向，並取得了成功，並不代表每個人都應該這麼做。答案是與否，取決於每個人自己內心深處要的是什麼，這個決定會給這個人帶來什麼，會讓他／她失去什麼，以及這個決定的代價到底有多大。不同的人在不同的人生階段都應該去做最適合自己性格、喜好和需求的決定。

但是，如果這裡所說的「改變」指的是思維認知、處理情緒方式和當下行為習慣的改變，我堅信這樣的改變在任何時候都不會晚——無論我們的年齡如何，人生境遇怎樣。

美國著名的神學家泰龍・愛德華茲曾經說過：「思想導致目的，目的付諸行動，行動形成習慣，習慣養成性格，性格決定命運。」改變這個結果，是一系列大大小小的改變行為積累之後的成果。**改變本身不是一蹴而就的，而是循序漸進的**。量變引起質變，無數質變又會組成新的量變，並最終導致新一輪的質變。

當我們在質疑改變是否可能的時候，其實我們質疑的是質變是否可能產生。在這個過程中，我們已經加入了自己的消極主觀評斷，覺得它不可能產生，從而導致自己甚至沒能進行量變的積累。沒有量變的積累，質變自然不可能發生。因此，很多時候，並不是改變不可能，而是由於我們的種種主觀評斷，導致自己無法持續地改變下去。

如果你也一直在猶豫是否要改變的話，我邀請你把自己的注意力向內看去，好奇地覺察你此時此刻的情緒是怎樣的。如果你在擔憂、猶豫或害怕，那麼問問自己，是什麼樣的想法讓你感到擔憂、猶豫或害怕？

一些比較常見的想法可能包括：「我肯定做不到」、「如果改變不成功／夢想沒實現，我的人生就徹底完了／我就徹底失敗了」、「我太年輕了」、「我太老了」、「我太忙了」、「我沒有足夠的錢」、「我不像別人那麼聰明／能幹／有經驗／霸氣」、「我沒有準備好」等。

如果你也有類似的內心獨白，可以嘗試運用在前幾章學到的東西，去檢驗和質疑自己的這些想法。比如，你可以嘗試問問自己：「這真的是事實嗎？有什麼現實中的證據可以證明這是事實、是準確的、是對我有幫助的？」

我們需要意識到的是，如果一件事對我們的確很重要，不做就會無比痛苦的話，那麼請允許自己把關注力放在每一個當下時刻的量變積累上。無論如何，我們永遠可以選擇從現在開始。**只要選擇現在開始，我們就又為質變的產生多積累了一個量變。**

本章所聊到的行為改變，側重點就在於如何保持量變的積累，而不逃避拖延或半途而廢。

想要改變，卻又害怕改變，該如何應對

想要改變，卻又害怕改變，於是就一直停在原地——這是很多人現實生活的寫照。也正因為如此，一些人才會陷入無助和焦慮感當中難以自拔。

這裡就要聊到一個和焦慮緊密相伴的無比強大的情緒——恐懼。

在日常生活中，恐懼情緒其實是深藏在我們所做的大大小小的決定背後的根本心理驅力。比如，因為害怕失敗，而不去追求夢想。因為害怕被拒絕，而和相愛的人擦肩而過。因為害怕真正的自己不被他人接受，而把自己偽裝成另外一個樣子和他人相處。因為害怕未來的未知，而遲遲不做出任何行動，在現狀中苦苦掙扎忍受……

那麼，恐懼到底是什麼？它是從哪裡來的？我們為什麼會在潛意識裡感到害怕？我們又該如何應對自己內心深處的恐懼呢？

科學研究顯示，人類天生只對兩種東西有恐懼感：一是墜落，二是噪音[14]。

給我印象最深刻的一個科學實驗，是在一九六〇年由美國心理學家沃克和吉布森二人進行的視覺懸崖實驗。實驗對象是六到十四個月大的嬰兒和年幼的動物。這些實驗對象被分別放入一個部分地板是透明玻璃的實驗室裡，地板上的不同圖案構造造成了「視覺懸崖」的錯覺。

當實驗對象爬到玻璃邊緣時，會立刻止步，因為他們以為前方就是懸崖；當實驗對象被放置在架空的玻璃板上時，他們的身體會呈現出呼吸加快、心跳加速等恐懼反應。這個實驗證明，嬰兒在很小的時候就有深度知覺，害怕墜落是我們人類天生的恐懼，而不是後天養成的。

我們對噪音的恐懼也是天生的。當一個嬰兒被放置在音量過高的環境中，會本能地產生聽覺驚跳反射。而當一個成年人突然聽到巨大的噪音時，也會不自覺地對其進行躲避。科學實驗證明，這些驚跳反射和躲避行為，與我們遇到其他令我們產生恐懼情緒的事物時所做出的反應是一樣的。

既然人類天生只有兩種恐懼，那我們對其他事情的恐懼感到底是從何而來的呢？

恐懼到底從何而來

除了墜落和噪音以外，我們對其他事情的恐懼感都是後天習得的，包括從小接受的教育、家庭環境的耳濡目染、個人成長經歷，以及社會和文化中傳遞的訊息等等。

我們很大一部分的恐懼都來源於從小接受的教育。如果父母告訴我們什麼是危險的，我們就會認為那件事是可怕的和需要躲避的。比如，如果父母說天黑就不要出去了，因為晚上外面會有壞人出沒，我們才會害怕在夜間出行。如果父母告訴我們要離瓦斯爐遠一點兒，因為容易被燙到，我們就會對離瓦斯爐過近產生恐懼感。

有時，父母甚至不用說什麼，孩子光憑對父母臉部表情和肢體語言的觀察，就完全可以意識到周圍有一些東西是值得害怕的。

個人成長經歷是我們習得恐懼的第二大來源。當我們經歷了一件使自己難堪、羞恥、受挫、氣餒或痛苦的事情時，之後我們就可能會對其產生恐懼和抵觸心理。比如，當一個孩子第一次學騎自行車時，不小心摔得很慘，他／她可能就會對再次嘗試產生一絲恐懼感。當一個人在青春萌動時向暗戀的人表白，如果他／她被對方當眾笑話，這件事可能就會對他／她造成心理陰影，導致他／她在未來很長一段時間內對戀愛失去信心，甚至產生恐懼感。

我見過的幾乎所有來訪者都多多少少地被恐懼心理牽絆著。其中一位來訪者小樺（化名）有輕微的強迫症，經常需要把自己的每件衣服都洗得乾乾淨淨，為此她總是得花很多時間在個人衛生上面。

很多有類似強迫症的來訪者都是因為害怕別人把細菌傳染給自己，但小樺正好相反——她是害怕自己會把細菌傳染給別人。小樺其實是一個很健康，個人衛生很好的人。既然如此，她總是害怕自己不夠乾淨的恐懼感到底來自哪裡呢？

原來，在小樺大概五、六歲的時候，有一次在幼稚園不小心尿了褲子。班上的小朋友們笑話她，說她很髒，不但把褲子尿髒了，還把班級的地板也弄髒了。從那時起，她就覺得自己髒，害怕自己會影響到他人，於是漸漸地她對個人衛生的要求就發展到了嚴苛的地步。

我的另外一位來訪者珍珍（化名）是一名優秀的甜點師。她最大的恐懼就是害怕自己做事做得不夠好。她總是希望自己做的每一款甜點都精美無比，希望自己作為他人的好友隨叫隨到，希望自己在別人面前總是一副陽光積極樂觀向上的樣子，希望自己的家裡一塵不染，希望自己能把工作和生活平衡得很好。

珍珍無法接受事情不完美時的樣子，因為她非常害怕當自己出錯時，當事情變糟糕時，她的老闆、同事、朋友和男友就不喜歡她了。她總覺得周圍的人是因為她樂觀向上的外在才接受她的，她很害怕一旦大家發現她也會消極、出錯和不完美時，都會離她而去。珍珍覺得自己就像一個用電池驅動的芭蕾舞演員一樣，一直在臺上捧著笑臉給臺下的觀眾跳舞看。她說，恐懼就是她的電池，因為內心的恐懼，她才一直不知疲倦地跳著舞。

珍珍的恐懼感又是哪裡來的呢？

原來，珍珍有一個和她只相差一歲的妹妹。妹妹從小是一個問題少年，經常曠課翹課，早出晚歸，爸爸媽媽在妹妹身上傾注了很多心血，給珍珍的關注力相對來說就比較少。因此，從很小的時候，珍珍就覺得只有當一個好孩子，她才能更多地獲得爸爸媽媽的注意力。於是，珍珍從小就嚴格要求自己，爭取把每件大事小事都做得很好，從而得到爸爸媽媽的表揚。

的確，大多數時候珍珍確實得到了爸爸媽媽的表揚，讓她感到很滿足。但是，每當她犯一點兒小錯時，爸爸媽媽最常說的一句話就是：「我們有你妹妹已經夠煩心的了，你能不能給我們省點心啊？」因此，珍珍在潛意識裡學會了一件事——當她不完美的時候，她就不會被接受；只有盡量做到完美，她才能被接受。珍珍對於不完美的恐懼，就在那個時候漸漸形成了。

知道了恐懼的來源後，我們再來看看我們為什麼會有恐懼這個情緒，它的功能到底是什麼。

恐懼情緒有用嗎

和其他任何情緒一樣，恐懼也有著自己獨特的功能，這同時也是所有情緒中最為重要的功能之一——即保護我們的安全。

人類尚處在原始社會時，為了生存，我們的祖先需要和大自然、野獸及其他部落的人們做鬥爭，從而去搶奪非常有限的生存資源。正是因為我們恐懼死亡，才能在面對大自然複雜的生態環境時，努力找尋生存方式活下來。正是因為我們恐懼猛獸，才能在面對它們的侵襲時，或與之一搏，或本能地逃跑，或透過原地不動／隱藏自己來保命。如果沒有恐懼情緒的驅使，人類根本無法在關鍵時刻迅速調動全身各種機能來面對這些險境。

因此，像其他的情緒一樣，恐懼也是在我們的生活中扮演著信使角色的「送信人」。如果我們嘗試去悉心聆聽它所傳遞給我們的訊息時，往往能從中發現一些以前未曾覺察到的東西。

通常情況下，使我們感到恐懼的情境是會規律性重複的。因此，當我們反覆因為相似的事情而感到害怕時，這就是恐懼情緒在試圖告訴我們，我們內心深處的某個地方在很久之前受過傷，多年來從未真正癒合。這個「信使」知道我們之前因為害怕疼痛，而對這個傷口熟視無睹。它在以自己獨特的方式提醒我們，需要好好花時間來呵護一下自己的傷口，從而幫助它真正痊癒。

當意識到這一點時，我們的關注力就已經不在恐懼本身上了。相反，恐懼情緒幫助我們從造成恐懼的事件上離開，向更深層次的內心看去。當我們以一種好奇的、自我探索的心態向內看去時，才能有機會找到真正使內心傷口痊癒的方法。

因此，**恐懼情緒不是我們的敵人，它是我們的朋友。**

我們該拿恐懼情緒怎麼辦

即便恐懼是我們的朋友，我們瞭解了它的功能，但它的存在的確會在現實生活中阻礙我們過自己想要的生活。不要忘了，恐懼情緒來自我們的本能大腦和情感大腦，這兩個大腦的運作主要是基於過往的記憶。

比如，假設你過去被蛇咬過，於是每當看到蛇的時候，這兩個大腦就會本能地認為自己又會被咬，因此對蛇產生恐懼感。再比如，如果你過去由於嘗試了新事物而遭受過失敗，那麼未來每當嘗試新事物時，這兩個大腦就會本能地覺得自己又會失敗，於是對嘗試新事物產生害怕的感覺。

我之前見過一位來訪者叫嘉強（化名），是一名公務員。生活在體制內的他是無數人羨慕的對象。體面的工作，穩定的收入，優厚的福利，一個人在工作上需要的他都已經擁有了。然而，體制內的痛處，只有嘉強自己心裡知道。

嘉強以前是一個非常敢想敢做的人，上大學和舍友們一起追看當時TVB爆火的電視劇《創世紀》時，他就特別渴望自己有朝一日也能像劇中男主角那樣，闖出一片屬於自己的天地。

然而，現實是殘酷和無情的。畢業後，父母極力反對嘉強創業，要求他去考公務員，因為只有嘉強有了這樣的鐵飯碗，父母才能放心。孝順的嘉強不得不從了父母的意願，經過一番努力，終於考上了公務員。後來，父母放心了，但嘉強的痛苦才真正開始。體制的羈絆束縛住了嘉強的手腳，使他的能力無法得到施展，一腔熱血無處揮灑。父母希望他能穩定，但嘉強內心深處知道他不需要穩定，年紀尚輕的他需要的是機會、成長和空間。

一次和父母深聊後，父母明白了嘉強內心的痛苦，同意讓他自己為人生做選擇。本以為獲得了做決定的自由後，嘉強會立刻辭職去創業，但是他卻遲疑了。那時的嘉強已經在這個崗位上工作了七年之久，早已不是當年那個因為追看《創世紀》而熱血沸騰的他了。即便他恨透了體制內的一切，但真要捨棄掉嘴裡的這根骨頭，去外面和無數年輕人一起從頭競爭，他依然是猶豫和害怕的。他很想做出改變，也知道自己應該無畏地邁出那一步，但就是沒法付出實際行動。

如果你在生活中也有類似的困惑，可以透過嘗試以下幾步，幫助自己處理這樣的恐懼情緒。

第一步，覺察情緒，意識到當下自己體會的是恐懼情緒。它是一種情緒，不是事實。在現實生活中，很少有人會意識到自己體驗的是恐懼情緒，因為恐懼情緒是一種非常深層次的一級情緒。大多數時候，恐懼的周邊總是包裹著各種各樣的二級情緒，包括厭惡、擔憂、冷淡、緊張、憤怒或焦慮等。尤其是焦慮，幾乎總是和恐懼相伴。很多來訪者在找到我的時候，都會提到自己的焦慮，但當我們往深層次看去時，發現焦慮的背後往往隱藏著很強烈的恐懼。

覺察到恐懼情緒後，嘗試使用正念的方式去體察這種情緒。好奇地問問自己：

1. 如果恐懼情緒有顏色的話，它是什麼顏色的？
2. 如果恐懼情緒有體積的話，它有多大／多小？
3. 如果恐懼情緒有重量的話，它有多重／多輕？
4. 如果恐懼情緒有形狀的話，它是什麼形狀的？
5. 如果恐懼情緒有氣味的話，它聞起來是什麼味道的？
6. 如果恐懼情緒有質感的話，它摸上去是什麼感覺的？

當我們以正念的方式在內心去審視恐懼情緒的時候，它可以幫我們培養一種好奇的、中立的心態，降低我們對它的抵觸感和主觀評斷。

第二步，接納情緒，也就是透過正念練習嘗試與恐懼情緒相處*。當你在腦海中幻化出恐懼情緒的樣子（即它的顏色、體積、重量、形狀、氣味和質感）之後，開始把注意力向內看去。好奇地問問自己：「此時此刻，我在身體裡的哪個部位體驗到了恐懼？」是肌肉緊繃？口乾舌燥？眉頭緊鎖？手腳冰涼？四肢沉重？還是胃部不適？

找到了體驗著恐懼情緒的身體部位後，開始透過呼吸讓那個身體部位變柔軟。假設你在心口處體驗到了恐懼，那麼把關注力停留在心口處。每進行一輪呼吸，就想像自己的呼吸把心口的邊緣慢慢變得柔軟，肌肉越來越放鬆，身體變得越來越平靜……

如果你願意的話，可以用一隻手或雙手輕撫心口處，並在內心默默地告訴自己：「現在的這種感覺對我來說實在太艱難、太痛苦了，因為我是如此害怕。這種感覺對任何人來說都是很難受的。」同時，允許自己知道，在這種情況下感到害怕是不由自己選擇的，這是全人類對類似情境做出的本能反應。在情緒上感到害怕和恐懼是完全可以的，它是很自然很常見的人類情感。

允許自己感到害怕的同時，也要提醒自己：「此時此刻，我感覺到的是一種情緒，不是事實。」任何情緒都像天空中的雲朵一樣，它們會隨著風向飄來飄去，時大時小，時有時無。我們無須有意逃避某種情緒，因為逃避只會讓它變得更強大；我們只需嘗試去好奇地觀察它，嘗試和這種情緒共存。

當以這樣的方式和自己對話時，你覺察到了什麼？如果重新去覺察自己當下的情緒，它現在的顏色、體積、重量、形狀、氣味和質感分別是什麼樣子的？和之前比起來有什麼不同嗎？

第三步，探索恐懼情緒的源頭。做完以上正念練習，當你感受到的情緒強度值稍有減弱後，可以開始嘗試去有意識地找尋恐懼情緒的源頭。

也就是說，到底是什麼讓你感到害怕？這種情緒是由什麼觸發的？到底是某件事的本身很值得害怕，還是這件事可能導致的後果令你畏懼？這種恐懼感是由單一事件導致的，還是因為自己或自己身邊的人曾經歷過類似的事情？

以上這些問題可以幫助我們看清自己經歷的到底是理性恐懼，還是感性恐懼。

所謂理性恐懼，指的是此時此刻的當下，有事實證據證明你完全有理由感到恐懼。比如，夜晚一個人在家，突然聽到窗戶玻璃被砸碎，接著聽到屋裡傳來了陌生人的腳步聲。在這種情境下，我們感到恐懼是完全有理由的，這是大腦在向我們發出信號，告訴我們周圍存在著真實的危險，提醒我們趕快採取行動保護自身安全。

所謂感性恐懼，指的是此時此刻的當下，沒有具體的事實證據可以證明你有理由去恐懼，但自己卻會莫名其妙地感到害怕。這是因為當恐懼占據了我們的頭腦時，大腦會本能地幻化出各種令人感到害怕和恐懼的畫面，說服我們停下腳步，從而保護我們不受到挫折和傷害。這是一種非常常見的現象，嘉強就是一個典型的例子。

嘉強感到恐懼的原因，是因為他害怕失敗。他擔心萬一自己放棄了辛苦得來的鐵飯碗，卻無法透過個人打拚獲得收入和福利相當的工作，那代價則會非常慘重。但是，嘉強的恐懼情緒卻是沒有任何證據做支撐的，因為沒有任何事實能證明他一定會失敗。

在這樣的情況下，嘉強會感到恐懼，並不是因為事件本身，而是因為他頭腦裡對未來的預測結果。我們有時會對未來有消極預測，而不是積極預測，很多時候是因為自己或他人在過去曾經歷過類似的事情。因此，我

---

* 這裡所提到的正念練習的完整版，詳見第五章第三節的「與消極情緒友好相處」。

們體驗的恐懼情緒通常也並不是由當下這一件事造成的，而是由於過往的某些消極經歷，導致我們每當遇到類似經歷時，就會重新感受當時事件第一次發生時曾感受過的情緒。

對於嘉強來說，每當想到失敗，他就會想起做個體戶小生意的父親。嘉強小時候，父親一直忙於工作，很少有時間陪他。每當看到父親回到家悶悶不樂的樣子，嘉強就知道父親當天的生意又不景氣了。後來，由於同行競爭激烈，父親的小本生意不得不關門停業了。

父親經商失敗後，嘉強總能看到他一個人待在屋裡愁眉不展、鬱鬱寡歡的樣子。父親起初本想重新嘗試去幹點兒別的行當，但始終沒能鼓起信心重整旗鼓，不得不早早賦閑在家，父母倆之間經常因此吵架。也正是因此，父親一直都希望嘉強能找一份收入穩定的工作。對於父親來說，嘉強只要能進入體制內，就再也不用擔心失業了。

從那以後，嘉強就對失敗產生了一種極大的恐懼感。他覺得一旦失敗，就意味著這個人的命運被板上釘釘，再無改變的可能性。所以，他一方面想改變，而另一方面卻對改變有著非常可以理解的恐懼情緒。

每當我們受挫後，大腦總是可以高效地汲取之前不好的教訓，並把敏感係數調高，以更好地保護自己的安全。這就好比家中被竊，我們由於害怕再次被竊，便把家裡安全警報系統的敏感度調到最高，導致現在連我們自己在家裡關門或關冰箱的聲音，都會觸發安全警報系統，因為安全警報系統以為又有壞人進來了。

注意：這並不代表我們不需要安全警報系統，這只代表我們的敏感係數設置得過高了。它把一些本不是危險的事情當成了危險，於是造成了感性恐懼，使得我們在本不需要戰鬥、逃跑或僵在原地的時候，做出了這樣的反應。

對於嘉強來說，從體制內到體制外，這的確是一個非常大的轉變，其中有一定風險，因此值得好好考慮。

但是，如果因為有風險就決定乾脆不做，這無異於陷入了非黑即白的認知誤區中。

知道了這些訊息之後，我們應該如何去做呢？

第四步，在做決定時從事實出發，而不是從恐懼情緒出發。

當你很害怕自己會失敗，並因此不願走出舒適區時，好奇地問問自己：此時此刻，有哪些具體的事實證據證明我一定會失敗？就算真的失敗了，最糟糕的情況會怎樣？我害怕自己會失敗，是否是因為自己曾經失敗過？如果是的話，現在和過去相比，有哪些事情發生了變化？我是否曾以為自己會失敗，但後來事實證明我做得還不錯？如果是的話，這又證明什麼？這對我來說又意味著什麼？

當嘉強認真考慮這些問題時，他發現他其實是被父親的經歷禁錮住了。他漸漸意識到，父親經商失敗，不代表自己也一定會失敗。父親當時會失敗，有很多複雜的因素在內，包括當時的社會背景、行業趨勢、父親個人的性格特點等。嘉強知道自己和父親是兩個不同的人，面對相同的境遇可能會做出完全不同的選擇。

當嘉強從事實出發時，他慢慢地看到了很多自己以前沒有看到的事實。他開始意識到，自己在行業裡有七年的工作經驗，無論是工作能力還是興趣熱情，他都是具備的。此外，嘉強可以選擇「曲線救國」，先找一份企業公司裡的職位，積累更多經驗後，再創業也不晚。嘉強開始相信，只要他不放棄，就一定能找到適合他的職位。

在整個轉型的過程中，嘉強依然會害怕，但他對未來的畏懼感較從前已經大大降低了。後來，他透過很多次嘗試，終於在被拒了幾次之後，拿到了一份比較不錯的工作。作為公司新人的他，雖然沒有之前當公務員時那麼好的福利，但那份職位是他個人非常感興趣的，而且有極大的晉升發展空間。他無比感謝自己當時如此勇敢地踏出了這一步。

因此，無論你因為什麼原因而害怕改變，都可以提醒自己重新審視一下當下的現實。當我們基於恐懼情緒去做決定時，會很容易被困在自己內心的囚籠裡。相反，當我們基於事實出發去做決定時，才能有機會去體驗我們想體驗的人生。

總之，恐懼情緒的存在是有必要的、有幫助的，是每個人都有的正常人類情感。但是，**我們需要的是適當劑量的恐懼，而不是超大劑量的恐懼**。願恐懼不再牽絆我們的手腳，希望我們可以按照自己心願的方向前進。

決定要改變，卻又沒有行動力，該如何應對

渴望改變，卻又沒有動力去做出實際行動，這是困擾來訪者們的另一個常見問題。琳琳就是其中的一個。每當缺乏動力時，她會習慣性地給自己灌上幾碗濃濃的「雞湯」。讀完「心靈雞湯」之後的一段時間，琳琳的確會感到動力滿滿，血脈賁張，心頭充滿了希望和憧憬。有時，她甚至會拿出紙和筆，寫下一套改變方案，並在內心向全世界宣布：「我有動力和方向了，我要開始改變了！」

可是，這樣的動力往往只能持續一小段時間。沒過多久，當琳琳看到同一份改變方案時，又會覺得動力感蕩然無存，反而被壓力取而代之。她非常納悶：「明明前幾天還是動力滿滿，怎麼沒過幾天又沒幹勁了？我的動力去哪兒了？」琳琳會因為自己讓自己失望而開始新一輪的自我苛責，惡性循環模式隨即重啟。

大腦裡明明有想法，有打算，但就是無法把它們付諸行動。問題到底出在哪裡呢？

動力不足背後的三大心理因素

大多數時候，以下三個潛在的心理因素可能導致我們做事缺乏動力。

▼第一大心理因素：很多人在潛意識裡覺得真正適合改變的時機還沒有到來，因此要等待一個更適合的契機。

比如，「等我再自信點兒時，就開始找男朋友／女朋友」、「等我狀態好些時，就開始去健身房」、「等我準備得再充足些，就開始創業」。

類似這樣的內心獨白就好比是在說：當我有了信心／動力／方向的時候，我再開始改變。然而，這樣的認知邏輯其實是一個死胡同，因為並不是動力導致改變，而是改變帶來動力。動力，實際上是我們做出某種行動後產生的積極結果。

如果你閉上眼睛，回憶下最近一次你感到特別有動力的時候，你會回想到什麼？當你體驗到動力十足的感覺之前，發生了什麼事使你有了這樣的情緒？

琳琳對這個問題的回答，是她的一個工作報表得到了老闆的讚賞，使她一整天在公司都感到動力十足。我的另外一位來訪者對這個問題的答案，是近期有朋友叫她出去聚會時，她感到非常有動力去和朋友們相聚。而對我本人來說，在昨晚堅持寫完了這本書的部分內容後，我感到非常滿足和有成就感，因此今早起來對於寫書這件事，才有了更多的動力。

總結下來，琳琳感受到動力，是因為之前做出了行動（製作工作報表），而她的工作成果得到了他人的認可。另外一位來訪者感受到動力，是因為之前她勇敢地踏出了自己的舒適區，參加了一個朋友的生日聚會，整個體驗比她自己事先預想得要好，因此當再次被邀請時，她才會感到有動力去參加。而我自己感受到動力，是因為昨晚也做出了行動（寫書），而且這個行為的成果得到了我自己的認可。

因此，**動力其實是行動的結果**。如果沒有行動，動力感很難憑空產生。

那麼，為什麼很多人無法把想法付諸行動呢？這就要談到另外一個潛在的心理因素，也就是我們在內心深處對自己的自我預期。

▼第二大心理因素：很多人在內心深處都給自己設置了不現實的自我預期，甚至有完美主義傾向。

大多數時候，類似的自我預期都隱藏在潛意識層面，很多人並沒有意識到自己對自己的嚴苛程度。比如，「既然要背單詞，我就應該在短時間之內把它們都背會。如果做不到，那就證明我做得不夠好！」「要是重新找工作的話，我期待自己在前幾次投簡歷的時候就能被錄取，最好是第一封簡歷就被錄取。如果前幾次被拒的話，那我覺得自己就根本找不到工作了！」「如果去健身房鍛鍊身體的話，我期待自己能馬上減掉十斤肉。如果減不掉的話，那我覺得鍛鍊身體就是沒用的！」

時下很多成功學書籍都會傳遞一個訊息，那就是目標越高遠，我們才能越有動力和幹勁，同時才越有可能取得成功。然而，近五年來，越來越多的心理學家和心理學研究人員透過研究發現，雖然高遠的目標的確可以鼓舞一部分人去為之行動，但它卻會讓大多數人感到挫敗感和壓力感。由於目標過於遠大，人們才會在無形中感到壓力，並想要退縮、逃避，或不加以作為。

我個人認為，目標是否遠大其實並不是造成問題的根本原因。真正造成我們拖延不改變的根本原因，是我們在內心把是否能完成這個遠大的目標，作為衡量自己行為有效性和自己是否足夠好的唯一標準。

當我們在內心把自我預期值設在很高的位置時，任何達不到那個預期值的行為都會被解讀為不夠好。當對個人能力不夠自信時，任何人在面對如此高的預期標竿時，都會感到畏懼和裹足不前。

因此，我們需要做的是把自我預期調整得更加符合現實。同時，把大目標拆分成小目標，從而降低自己內心對目標的畏懼感，提升完成目標的信心。

▼第三大心理因素：很多人由於害怕失敗，畏懼改變，才導致不斷拖延。

對於一些有「拖延症」*的人來說，他們潛意識裡的內心獨白可能是這樣的：

「這件事實在太難了，我根本做不到。如果努力了半天，最後還是沒做到，那豈不是更糟糕。想想失敗的感覺就很可怕，想想努力的感覺就很辛苦。如果努力了但卻沒成功，那就證明我真的失敗了；如果我沒有努力去嘗試，導致後來沒成功，那這不能算是真正意義上的失敗，因為我並沒有真的盡力。」

很多做事容易將就的人，在內心深處可能都隱藏著一絲對失敗的恐懼感。例如，我有一位來訪者貝貝（化名），是一名在校大學生。每當有論文要交時，她都要拖到截止日期前的一兩天才熬通宵完成，每次都把自己搞得焦頭爛額。大多數時候，論文的分數都是將就過得去的。每當被問及時，貝貝最常說的一句話就是：「當時實在沒時間寫了，要是有更多的時間，結果肯定會更好。這樣差不多就行了。」

拖延這一行為的好處，就是我們在內心深處可以不用去面對我們以為會面對的失敗。我們越拖延，就越不容易盡百分之百的努力去做一件事。因此，我們也就無法發現自己的真實實力到底是怎樣的。一些人在面臨重大任務之前，甚至會有意無意地把自己的行程安排得滿滿當當，導致自己真的沒有足夠的時間或精力去做真正該做的事，這就是在變相地逃避自己以為會面對的失敗。

---

*「拖延症」只是一種網路叫法，實際上並沒有這種臨床診斷。

認真去分析拖延者的內心獨白，我們會發現他們在開始拖延之前，就已經在內心預設自己一定會失敗了。正是這種災難性思維的認知誤區，才導致他們害怕經歷做事的過程，害怕面對事情的結果。比如，有人遲遲不開始健身，是因為害怕自己辛苦了半天，體重卻一點兒都沒減，導致自己是一個失敗者的預言得到印證。有人遲遲不開始動手找工作，是因為害怕自己付出了那麼多，但卻最後一事無成，導致自己懷疑自身價值的想法得到確認。

可是，我們真的一定會失敗嗎？事實是，不一定。

按概率來看的話，成功與失敗的概率是五五開的。就算你投了九次硬幣，連著得到了九次正面，在第十次投硬幣的時候，這個單一事件的概率也依然是五五開。然而，就因為那五成失敗的可能性，我們便不去嘗試了，這樣的話，豈不是連那五成成功的可能性都自動放棄了？

如果真的放棄了的話，結果一定是不如人意的。當我們內心的消極想法真的被事實印證了之後，這樣的消極想法——比如「我一定會失敗」、「這事肯定成不了」等——就容易被我們內化，變成我們主觀世界裡信奉的偽事實。

這就是最初由美國社會學家羅伯特．莫頓提出的自證預言現象⓯。所謂的自證預言，指的就是我們對一件事進行某種預言或主觀推測後，會在潛意識裡把事情的發展趨勢按照自己預言的方向推進，結果預言就真的應驗了。

要想解決這個困惑，我們需要在自己的預測產生之時，意識到這只是我們個人的主觀想法，不是事實。同時，當我們對改變和失敗的可能性產生恐懼感時，意識到這只是我們的個人情緒，也不是事實。

具體關於如何處理我們的恐懼情緒，上一節裡有詳細的分享。接下來，我們具體來看看該如何解決「拖延症」給我們帶來的困惑。

破解「拖延症」七步驟

很多時候，與其說我們拖延和逃避的是事情本身，倒不如說我們拖延和逃避的是面對事情時的感覺。如果你現在閉上眼睛，把注意力關注在你目前正在拖延和逃避的一件事上，當你一想到不得不要開始面對它時，在情感上是不是立刻會覺得很不舒服？

和這種不爽的、難受的，甚至是痛苦的感覺比起來，追劇、刷微博、玩遊戲、睡懶覺的感覺就好受多了。我們的情感大腦清楚地知道辛苦的感覺有多不好受，所以它只是很單純地希望我們不受這些苦。於是在面對問題時，我們才會拖延和逃避，想盡一切辦法待在自己的舒適圈裡。

然而，短期待在舒適圈裡是舒服的，因為逃避問題的當下的確會讓人感到短暫的釋然。可是，當時間一分一秒地逝去，問題依舊沒有得到解決，我們就會越來越焦慮，反而會因為當初的逃避而不斷自責。因此，很多飽受「拖延症」困惑的人，同時也容易自我懷疑、自我否定，以及經歷內疚、抑鬱、無力和羞恥等情緒困惑。

很多人並不認為自己是在拖延，他們覺得自己只是懶而已。實際上，**拖延和懶，完全是兩碼事**。拖延，是一種主觀的選擇行為——我們選擇去做一件讓我們感覺舒服的事，從而去逃避一件讓我們感覺痛苦的事。而懶，是由於在心理上對某件事不感興趣，而導致在行為上無所作為的狀態。

拖延和逃避的潛在心理驅力通常是恐懼，而懶的狀態跟恐懼情緒並沒有必然的關聯。有時候，懶惰可能會導致拖延行為，但拖延並不一定是因為一個人懶而造成的。

至於「拖延症」的破解之法，在這裡我想和大家分享以下七個步驟：

第一步，意識到自己的拖延行為，並從心底裡承認自己的確是在拖延。

解決任何問題的第一步，是要意識到問題的存在。如果在心裡否認問題的存在，這只會讓內心感到更加抵觸，對解決問題起不到任何作用。

通常，如果自己明明應該做某件事，但卻頻繁延期或轉換注意力，我們就可能是在拖延。比如：

- 突然非常有動力地去處理生活裡的其他瑣事；
- 剛開始做自己本該做的事，卻頻繁停下來上廁所、吃甜點、喝水、玩手機等；
- 打開了WORD文件開始寫論文，但中途卻在無關網頁之間頻繁切換；
- 待辦事項上的某件重要的事過了很久都沒有完成；
- 無限期地等待自己狀態稍微好一些時再開始做某件重要的事；
- 無端答應來自他人的請求，就為了讓自己忙起來，以至於自己最後沒有足夠的時間去做那件自己本該做的事。

第二步，探索到底是什麼情緒或想法使自己一而再再而三地拖延一件事。

嘗試在內心深處回答以下這個問題：

我在拖延是因為＿＿＿＿＿＿＿＿。

我們的答案可能包括（但不局限於）：

- 我在拖延是因為我害怕自己做不好，或做得不夠好。
- 我在拖延是因為我害怕就算付出也沒有收穫。

- 我在拖延是因為我覺得這件事實在太無聊了。
- 我在拖延是因為我害怕被拒絕。
- 我在拖延是因為我覺得做這件事實在太痛苦了。
- 我在拖延是因為我擔心做完這件事以後，會有更多事要做。

回答完這個問題後，如果你發現自己的拖延是由害怕或恐懼的情緒導致的，那麼就需要先做一些情緒管理類的練習，比如與消極情緒友好相處的正念練習。如果你發現自己拖延的原因是因為某個主觀消極認知，那麼就需要做一些認知方面的工作，比如改變思維習慣四步驟。

很重要的一點是，我們需要理解自己對這件事的抵觸情緒。一個有效的方法就是在內心深處非常善意且真誠地告訴自己，無論自己正在逃避的事情是什麼，從某種角度來說，這件事一定很具有挑戰性。在面對這樣一個有挑戰性的事情時，一個人在內心深處感到抵觸、害怕和恐懼是非常可以理解的。

同時提醒自己，感受到這些情緒，並不代表你一定做不好。在做事的過程中如果感到痛苦，也不代表你會把它搞砸，這只意味著這件事本身並不容易。

第三步，問問自己你為什麼需要做這件事，它對你的意義是什麼。

無論這件事是你自己最初選擇去做的，還是你不得不做的一個任務，你都可以在心中重新評估它的重要性。問問自己：「這件事對我到底有多重要？我有多在乎它？即便這件事本身我不喜歡，但如果做成了，它是否可以給我帶來其他我真心想要或重視的東西？」

有時，我會推薦來訪者們寫一個清單，詳細列出這件事完成之後可能產生的好處。比如，一個人想利用業餘時間考一個資格證書，但完全不想複習，因此拖延了很久。那麼，可以認真想想，如果資格證書一旦考到了，它會對自己有什麼幫助。很多時候，隨時把甜頭放在眼前，可以為我們增添一些動力。

第四步，認真制訂一套內容具體的、切實可行的、進度可以被衡量的計畫表。

我非常不推薦大家在心血來潮或過於興奮的時候制訂計畫表。這種狀態下制訂出來的計畫表，往往都是瘋狂、誇張且不切實際的，很難被真正付諸實踐。

我曾在我寫的另外一本書《考拉小巫的留學成長日記：寫給在人生路上不曾停步的人》*中，非常詳細地在「制訂計畫與執行計畫之升級版」一節分享了有效制訂計畫的方法，本書裡就不多做贅述。

在這裡，我主要想從心理學的角度強調一點：很多人拖延的原因之一，是因為在情感層面上對於所要面對的事情感到心理壓力。當這種心理壓力大到個人無法承受的時候，任何人都想要逃跑。因此，什麼樣的計畫才最有可能被執行起來呢？那就是當你看到它之後，內心感受到的壓力是自己完全可以承受的。

舉個例子，如果你的計畫是「暑假背完一本單詞書」，這個計畫的內容就是不夠具體的。相反，如果你在計畫裡把每個月、每個星期，甚至是每天的目標單詞數量清晰地標出來，這個計畫就會更容易被完成。

這就是「背一本單詞書」和「背十個單詞」的區別，是「寫一本書」和「寫一個自然段」的區別，是「減三十斤肉」和「減一斤肉」的區別。當列完大目標以後，我們需要關注的是那個讓我們心理壓力最小化的小目標，是那個讓我們在**今天**、**現在**、**此時此刻**就有動力去為之行動的小目標。

第五步，給自己半個月的時間「試運行」。

我經常推薦來訪者在列完計畫後，給自己半個月的時間去嘗試這個計畫，也就是「試運行」階段。這麼做的目的有三：第一，可以看看計畫是否靠譜可行，如果哪裡不現實的話，可以隨時調整。第二，由於是「試運行」，我們完全可以允許計畫出差錯，這會減少自己內心由於對結果過於看重而去逃避的心態；第三，透過半個月「試運行」階段裡對計畫完成度的追蹤，我們可以看到自己的進步。對很多人來說，堅持半年一年也許會有些難，但半個月稍微咬咬牙還是可以堅持下來的。半個月的「試運行」會幫助一個人從逃避拖延的狀態，轉換到行動狀態。這個轉換本身就會幫助我們得到一些初始行動力。

第六步，在完成了——且只在完成了——既定目標時，好好獎勵自己！

沒有完成今天的任務之前，不要去追韓劇、看綜藝或玩遊戲。我們反而可以把這些休閒娛樂活動當成是任務完成之後對自己的獎勵。實際上，這麼做時，我們只是把目標事件和休閒娛樂這兩件事的順序調換了一下：先完成任務，再休閒娛樂。這樣一來，我們才能懷著放鬆的心情——而不是負罪感和內疚心——去休閒娛樂。

如果發現自己在任務還沒完成之前就開始休閒娛樂了，請意識到自己正在拖延，然後從本節的第一步重新走起。

第七步，以善良的、人性的、帶有愛和關懷的心態對待自己，並允許自己不完美。

每當自己又開始拖延時，每當自己想要放棄時，每當自己失去了動力和信心時，諸如「我怎麼這麼失敗」、「我的意志力怎麼這麼差」、「我怎麼這麼不自律」、「我本該早點兒開始的」、「我總是在拖延，簡直太讓人失望了」、「我簡直就是一個徹頭徹尾的失敗者」、「我永遠都成功不了」等想法，只會加劇內心深處的自卑、焦慮、絕望、羞恥和無力等情緒。相反，無數科學研究證明，以愛和關懷的心態去對待經歷挫折的自己，才是

＊編註：二〇一四年由中國青年出版社出版，暫無臺灣繁體版本。

真正從內心深處幫助自己建立自信心、自尊心和安全感的有效方法。

所以，在改變的過程中，允許自己做一個正常的人類——也就是一個不完美的人。如果我們強求完美，那就只會在潛意識裡等待完美的時機、完美的條件、完美的境遇、完美的狀態，再去開始做某件事。這本身就是一種拖延。

告訴自己，我們的目標不是變得完美，也無須強求把某件事做得完美，因為完美是不可能的，世界上沒有任何人或事是完美的。追求完美的人很容易陷入非黑即白的思維模式——我要麼就要做到完美，要麼就是一個純粹的失敗者，沒臉面對他人和自己。

相反，我們可以把目標設置為進步，把比較的對象設置為自己。今天的自己比昨天的自己進步了一點點，今天的進度比昨天的進度前進了一點點，這就是非常值得稱讚和認可的。

你，是這個世界上你唯一能改變的人

大家有沒有注意到這樣一個現象：每當事情不按我們的心意發展時，我們就會不由自主地去責怪造成這件事發生的人，或是責怪境遇本身。比如：

「朋友小林每次打來電話時都那麼能說，搞得我快煩死了。真希望她下次不要這麼話癆，少說一點兒。」

「每年過情人節，老公只是和我一起吃頓飯，從來不送禮物，真是讓人失望。為什麼我的老公就不能像別人的老公那麼浪漫、那麼有情調呢？」

「婆婆實在太不通情達理了，我生孩子已經這麼辛苦了，她也不說多幫我們帶帶孩子。她難道就不知道我們很需要幫忙嗎？」

「老闆怎麼總是叫我加班，而且從來不給漲薪水，太不公平了，這工作簡直沒法幹了！他為什麼就不能稍微有點兒人性，體貼一下員工就那麼難嗎？」

當我們覺得內心的痛苦是由他人造成的時候，我們就會把他人當作我們痛苦的根源。我們會非常本能地希望這個根源可以改變，希望他人可以變成我們渴望的樣子，以為只有這樣，我們內心的痛苦才能結束。

在我平日所見的來訪者裡，這是一個非常常見的現象。很多來訪者最初都是因為他人沒能達到自己的預期，或滿足自己的需求，於是在內心感到痛苦，才來尋求心理諮詢的。

每當我問來訪者他們為什麼要來做心理諮詢時，我通常會聽到類似的答案：

「因為我老公事業心不強，總喜歡在家玩網遊。」

「因為我的孩子不聽話，總是愛搗亂。」

「因為我的公婆很不好相處，總是插手我們育兒的過程。」

「因為我的老闆總是排擠和打壓我，搞得我工作壓力很大。」

而每當我問他們透過心理諮詢想要達到什麼目標時，我通常會聽到這樣的答案：

「我希望我老公能更愛我，能更顧家一些。」

「我希望我的孩子能更聽話一些。」

「有沒有什麼方法可以讓我的公公婆婆多給我們一些空間？」

「我希望我的老闆不再繼續打壓我，可以讓他看到我的價值。」

我們希望他人可以改變，這是一件非常正常的事。我們需要對他人有所期待，就好比他人也會對我們有所期待一樣。我們希望室友可以好相處些，希望朋友可以有求必應，希望同事之間少一些猜忌，希望老闆可以多些人情味，希望父母能多理解和尊重我們一些，希望孩子能更聽話一些。很多時候，因為我們有對人際關係的期許，對方才知道該做出哪些行為去滿足我們的情感需求，人際關係才能更加健康地發展。

當我們表達出對他人的期望時，如果他人尊重我們的需求，並隨即做出了改變，這必然是一種理想狀態。但是，當我們去嘗試改變對方時，要是對方呈現出了很強的抵觸心理，完全不想改變，或者對方並不覺得自己需要改變，反而覺得有問題的是我們，出現這種情況時我們該怎麼辦呢？

一種很常見的應對方式，就是抱怨。尤其當對方是和我們很親近的人時，我們的內心就更會感到失落、不滿、失望、受傷，甚至憤怒。我們會納悶為什麼他們就不能稍微明事理一些，為什麼總是要把事情搞得這麼複雜？難道他們不知道自己的行為讓我們很難受嗎？

一些抱怨可能會表現在口頭上，然而大多數抱怨都是以內心獨白的形式存在著：「這個人怎麼能這樣？太過分了！」有時，我們在心裡默默地抱怨一下，以為這個事兒就可以過去了，直到類似的事情不久之後再次發生。那時，新帳舊帳一起湧入腦海，之前沒有得到處理的情緒又會重新浮出心頭。不僅如此，由於之前的壓抑，使這些情緒變本加厲，導致我們感到更失望、更失落、更不滿和更生氣。

當我們把注意力放在別人身上，抱怨別人的行為，期望別人做出改變時，我們會很容易陷入一個消極迴圈，因為別人的行為、情緒和想法是不由我們掌控的，過度關注我們掌控以外的東西只會加深自己的無力感。相反，如果我們把注意力放在自己身上，看看自己是否可以改變自己的行為、想法和看待事物的角度，那麼改變相對來說會更容易發生。

這就是我和每個來訪者都會分享的一件事——**我們永遠都無法改變他人，但是我們可以改變自己，並透過**

改變自己去間接地影響他人。

我的一位來訪者小珍（化名）就是一個很好的例子。小珍是一個全職媽媽，產後有一些抑鬱和焦慮的情緒。她剛開始見我的時候，寶寶出生還不到一年。那段時間，小珍每天都非常敏感和情緒化，做事提不起精神來，也不想出門見人，整天待在家裡。

究其原因，原來是那段時間婆婆要幫著他們帶孩子，所以就搬過來和他們一家人一起住。起初一段時間，婆媳之間的相處還算過得去，但是時間越長，雙方矛盾越大。婆婆在育兒方面的觀念和小珍衝突太大，每當婆媳之間發生矛盾時，小珍都覺得老公總是向著婆婆，從不站在她這一邊。

小珍感覺自己被孤立了，她因為老公對她們婆媳間矛盾的不作為感到非常憤怒，因為婆婆對她的指指點點而感到委屈和不服。於是，小珍要麼就是和老公及婆婆大吵，要麼就是把自己關起來不見人。

在我們會面的時候，小珍多次因為敘述自己的經歷而聲淚俱下。她不明白為什麼婆婆如此頑固倔強，也非常納悶為什麼結婚多年的老公總是向著他媽媽。她覺得自己實在太委屈、太辛苦了。

我好奇地問小珍：「如果時間快轉三個月或六個月，假設心理諮詢幫助你實現了你希望看到的所有改變，那個時候你的生活會是什麼樣子的？」

小珍脫口而出：「那個時候，我希望每次我和婆婆鬧矛盾時，我老公都能站在我這邊。而且，我希望我婆婆能通情達理一些，不要總是守著他們那代人的舊思想去帶孩子。」

我繼續問小珍：「現在你的老公是否覺得他自己做得不對？你的婆婆是否也覺得自己不通情達理？」

聽了我的問題，小珍氣不打一處來，說道：「問題就在這兒啊！他們兩個人完全不覺得自己有錯，反而把所有的事都怪到我頭上。我老公怪我太斤斤計較，說我應該做一個『識大體的女人』。我婆婆埋怨我太過挑剔，說我不夠感恩她。我自己心裡都已經一肚子苦水了，這到頭來反而是我的錯了。你說我心裡憋屈不憋屈？」

我告訴小珍我很能理解她內心的苦悶，因為這的確是一個兩難的境地。如果按照老公和婆婆的做法去生活，小珍委屈的是自己；如果按照自己目前的處事方法，那老公和婆婆又不滿意。這種情況，無論給了誰，都一定會抓狂。

同時，我跟小珍分享說，既然她的老公和婆婆並不覺得自己是問題的關鍵，也不在我們的諮詢室裡，我們就無法坐著乾等他們去做出改變。然而，小珍可以掌控自己，她永遠都可以選擇從自己著手，從而去影響他人以及他們之間的人際關係。小珍對這點表示認同，因為她覺得從自己著手，可以讓她擁有更多掌控感，比乾巴巴地指望對方改變要更實際有效。

於是，我們的工作便從幫助小珍提高對自己的想法、情緒和行為的意識度開始了。

所謂提高對這三者的意識度，指的就是要幫助小珍意識到，每一個導火線事件到底觸發了她的哪些想法、情緒和行為。當我們把認知、情緒和行為三者聯繫在一起進行覺察練習的時候，小珍關注到了幾個非常重要的規律。

首先，小珍漸漸注意到，每當她和老公或婆婆因為某件事吵架時，往往都是由於之前有些其他的小事被她忍了下來。因此，每次吵架時，小珍心裡知道自己發這麼大的火，是因為之前發生過很多次和導火線事件類似的事情。而對於老公和婆婆來說，他們並不知道小珍是因為之前的很多事發火，而只以為她是因為當下的單一事件就發了這麼大的火，所以他們才會用「情緒化」、「敏感」、「玻璃心」等詞來形容小珍。

其次，小珍發現每當她發脾氣時，非常容易脫口而出一些極端的詞語，比如「從來」、「永遠」、「從不」、「總是」、「每次」等。例如，小珍經常會憤怒地對老公說「你**每次**都向著你媽，**從來都不**向著我，你根本**一**

點兒都不愛我！」之類的話，或者她會極帶情緒地對婆婆說：「對，您永遠都是對的，從來都不會錯，行了吧？」小珍發現每當她用類似的詞語時，就會激起一輪又一輪無休止的爭吵，因為對方會迅速列舉出很多例子為自己辯護，試圖證明小珍是錯的。

除此之外，小珍還注意到每當她的消極情緒剛剛冒出一個萌芽時，無論她是否覺察到了，她都很習慣去無視這些情緒，繼續做自己當下在做的事。每當那些小情緒沒有被及時處理，它們就會迅速累積成大情緒，在小珍毫無防備的時候爆發。正是因此，一些本可以透過和平溝通解決的事，她都容易發無名之火，把情緒遷怒在他人身上。

當小珍發現了這些規律後，她意識到原來一切都是情緒惹的禍。於是，我們就把工作聚焦在了提高她的情緒管理能力和改變溝通模式上。

學習了關於正念和情緒的知識後，小珍開始嘗試用不同方法去幫助自己排解情緒。在開始心理諮詢的第六週時，她說每當自己又感到鬱悶時，不再選擇一個人躲在臥室裡生悶氣，而是選擇獨自出去散散步。

在經過頻繁嘗試和對比之後，小珍發現當她一個人躲在屋裡時，不但沒有達到舒緩情緒的效果，反而讓情緒都憋在了心裡。相反，當她主動走出去散心時，環境變了，心情也會隨之改變，散完步後反而有種神清氣爽的感覺。

第八週的時候，小珍開始感覺到她的情緒稍微穩定了一點點。那個時候，她已經連續堅持練習正念一個半月。哪怕每天只練五到十分鐘，這也幫助她開始對自己的情緒狀態更加有意識，因此她才能在消極情緒的強度值尚且比較低的時候，就去把它們及時處理和化解掉，而不是把它們一直壓抑在心裡。

第十二週的時候，小珍高興地和我分享說，由於她每天都非常主動地關注自己的情緒狀態，她的情緒較之三個月前已經穩定多了。同時，由於她自己情緒狀態的好轉，在和老公及婆婆溝通的時候，她之前那種不耐煩的感覺也少了很多。雖然一家人有時還是會發生口角，但是頻率相較之前已經有所降低了。

第十六週的時候，小珍開心地分享說，她婆婆有一天竟然主動邀請她一起上街買菜，兩人還首次合作給全家做了一頓飯。她說，這種事放在之前是絕對不可能發生的，因為在這之前，小珍就連和婆婆在同一個房間多相處一分鐘都覺得窒息。

在這一次相處中，小珍不但和婆婆分享了一些自己的心事，還有史以來第一次聽到了婆婆內心深處的一些想法。小珍驚訝地得知，原來婆婆多次執意要以自己的方式帶孫子，是因為小珍的老公剛出生時，婆婆由於身體原因，不得不讓自己的父母幫著帶孩子，使得婆婆沒能充分參與到小珍老公的幼年成長裡。現在，婆婆希望可以透過幫助帶孫子，來彌補當年對小珍老公的虧欠。

當小珍知道了這一點時，她內心對婆婆的怨恨反而轉變成了理解和心疼。小珍向婆婆表達了自己對她的理解後，同時也以心平氣和的方式溝通了自己作為寶寶的母親，渴望自己的育兒方法得到尊重的想法。此外，小珍還和婆婆分享了一些育兒文章，用科學知識證明一些傳統的育兒觀念其實並不利於寶寶的成長。小珍和婆婆這次交心的談話，幫助二人把很多之前心裡的疙瘩都解開了。

又過了一兩個月，小珍激動地跟我分享說，她發現老公好像更加體貼人心、善解人意了，婆婆也好像變得比以前更通情達理了，現在一家人終於可以其樂融融地坐在同一張桌上吃飯了。

小珍釋然地說：「看到他們終於改變了，我心裡也放鬆了，不像以前那樣總是緊繃著了。」

我提醒小珍說：「他們改變了，是因為你先改變了。」

小珍先是怔了一下，然後，會心地笑了。

所以說，**最為有效的改變真的是從自己開始**。這並不一定代表我們是導致問題產生的人，而只是說當我們把注意力關注在自己身上時，會更容易找到解決問題的突破口，因為我們的思維、情緒和行為始終是由自己掌控的。

有的時候，我們也許會覺得：「有問題的人又不是我，憑什麼要我改變，這豈不是便宜了對方？這不公平！」可是，仔細想來，我們做出改變，其實並不是為了對方，而是為了自己。若是不改變，痛苦的往往是自己。

更何況，涉及人際關係的矛盾，大多數時候是沒有絕對的對與錯的。不同的人有不同的角度和立場，而每個人的所說所做和所思所想，都是自己成長過程和人生經歷的體現。

當情緒被觸發時，我們會從本能大腦和情感大腦出發思考問題，這種時候所做出的決定通常都是比較衝動的。相反，當情緒平穩後，我們才更容易從理性大腦出發，以開放的視角去傾聽不同的聲音，並找出解決問題最有效的方案。

／小練習Ⅰ／

行為啟動練習表

如果此時此刻的你對任何事都提不起興趣，非常缺乏動力的話，可以嘗試以下這個行為啟動練習，透過嘗試一系列小事，幫助自己提升做事的能動性。

星期	上午	下午	晚上	之前的動力值（0—10）	之後的動力值（0—10）
舉例	清晨起床後，聽一首讓自己心情舒暢的歌	工作／學習之餘，吃一個自己喜歡的水果／優酪乳	晚飯後，在社區裡散步五分鐘	0	2
舉例	背一個英文單詞	背一個英文單詞	背一個英文單詞	1	3
星期一					
星期二					
星期三					
星期四					

星期五					
星期六					
星期日					

注意事項：

(1) 在缺乏動力時，過大的目標和過重的任務反而會增加內心的壓力。所以，可以選擇從**非常簡單**的目標開始，循序漸進。

(2) 行為啟動需要持續一段時間，只做一兩天很難看出效果。

(3) 以上表格的格式只是我舉的一個例子，大家可以根據自己的實際需求和喜好隨意設計。只要表格裡有對目標和前後動力值的追蹤即可。

(4) 動力值的範圍為0—10，其中0代表最沒有動力感，10代表動力感爆棚。

小練習II

行為改變計畫表

行為改變計畫表最初源自致力於幫助成癮患者戒除成癮行為的國際公益組織 SMART Recovery 的官網。之後，很多心理學工作者將此表加以修改或增補，運用在自己的工作中，幫助一切渴望改變的來訪者。

如果你想改變自己的任何行為，可以嘗試用行為改變計畫表來幫助自己設立一套清晰明瞭的改變方案。

行為改變計畫表

1 我想要做出的改變是：

2 我想要做出這個改變的理由是：

（1）

（2）

(3)

③ 在改變的過程中，他人可以透過以下方式幫助我：

人名／幫助我的方式

(1)

(2)

(3)

④ 在改變的過程中，有可能阻礙我實施計畫的因素以及相應的解決方式包括：

潛在的阻礙因素／解決方式

(1)

(2)

(3)

⑤ 這個改變對我來說的重要等級是（在等級值上畫圈）：

0　1　2　3　4　5　6　7　8　9　10

（最不重要）　（最重要）

⑥ 每當我拖延的時候，我可以對自己說：

⑦ 每當我想要放棄的時候，我可以對自己說：

本章結語

這一章裡，我們詳細地聊到了行為改變的話題。我們瞭解到，改變並不是一個單一事件，而是一個循序漸進的過程。很多時候，我們其實並不需要在行為方面做出很多巨大的調整。哪怕只是一些小的細節，都可以激起一番改變的浪潮，這就是所謂的蝴蝶效應。換句話說，改變，從小事做起。

美國著名藝術家、作家詹姆斯・歐文曾經寫過一本書，叫《畫龍——關於藝術、命運和選擇之力的沉思》。這本書的作者用非常強有力的方式展現了選擇的力量，以及我們每天所做出的決定對人生的影響。我想以書中的一句話來結束本章：

"Our lives are nothing but a series of choices —— and you always, always have the chance to choose a different path."

我把它翻譯為：

「我們人的一生不過是一系列選擇的集合——你永遠、永遠都有機會重新選擇一條不同的道路。」

Chapter 7

擁抱真實的自己，與自己和解

你心裡住著幾歲的孩子？

如何跟內心的小孩打招呼？

怎樣重建自信心、自尊心和安全感？

對自己越狠，就越可能成功嗎？

過去的真的都過去了嗎？

如何拒絕他人？

該如何對自己好一點？

緊急心理自救法，你掌握了嗎？

Be the person you needed when you were younger.

—— *Ayesha Siddiqi*

做童年的你需要的那個人。

——阿伊莎·斯蒂琪

（美國作家）

在這一章的開始，我想問大家一個問題：

你，喜歡自己嗎？

……

每當我問來訪者們這個問題時，很多人的答案都是「不喜歡」、「非常不喜歡」，或只是害羞地搖搖頭。被問到具體原因時，他們會說那是因為自己「太胖」、「太醜」、「太矮」、「自制力太差」、「行動力不足」、「不夠自律」、「不夠成熟」、「不夠努力」、「不夠優秀」、「不夠上進」、「不夠有魅力」、「脾氣不夠好」、「性格不夠外向」，等等。

這些原因可以被歸結為一點：很多人都覺得自己不夠好，並因此覺得自己是有問題、有缺陷的。當我們不喜歡和不接受自己時，就容易出現抑鬱、焦慮、不安、孤獨、羞恥等情緒，並產生自尊心低下、自信心不足和人際衝突等問題。

對大多數人來說，當我們覺得「我不夠好」時，容易出現兩種趨勢：一是破罐子破摔，自暴自棄；二是用過高的目標嚴苛地要求自己，但又會因為無法達成目標而感到更焦慮。這兩種趨勢分別是導致抑鬱和焦慮的背後心理驅力之一。很多人會在兩種趨勢中來回轉換，深陷抑鬱和焦慮這兩種情緒難以自拔。

我們之前已經聊過，諸如「我不夠好」這樣的核心認知，往往是我們在童年成長的過程中習得的。在被強化了十幾年，甚至幾十年後，很多人都會真心覺得自己不夠好，也就是把這個認知看成是事實。

在這樣的情況下，如果我們只在表面管理消極認知和情緒，而不去深究問題的根源，就會出現一個很常見的現象，就是很多人無論在理性上多麼清楚地知道自己是夠好的、重要的、有價值的，但在內心深處還是會感覺自己不夠好、不重要、沒有價值。

在這本書的最後一個章節裡，我們就來好好聊一聊到底該如何學會接納、尊重、欣賞和關懷自己——也就是與自己和解——從而在內心深處化解焦慮、不安和自卑等情緒，並最終在長期建立穩固的自尊心、自信心和安全感。

接納真實的自己

就像調整情緒的第一步是要接納這個情緒，改變自己的第一步也是要接納自己，做到在內心與自己和解。**所謂與自己和解，指的就是無條件地接納自己、善待自己和關懷自己的一種心態。**

記得我第一次和琳琳聊到這個話題時，她心裡充滿了困惑：「一個人怎麼可能無條件地接納自己呢？如果我覺得自己很失敗，難道我就該接受自己是一個失敗者的事實，而不去改變嗎？如果我不想努力，難道我就該接受自己不努力的狀態，每天好吃懶做嗎？這豈不是跟『破罐子破摔』成一碼事了嗎？既然要改變自己，為什麼還要接納自己？如果接納了，豈不是意味著不需要改變了？這兩者難道不互相矛盾嗎？」

琳琳內心的困惑是很多人都有的。正是因為我們對無條件的自我接納有很多疑問，甚至誤解，才使很多人對它產生質疑和抵觸。在分享如何接納自己之前，我們先來看看大眾對無條件的自我接納都有哪些常見的誤解，以及事實是怎樣的。

對自我接納的常見誤解

×誤解一：無條件地接納自己意味著破罐子破摔，這代表我們放棄了自己，以及自己的追求、目標和夢想。

○事實一：無條件的自我接納意味著不加評斷地接受自己的優點和缺點，並把關注力放在自己可控的事情上，從而更有效地改變和成長。

很多人都覺得「接納」二字帶有放棄和屈服的意味，覺得只要我們接納了一件事，就代表著放棄希望和不作為。因此，很多人會認為接納是一個人軟弱的象徵。實際上，從心理學角度來看，接納的深層涵義正好相反：接納，並不意味著軟弱；能夠接納現實，其實是內心強大的象徵之一。

我曾接待過一位來訪者喬杉（化名），她有一種先天皮膚病，胳膊和腿上一經太陽曬，就會出現很多紅色斑點。小時候，喬杉經常因為這件事被班上同學笑話。因此，每到夏天，她就不得不把自己裹得格外嚴實，因為她害怕別人看到她原本的樣子。

這件事讓喬杉痛苦極了。她不知道為什麼老天爺對她這麼不公平，覺得這件事不但毀了她自己，還使她無法實現自己的夢想——當一個時尚達人。喬杉不能接受自己的樣子，她希望可以透過一切方法去改變現實。為此，她曾做過幾次皮膚移植手術，但都不是非常成功，只是讓她感到更加絕望無助。

經過很多次會面後，喬杉逐漸意識到，很多時候，執意去改變一些本不在她掌控範圍之內的事情，反而會讓事情變得更糟糕。有時候，可以接受現實本來的樣子，反而需要更大的智慧和內心力量。她發現，真正的接納其實是和現實及自己和解。

當她真正做到這一點後，反而對一些不在自己掌控範圍之內的事情少了一些抵觸心，多了一些平和心。同時，她騰出來了更多的情感資源，專注在發掘自己的能力和內在美上。這樣的心態幫助她有了之後自己沒有意料到的成功——她因為設計了一套專門為對自己皮膚品質不自信的女孩量身定做的夏裝，而在時尚圈裡小有名氣，最終實現了自己的夢想。

因此，接納不等於放棄。放棄指的是做事有始無終、半途而廢的行為和心理狀態。相反，無條件地接納自己與現實，指的是無論現實困境有多難，我們依然選擇把關注力放在自己可控的事情上，並最大化地利用現有資源去實現個人價值，而不是以個人期望去強求自己掌控範圍之外的事。

×誤解二：無條件地接納就等於容忍缺點，容忍現狀，降低標準，甚至放任自流。

○事實二：無條件地接納自己和現實，指的是不加評斷地接受自己的缺點，以及當下所處的現實環境，同時不讓它們束縛和定義自己。這來自內心深處對個人價值的認可和對標準及目標的尊重。

接納和容忍是有著本質區別的兩個概念。

容忍一件事，指的是我們意識到這件事並不理想，但還是選擇不作為，允許它繼續發展下去。接納一件事，指的是我們意識到這件事已成事實，無法被改變，懊悔或抱怨已無濟於事，因此選擇把關注力放在我們可控的因素上，盡量讓全域對我們更有利。

拿減肥舉個例子：假設一個人明明要減肥，但又忍不住吃了一頓速食，那麼容忍的心態是：「我又沒管住自己的嘴，我對自己簡直失望透頂了。我的自控力這麼差，減肥計畫可能永遠也實現不了了。算了，反正已經開戒了，愛怎麼樣就怎麼樣吧。」然後，繼續吃了N頓不健康的速食，同時依然在內心因為體重而感到自卑，因為沒有實現減肥計畫而自責。

相反，接納的心態是：「我又沒管住自己的嘴，減肥計畫又中斷了。當時是因為工作壓力太大，無處排解，才沒管住自己。但是，現在飯已經吃進去了，事已至此，繼續懊悔對我沒有任何好處。我現在需要看看該如何能重新走回減肥的正軌上來。同時，我也應該好好想想該如何幫助自己學會排解壓力，這樣下次就不會再出現同樣的問題了。」

×誤解三：對自己無條件地接納會阻礙我進步，導致我無法實現自己渴望的改變。

○事實三：無條件地接納自己當下的樣子，並不會成為我們進步路上的絆腳石。相反，無條件地接納自己是改變的第一步。它意味著無論成功還是失敗，無論事情是否按照我們的心願發展，我們都接納自己作為一個人的價值，並選擇以愛和關懷的心態來善待自己。

現實生活中，我們很容易把自我接納加上條件。比如，「只要我賺的錢再多一點，我就成功了」、「只要我再漂亮／優秀一點，我就可以配得上好男人了」、「只要老闆認可我，我就有價值了」、「只要我住上更大的房子，我就快樂了」。類似的思維邏輯都可以被總結為一點：我們覺得自己的個人價值和內心狀態是由外界因素決定的：當外界因素存在時，我們就是有價值和快樂的；反之，我們就是沒有價值和不快樂的。

這樣的思維本身就陷入了非黑即白的認知誤區，同時它顛倒了因果關係。事實上，只有我們學會如何在內心肯定自己的個人價值，它才能給我們帶來自尊心和自信心，同時驅動有效率有目標的健康行為。只有我們學會在平凡的生活中找尋快樂，我們才能體會到真實的長久的快樂，而不是基於物質生活的短暫的、空虛的快樂。

當我們無條件地接納自己時，我們反而會因為相信自己的個人價值，想去實現自己的個人價值，而去做出改變。這樣的改變，來自我們對個人價值和夢想的尊重，而不來自於恐懼和焦慮。因此，只有當接納了自己時，我們才能去改變。自我接納其實是幫助我們重新審視自己，並與自己建立一段新的關係。它不是一個可以一次性完成的待辦事項，而是一個過程。

為什麼要與自我和解

和琳琳聊完了自我接納的話題後，她開始對觸發自己消極情緒的事情和認知進行了更細緻的記錄。漸漸地，她發現自己很多的內心痛苦並不來自他人對她的不接納，而是來自自己對自己的不接納。

每當琳琳好不容易因為自己的成績感到些許欣慰，卻突然聽到他人取得了更好的成績時，她之前的欣慰感就會瞬間蕩然無存。和他人的比較使她覺得自己相形見絀，這讓她開始質疑自己，苛責自己。她會因為害怕失敗和不被認可，而去給自己增添更多的任務量，目標就是讓自己變得更好。

久而久之，琳琳慢慢意識到，她之所以想變成一個更好的人，其實不單單是因為她想變好，更是因為她很害怕自己不夠好。也就是說，驅使她行為的，不是一個積極向上的東西，而是恐懼和焦慮本身。

同時，琳琳也逐漸發現，她不但如此要求自己，也會有意無意地以同樣的方式要求他人。比如，她會期望朋友以某種方式回應她的需求。如果期望落空的話，她就會覺得對方作為她的朋友不稱職。

終於談了戀愛以後，琳琳對待男朋友的方式也是一樣的。更讓她感到不安的是，每當她覺得自己一無是處時，就會懷疑男朋友對她的感情。琳琳會納悶，自己明明沒什麼價值，男朋友為什麼會愛她？

這就是一個人無法和自己和解的危害所在：當我們以某種視角看待自己時，這種視角就會像一副有色眼鏡一樣。我們戴上眼鏡後，看到的所有事物都會變色。即便他人告訴我們天有多藍，草有多綠，我們依然會因為眼前看到的變色事物而懷疑他人的真實度和可信度。

當一個人不與自己和解時，我們會時刻處在自我交戰的狀態。我們會懷疑自己、攻擊自己、評斷自己、嘲諷自己、虐待自己，甚至拋棄自己。我們會因為不知道自己是誰而感到困惑、迷失和孤獨，並深信自己有問題，有缺陷，會失敗。一個堅信自己是失敗者的人是很難成功的。

很多人都容易受他人言行的影響，想讓自己的內心變強大、變堅定，但卻不知道該如何去做。**心理層面的強大和堅定，其實指的就是穩定的自我認知**。當一個人很清楚自己是什麼樣的人，要的是什麼，他／她就不容易因為別人的言行而輕易懷疑自己的個人價值，或改變自己的目標。內心強大的人，通常都是在內心與自己達成和解的人。

我們每個人的內心世界就像一座房子。為了讓這座「房子」堅固，我們需要很多根支柱從內部把它支撐起來。比如，一根代表愛情，一根代表事業／學業，一根代表友情，一根代表家庭，一根代表個人興趣愛好等等。

我們可以看得出來，「房子」裡的「支柱」越多，它就會越穩固。我們期望的狀態，是這個「房子」的中心有一根最為堅固的「頂梁柱」，那就是我們自己。也就是說，在人生成長的過程中，如果由於某種原因，其他「支柱」發生了動搖或垮塌，我們永遠都有「頂梁柱」來支撐著整個空間，導致我們的內心世界不會因為其他事情的變化而徹底崩塌。這根「頂梁柱」，就代表我們的自我認知。

對於很多人來說，他們內心世界裡的「頂梁柱」是不夠堅固的。還有一些人不但內心世界裡沒有這樣一根「頂梁柱」，他們甚至不知道自己需要這樣一根中心支柱。正是因為這樣，很多人才會過度依賴外界去給予自己安慰、鼓勵、認可和肯定，而不是依靠自己。

當我們過度依靠他人去滿足自己的某些情感需求時，就難免會經歷失望、失落、憤怒、怨恨等情緒，因為很多時候，出於種種主觀或客觀原因，他人無法持續地滿足我們的情感需求。所以，我們需要學會如何在情感上支援和照顧自己，滿足自己的情感需求，因為**在這個世界上，只有一個人可以對我們提供永恆的、持續不斷的、無條件的愛，那個人就是我們自己**。

所謂讓自己的內心變強大，從內心深處建立穩定的自尊心、自信心和安全感，就是要在我們的內心世界裡慢慢地建造並穩固這樣一根「頂梁柱」，幫助自己撐起自己的內心世界。當這根「頂梁柱」可以穩當地為自己撐起一片天時，就是我們的內心真正感到平和、坦蕩、自信和快樂的一天。

要做到這一點，就要從接納自己，與自己達成和解開始。

那麼，到底該如何才能接納自己，並與自己達成和解呢？

這裡，我們就要先從內在小孩的話題聊起。

找尋自己的內在小孩

內在小孩*這個概念最早是由瑞士著名心理學家卡爾·榮格在一九四〇年時提出的，後來在全世界範圍內被心理學工作者廣泛沿用至今。實際上，榮格首次提出這個概念時，運用的定義是我們人格層面裡的「兒童原型」，後來心理學家米西迪在一九六三年時，才首次用「內在小孩」這個詞來對此進行重新定義。

那麼，內在小孩到底是什麼呢？

內在小孩是什麼

我們每個人的人格都包含著不同的情感層面，不同的情感層面都有著不同的情感需求。比如，小王一方面想和朋友們出去玩兒，另一方面又覺得自己應該留在家裡複習考試。小李一方面渴望去大城市闖蕩一下，另一方面又覺得待在熟悉的家鄉安穩地生活也不錯。類似的心理矛盾和內心衝突是任何人多多少少都會體驗到的，這是因為每個人的人格裡面所包含的情感層面，一般都有兩個或兩個以上不同的、有時甚至是截然相反的情感需求和心理動機。

根據美國著名心理學家艾瑞克·伯恩所創立的交流分析理論（Transactional Analysis，簡稱ＴＡ），我們每個人的人格裡面最為常見的三個情感層面，是內在成人、內在家長和內在小孩⓰。

▼常見的三個情感層面

內在成人，指的是我們人格裡面那個相對來說較為客觀、理智和冷靜的一面。當我們處於這個狀態時，我們有能力參考過去、展望未來和活在當下，同時可以綜合各方面訊息對事情做出比較成熟的判斷和決定。

內在家長，指的是父母在我們童年成長過程中的一言一行在我們身上留下的影子。當我們處於這個狀態時，我們會在潛意識裡去模仿家長的言行，並因此而產生與之相關的思維、情緒和行為。

比如，小張的媽媽在小張小時候經常對其進行言語指責，而小張當了母親後，因為自己的孩子做作業不夠細心，總會不由自主地用言語指責孩子。小張的這一面就是她人格裡的內在家長在起作用。相反，如果小張的父母在養育她的過程中非常耐心，循循善誘，那麼小張人格裡的內在家長便也會是相似的樣子。

讀到這裡，大家可以認真回想一下：小時候，你的父母對待你的方式是溫柔的、鼓勵的、關懷的、有愛的？還是嚴厲的、苛責的、冷淡的，甚至是帶有虐待性質的？如果父母以耐心、鼓勵和支援的方式對待我們，我們自己人格裡內在家長的那一面，也會以類似的方式對待自己。相反，當父母對自己說了無數次「你真是個廢物」之後，我們人格裡的內在家長也會開始覺得「我真是個廢物」。

內在小孩，指的是我們現在的人格裡面，與青春期之前的童年的自己十分相像的那個情感層面，這個層面與我們在童年成長過程中學到的和經歷的一切緊密相關。大家可以嘗試回想一下，青春期之前的你是一個怎樣的孩子？是快樂的、健康的、有靈氣的、好奇的，對一切事物都非常有探索精神的？還是不快樂的、害怕的、不安的、惶恐的、孤獨的，甚至是內心飽受傷害的？

如果童年時候的你是前者，現在你人格裡內在小孩的一面就會是類似的樣子。如果是後者，童年時期你內

* 這裡所說的「內在小孩」的概念，指的是我們人格裡的一個情感層面，並不包括或指代解離性人格障礙（又稱多重人格障礙）所經歷的分離人格。

心受到的傷害，就會在你現在的人格裡留下深深的烙印，並在潛意識層面左右著你每天的思維、情緒和行為。這樣的內在小孩，通常是自己人格裡承載著過往尚未痊癒的傷痛的那一面。

內在成人、內在家長和內在小孩，是三個我們每個人都有的情感層面，我們會隨著外界環境的變化而在這三種情感狀態中不斷切換。當處在內在小孩的狀態時，我們可能會變得情緒化，感到怨念和委屈，並變得非常倔強，以自我為中心。當處在內在家長的狀態時，我們可能會對自己和外界產生不現實的期待，並呈現出極強的控制欲。當處在內在成人的狀態時，我們可能會變得相對成熟、理智和靈活。

▼神奇的小孩

我們每個人都曾經是一個孩子。

孩子的特點是什麼？

他們天真無邪，單純可愛，自帶靈性，極富創造力和想像力，對萬事萬物都無比好奇。這就是為什麼很多新手爸媽會覺得從新生兒的眼裡看世界，整個世界都不同了。對我們來說已經習以為常的事，在孩子們看來卻是那麼非凡和神奇。

孩子天生就是有直覺的，他們很知道自己要什麼，不要什麼。

我女兒兩歲的時候，每次我陪她午睡時，她都會抓起我的手，放在她自己的腰上。她知道，當我用手挽住她的腰時，她會感到舒適、溫暖和安全感。另外，她自己喜歡吃什麼，做什麼，看哪本書，玩什麼遊戲，穿什麼衣服，梳什麼髮型，想把哪個娃娃放在哪裡，這些她都非常清楚。

同時，她也很清楚自己不喜歡什麼。對於那些她不喜歡的東西，她會非常堅定果斷地拒絕。每當她非常強有力地對我說「不」的時候，我都會感歎地想：「天啊，才兩歲，就這麼清楚自己的立場，並敢於大聲捍衛自己的立場，真的很了不起！」

每當我不小心把她的洋娃娃們擺錯位置時，她都會敏銳地覺察到，然後重新調整它們的位置。她知道自己不喜歡某種顏色，或某件衣服，或某個遊戲，同時非常希望我們可以尊重她的個人喜好。

孩子天生就是懂得並敢於流露情感的。只要自己的身體和情感需求得到了滿足，他們就會非常快樂。反之，他們則會透過哭泣讓周圍的人知道自己的需求。在情感上，他們需要被關注、被擁抱、被呵護、被陪伴、被關愛和被重視。這些可以讓他們感受到自己存在的價值和重要性的事情，對他們來說都是至關重要的。當這些需求被滿足後，這個孩子就可以健康順利地成長為一個擁有獨立和穩定人格的成年人。

正是因為孩子的這些特點，美國著名心理學家約翰・布雷蕭才在《走出成長的迷思》一書裡，把孩子形象地描述為「神奇小孩」。他們的誕生、成長和成熟，以及在這個過程中展露出來的靈活性和柔韌性，都讓人覺得他們的生命是一個神奇的奇蹟⓱。

▼失去「魔力」的小孩

然而，在一個孩子的成長過程中，如果生活環境不健康，導致這個孩子反覆地、長期地在身體上、情感上或心理上受到傷害或忽視，這個小孩天生自帶的「魔力」就會慢慢褪去，內心漸漸填滿傷痕。

大多數人在童年成長的過程中，多多少少都會經歷大大小小的情感傷害。如果這些情感傷害沒有得到及時處理時，很容易給我們留下心理陰影。

對於一個孩子來說，一些可能在童年給其造成情感傷害，讓其失去自己作為小孩的「魔力」的事情可以包括（但不局限於）：

- 父母一方或雙方因為忙於工作，導致無法在情感上給予孩子足夠的愛、關懷和情感支持，即情感缺失；
- 由於家庭境遇，導致孩子不得不承擔與自己年齡不符的責任，如照顧父母、兄弟姐妹等；
- 孩子在年幼時，被除了父母以外的其他人帶大（包括寄養在爺爺奶奶、外公外婆，或其他親戚、朋友，甚至陌生人家裡），或與其他人相處的時間遠遠超過與父母相處的時間；
- 被他人言語虐待，包括來自父母、老師、同學或其他人帶有人格攻擊的指責、嘲諷、羞辱、輕蔑、謾罵、說閒話等；
- 自己的私人物品被他人毀壞，或個人隱私被偷窺；
- 父母離異；
- 被其他人收養；
- 性虐待，包括在自己被迫／不主動／不知情的情況下，與他人發生性關係、性接觸、觀看他人發生性關係、觀看帶有情色性質的影片等；
- 生活環境危險、動盪，或衣不蔽體、食不果腹；
- 被父母或其他人進行身體虐待；
- 被不恰當地「懲罰」、「教育」或「管教」，包括踢、咬、揪頭髮、掐、抓、撓、搖晃身體等；
- 親人離世，或寵物離世；
- 經歷事故，包括交通事故、醫療事故、自然災害等；

- 來自父母的不符合實際的高要求，以及父母本身的完美主義；
- 父母一方或雙方酗酒或吸毒；
- 父母一方或雙方有情緒、心理或精神上的問題；
- 被自己喜歡的人拒絕等。

就像本書第二章裡提到的，情感傷害是一種主觀經歷。一些人經歷了以上的事情可能並不會感到被傷害，而其他人則相反。如果經歷了以上事情但覺得完全沒有受到消極影響，通常這意味著這個人的情感需求在成長的過程中透過其他健康的途徑得到了滿足。

情感傷害本身不分大小，在他人看來的「小事」，對於一個孩子的內心世界來說，可能是沉重的一擊。當一個孩子在情感上經歷任何傷害時，很容易產生一些消極情緒，比如傷心、生氣、失望、害怕或委屈。如果這些情緒被及時關注和化解的話，這樣的傷痛往往會在日後痊癒。每當回憶起時，也只會把那件事當成童年往事，付之一笑。

然而，如果這些情緒不但沒有被關注，反而被有意忽視，甚至被他人當作攻擊和羞辱孩子的武器時，這種被傷害的感覺就會被牢牢地鎖在這個孩子的心裡。如果那些早年的傷痛沒有得到徹底治癒，它早晚會在我們情感脆弱的時候提醒我們：即便傷口被掩蓋住了，但它其實依然在默默流血。

雖然我們每個人生來都是有直覺和靈氣的，但如果外界長期對我們進行打壓、否定、嘲笑、侮辱，甚至傷害，這就會導致我們開始懷疑自己的直覺，抑制自己的直覺，否定自己的直覺，直到對它變得麻木無意識。

漸漸地，最初那個好奇、無邪、敢於嘗試和探索的「神奇小孩」，會漸漸失去他／她的「魔力」，變得沒有勇氣去探索自己喜歡的事物。於是，我們才會離自己喜歡的東西越來越遠，甚至開始變得不知道自己喜歡什麼。我們開始變得謹慎、小心、不安、焦慮、自卑和困惑，並深深地質疑自己、他人和這個世界。

▼受傷的內在小孩

在生活節奏日益加快的今天，我們的「快」文化透過各種管道直接和間接地催促著我們要趕快長大和成熟，這進一步壓抑和阻斷了我們與內在小孩的情感聯結。無法與內在小孩進行情感聯結，自然就無法對它進行療癒。

這就是為什麼在當下社會裡，很多人與內心的自己在情感上嚴重脫節。很多人擁有著成年人的身體和生理年齡，但在情感和心理層面，卻未真正成年。即便很多人已經是成人了，但內心卻並不由內在成人控制，而依然由內在小孩掌管，這都是因為內在小孩的情感傷痛一直沒有得到痊癒。

舉個例子，當一個女人因為男友沒能在第一時間給她回覆微信，十分不滿地對他說：「哼，看來你根本就不夠愛我！我們分手吧！」這多麼像一個內心缺乏安全感的小孩子，在用非黑即白的視角看世界時脫口而出的話。當一個男人對工作失去耐心，一氣之下砸了鍵盤的時候，這就像內心那個對自己沒有耐心的小男孩，一氣之下推倒了自己沒有搭建好的積木。

在我見過的眾多來訪者中，有二十多歲的職場女性，不管工作多努力，依然擔心自己因為表現不夠好而被社會淘汰。當她找尋到自己的內在小孩時，她發現那是因為小時候她無論多努力學習，媽媽都覺得她還不夠用功，考試分數還不夠高。媽媽對待她的方式，總讓她覺得媽媽的愛是有條件的。如果她達不到這個條件，她害怕媽媽就不愛她了。

有三十出頭的「剩女」，雖然外表把自己打造成一副完全不需要男人的女強人的模樣，但內心深處卻無比渴望愛情。然而，每當心儀男生出現時，她卻又把人家拒於千里之外。當她找尋到自己的內在小孩時，她發現原來是因為小時候被暗戀的男孩拒絕後，為了讓自己快速走出傷痛，她一直告訴自己她根本不需要愛情，自己一個人也可以活得很好，直到她發現這個認知已經像一堵高牆一樣把愛情嚴嚴實實地擋在了牆外。

有四十不惑的成功男士，事業和家庭都順風順水，但突然莫名其妙地開始被焦慮情緒困擾，導致每到大型會議時，焦慮症就會發作，使他不得不多次取消會議或公差。當他找尋到自己的內在小孩時，他發現原來是因為小時候，爸爸對他管教嚴格，對無能零容忍，導致他現在對自己也要求極為嚴格。每當他因為大型會議感到緊張焦慮時，他就覺得自己很無能，於是開始對這些情緒進行壓抑。越是壓抑，問題越大。越強求自己完美，反而錯誤頻出。

由於內在小孩的傷痛沒有痊癒，導致對當下的生活產生了負面影響，這樣的例子在我們的日常生活中比比皆是。每當我們違背內心的真實感受時，每當我們發無名之火時，每當我們對自己或他人抱有不切實際的期待和幻想時，每當我們的行為和情緒不一致時，都有可能是我們人格裡內在小孩的一面被觸發了。

這個時候，如果我們不去探其究竟，而是繼續壓抑內心的情緒和需求，我們就會陷入一個死循環。有些人並沒有意識到這個迴圈的存在，只把它歸結於自己的運氣不好。有些人儘管意識到了這個迴圈的存在，但卻不知道造成迴圈的原因和打破迴圈的方法，因此常年飽受同類困惑的煎熬。

這就是為什麼我們需要和自己的內在小孩達成情感聯結，並好奇地探索他／她現在的情緒狀態。為了實現這個目標，我們首先需要回首過去，看看自己的童年是否曾經歷過任何情感傷害，導致童年的自己在情感層面留有「傷口」。

思考一下

讀到這裡，如果你在好奇自己的內在小孩的狀態是怎樣的，可以考慮一下這些問題：每當你有一個目標時，你會為它放手一搏，還是就此放棄？你感覺生活裡的目標是可以實現的，還是遙不可及的？每當你有情緒的時候，你會把它自然地表露出來，還是會下意識地對其進行壓抑？最經常掌控你內心獨白的聲音，是「我很棒，我相信自己，我能行」，還是「我不行，我很差，我做不到」？認真想一想，這到底是你自己的聲音，還是你在很久之前聽到的別人的聲音？

過去的真的都過去了嗎

談到內在小孩，就不得不提及我們的過去：過去的回憶，過去的傷痛，以及一切我們不想面對的陳年舊事。很多人都會覺得，過去的事就讓它過去吧，現在還提它做什麼呢？

是啊，過去發生的一切已經發生了，我們固然無法改變歷史。但是，如果過去的傷痛在內心沒有被撫平，在我們情感脆弱時依然隱隱作痛，這樣的情況下，過去的真的都過去了嗎？時間到底是在治癒傷痛，還是在掩蓋傷痛？

雖然童年並不是造成一切問題的唯一原因，但童年經歷的確會在很多層面上改變和重塑我們看待自己、他人和世界的角度。當一個孩子在童年受到情感傷害時，由於身邊沒有所謂的參照物，他／她很可能會以為自己所經歷的一切是正常的，是事情本來該有的樣子，在這種情況下形成的認知尤其頑固。

聊到這裡，我想到了之前見過的一位來訪者曉萍（化名）。最初見我時，她已是花甲之年。根據曉萍自己的敘述，她的老伴已經離世，孩子也不在身邊，一個人總是感到情緒低落和孤獨，做什麼事都提不起精神來。想參加一些老年活動，但她總覺得自己身上沒什麼優點，害怕交不到朋友。看得出她是一個自我價值感有些低的人。

曉萍告訴我，她從四十多歲開始就斷斷續續見過一些心理醫生，但一直都是按照抑鬱症來治療的，因此從不見效。期間抗抑鬱的藥物也沒有間斷過，可是藥物只能穩定她的情緒，無法從內心深處讓她感到快樂和自信。曉萍說，她已經不記得自己最近一次真正打心底感到開心是什麼時候了。

和曉萍詳細聊過之後，才知道原來在她很小的時候，爸爸經常因為酗酒而打罵媽媽。她經常看到媽媽被家暴，從小在恐懼中長大。爸爸不喝酒時，還算平易近人，但只要一喝醉了，就會變得非常凶。年幼的曉萍生活在爸爸身邊，總有一種戰戰兢兢、如履薄冰的感覺。爸爸雖然從沒對她動過手，但曉萍卻覺得爸爸在情感上對她的傷害，要比身體上的傷害都更嚴重。

曉萍回憶說，每當她因為害怕而本能地哭泣時，爸爸就會厲聲責罵道：「哭什麼哭，你這個熊孩子，一天到晚就懂得哭！」曉萍直到現在，都清晰地記得爸爸對她大聲吼叫，並高舉著酒瓶好像要打她的樣子。為了保護媽媽和自己，她不得不忍住哭泣，因為她知道在爸爸面前哭是不可以的，有情緒是不可以的。她對於情緒的壓抑就是從那時候開始的。

除此以外，曉萍還從那時起開始懷疑自己的價值。她不知道自己到底做錯了什麼，導致爸爸每天寧可出去喝個爛醉如泥，也不想多花時間陪她玩。她開始覺得爸爸並不愛她，也並不愛媽媽。因此，她在很小的時候就不相信愛情和婚姻了。看著媽媽在婚姻中痛苦的樣子，曉萍告訴自己，她這輩子絕對不結婚。

正是由於這些事情發生在曉萍非常年幼的時候，所以導致她並沒有意識到這些想法其實只是她的主觀認知而已，並非事實。這麼說是因為曉萍總會問：「我渾身上下毫無優點，誰會想和我這樣的人做朋友？」言語之間，感覺她對此深信不疑。

有一次，我很好奇地問曉萍：「你總說自己『毫無優點』、『一無是處』，可以具體舉個例子，說說你是怎麼『一無是處』的嗎？」

曉萍告訴我，在她九歲的時候，媽媽用自己辛苦賺來的打工錢給她報名去學跳舞，每次上課都是媽媽帶她去。終於有一次在結業演出時，爸爸有史以來第一次答應去看她的表演，她激動得不得了。

不料那天她卻發揮失常，不小心在舞臺上滑倒了。雖然後來表演還是順利結束了，但是爸爸回到家後，卻用嘲諷和失望的語氣對她說：「你看看你那跳得都是什麼亂七八糟的？都快十歲了，竟然跳舞都能摔倒，你說我還能指望你幹什麼？真是沒用，丟人現眼！」

對於現在已經六十多歲的曉萍來說，即便這件事發生在五十多年前，但她回憶起這段記憶時，還是感覺它彷彿就發生在昨天。說著說著，曉萍忍不住默默地哭了起來，但又迅速把眼淚趕快抹掉了，並趕忙連聲道歉。可以看得出來，她對於在外人面前表露情感是非常不習慣的，甚至會感到極其不安全。我告訴曉萍，我們只需對自己做錯的事情道歉。表露情感是人類本能，並不是錯事，因此無須道歉。

我們繼續順著這個話題聊下去，我問曉萍是否有其他人或事讓她覺得自己毫無優點，一無是處。曉萍想來想去，給我舉了一些例子。但是，她能舉出來的這些例子，全部都跟自己的父親以及之前在情感上對她有忽視的老伴有關。我給她指出了這一點，問她是否有意識到，她搖了搖頭。

我接著問曉萍，除了父親和老公以外，是否有其他人也會讓她感覺自己是一個毫無優點、一無是處的人。曉萍非常認真地想了很久。許久之後，她滿臉困惑地看著我，說：「沒有。」我好奇地回問她：「那這意味著什麼呢？」那一瞬間，我彷彿看到她腦袋上的電燈泡突然亮了起來。

用曉萍自己的話說，那是她「茅塞頓開」的一次會面。已經是花甲之年，曉萍這一生大半輩子都以為自己就是父親口中描述的樣子。她的父親經常說她是「沒用的東西，一無是處，將來肯定沒人要」。於是，她便以為自己本身就是這樣一個人，後來才找了一個像她父親那樣在情感上並不重視她的人做老公。

在心理學上，這叫作對創傷的強迫性重複。說白了，意思就是說當情感傷害發生在一個人很年幼的時候，那些沒有被表達的情緒會被封存住，扭曲的認知會被內化，一部分人格會因此而停止成長、成熟，導致自己在未來成長的過程中無法吸收更新的、全面的訊息去完善自我認知。

因此，每當那些被封存的情緒和扭曲的認知被觸發時，這個人就會以當時創傷事件首次發生時的應對方式去應對。也就是說，如果一個人曾經憑藉容忍而存活了下來，那麼他／她就會繼續容忍。如果一個人曾經憑藉逃避而存活了下來，那麼他／她就會繼續逃避。

是的，理性上這個人當然知道自己可以選擇其他行為。但是，固有行為在多年成長的過程中已經成為一種習慣，有時甚至是完全無意識的，於是我們才會陷入一種消極的迴圈中。

這就是為什麼雖然很多往事本身已經過去了，但這些事情對我們的影響其實並沒有完結。不但沒有完結，那些被掩埋的過往回憶依然以各種各樣的方式在生活中的方方面面影響我們。我們越是強迫自己去忘記，反而會對它越敏感，並在自己最不經意的時候回想起它的存在。

所以，**如果情感傷痛還在，過去的事情就沒有真正過去**。為了讓它真正過去，並打破這種消極迴圈，唯一有效的方法就是面對過去，允許思緒回到創傷事件首次發生的當下，從而解封當時遺留下來的那些未被表達的情緒，並為當年那個受傷的孩子——也就是我們的內在小孩——去解答心裡的疑惑，並幫助他／她滿足自己當時的情感需求，從而幫助他／她真正療癒傷痛。

自我關懷的力量

對於大多數人來說，內在小孩的存在是非常潛意識的。然而，沒有意識到他／她的存在，不代表他／她不存在。實際上，我們人格裡的這一面一直都存在著。每當我們感到自卑、受傷、孤獨、委屈、低落、不安、焦慮或害怕時，那很可能就是我們的內在小孩在感受著這些情緒，他／她在嘗試透過這些情緒和我們對話。

然而，由於我們很多時候沒有意識到內在小孩的存在，導致我們只是把注意力放在了情緒本身上。因為我們不喜歡體驗消極情緒，所以我們不但會因為自己有了這些消極情緒去責怪自己，還會嘗試用工作、八卦、綜藝、電玩、菸酒，甚至是賭博或毒品去逃避我們本該面對的東西。內在小孩需要的是愛和關懷，可我們的實際行為卻是完全相反的，導致內在小孩經歷更多的痛苦。

好的一點是，人類天生就是極具自我修復能力的。我一直都堅信，只要得到所需的資源和環境，每個人的情感傷口都是可以被療癒的。做臨床心理諮詢工作這麼多年，我無數次有幸看到一顆顆心靈上的舊傷被慢慢撫平，一個個悲傷的臉龐重新綻放出燦爛的微笑。這全都來自我們自己對內在小孩的關愛和呵護，並透過健康的方式幫助自己滿足情感需求。

這，就是自我關懷的力量。

自我關懷是什麼

治癒自己的內在小孩，其實就是自己對自己的一種拯救。不要忘記，內在小孩不是別人，正是我們自己。只不過，內在小孩是自己的另一面，是經歷過情感傷痛但一直以來卻被自己忽略的那一面。為了拯救那一面的自己，為了幫助自己撫平內心傷痕，為了使自己打心底裡平和、開心和自信起來，我們需要的是自我關懷（self-compassion）。

美國德克薩斯大學的心理學研究者克莉絲汀・聶夫教授，是自我關懷領域的創始人。她曾在自己撰寫的《自我關懷的力量》一書中，對自我關懷的概念進行過非常詳細的解釋。聶夫教授認為，自我關懷其實跟我們對他人的關懷是十分相似的，只不過關懷的對象是我們自己[18]。

大家可以回憶一下，當你真心地去關懷他人（包括家人、朋友，甚至是陌生人）時，當你對他人的遭遇感同身受時，那是一種怎樣的體驗？

首先，我們能夠去關懷他人，就意味著我們覺察到了對方的痛苦，並意識到了對方有被關懷的需要，而不是對對方的痛苦和需求熟視無睹。其次，由於大家都生而為人，才會因為對方感到痛苦而為其心痛，是一種真心感同身受的感覺。第三，當我們真誠地關懷他人時，我們會嘗試理解對方的痛苦，會設身處地為其著想，而不會用自己的主觀想法隨意評斷對方。

根據聶夫教授的觀點，我們對他人給予關懷時的體驗，也正是自我關懷的三個核心要素。

第一，正念覺察，即以客觀的中立的角度去體察自己的情緒和想法。

苛責和嚴厲的自我內心獨白，無異於情感和心理上的自虐。「我怎麼總是這麼差勁？」「我真是糟糕極了！」「我肯定性格有問題！」「像我這樣的人，怎麼會有人喜歡呢？」「我這輩子肯定幹不成大事！」……

如果一個人從小成長在打擊式家庭教育的環境中，有這樣的想法是非常常見的。很多人都以為類似這樣帶有攻擊性的內心獨白可以對自己起到激勵和監督作用。事實證明，這樣的思維習慣在長期只會造成自卑、焦慮和不安等情緒，並大大降低自我價值感。

當我們以正念的方式去覺察自己的內心時，我們才能更加客觀地意識到這些想法和情緒的存在。透過正念覺察，我們會發現這其實只是自己的主觀想法，並不能代表我們本來的樣子。

第二，人類共通性，即意識到很多消極經歷和情緒都是人類所共有的。

遇到不順時，在情緒上感到痛苦是自然的。然而，當我們覺得別人好像看上去總是那麼順風順水、風光無限，好像只有自己一人在掙扎時，之前的痛苦感就會立刻翻倍。這是因為和他人比較後，我們會覺得自己是「怪物」，是「異類」，是有問題和有缺陷的，是孤立無援地活在這個世界上的。換句話說，在情感上缺乏歸屬感容易讓我們深陷在痛苦的泥潭裡難以自拔。

試想一下這個場景：在一堂課上，老師正聲情並茂地講課，但你覺得有點兒跟不上節奏，有些內容甚至完全聽不懂。內心著急之時，卻看到其他同學貌似都聽得津津有味，邊聽邊點頭，你突然覺得好像只有自己一個人聽不懂老師在講什麼。這一瞬間，你會是什麼感覺？你會不會心想：「天啊，怎麼大家都能聽懂，只有我一個人聽不懂？」並開始懷疑自己的智商有問題？

繼續試想：正在你懷疑自己智商的時候，突然有個同學舉手問道：「老師，您這裡講的內容我有些聽不明白，可以麻煩您具體解釋一下嗎？」這位同學話音剛落，臺下其他同學紛紛表示認同地說道：「是啊，講太快了，我們也沒聽懂。」這一瞬間，你又會是什麼感覺？你可能會突然感到一陣釋然，心想：「啊，原來不是我自己的問題，因為其他人也聽不懂。」

你會感到釋然，是因為你在情感上得到了共鳴和歸屬感，你知道自己並不孤獨。雖然依然面臨著聽不懂的問題，但至少你對自己的質疑大大降低了，你的個人身分危機解除了。這，就是人類共通性。

所謂人類共通性，就是要意識到我們生而為人，就註定是不完美的，是會犯錯誤的，是會經歷挫折和痛苦的。這是全人類都會經歷的事情，而不是只有你一個人才會遇到。

因此，當你經歷挫折、失敗和痛苦時，要知道這並不代表你自己有問題或有缺陷，這只代表你是人類，並正在經歷著每個人類都會經歷的事。正如俗語說的那樣，人人都有本難念的經，無論表象看起來是怎樣的。

第三，善待自己，而不是強求、苛責或虐待自己。

自我關懷，意味著我們要允許自己善待自己，而不是當自己犯錯誤或失敗時，一味地苛責或虐待自己。我經常把自我苛責形象地形容為自己把自己吊起來打。試想一下，當你經歷挫折時，自己已經很難過了。這個時候你還要把自己吊起來打，這無異於主動摳自己的傷疤，讓傷痛翻倍。

相反，當我們對自己給予愛和關懷時，我們會允許自己意識到，犯錯誤是每個人成長的必經之路。沒有人是完美的，每個人的能力都是有局限性的，沒有任何一個人的生活會永遠按照他／她的內心意願去發展。當我們在內心真正接受了這些人生自帶的「遊戲設定」後，我們才不會在受到挫折或失敗時一味地懷疑和指責自己。

對自我關懷的五種常見誤解

自我關懷這個話題在近十幾年才在心理學界被逐漸重視起來。由於它跟主流文化一直宣導的思想略有不符，導致很多人都對它有些誤解。在這裡，我們就來解開一些對自我關懷這個概念的常見誤解。

×誤解一：如果我關懷自己，我就會滿於現狀，停止努力，止步不前。所以，我不能關懷自己；相反，我該對自己狠一點。

○事實一：自我關懷和成長進步並不是互相矛盾的。相反，自我關懷在長期看來反而可以促進個人成長，而嚴苛地要求自己只能在短期見效，在長期則會導致焦慮、不安和自卑心理，並陷入「我不夠好」的認知誤區中。

想要成長和進步是一個人的價值觀，不會輕易改變，而自我關懷正是基於對個人價值的尊重和認可。當我們尊重個人價值時，我們自然會努力去實現個人價值。以實現個人價值為動力去努力，和以恐懼及焦慮為動力去努力，在本質上是截然不同的。雖然行為表象都是努力，但由於驅力不同，使得我們在其中的狀態和效果完全不同。

×誤解二：自我關懷等同於阿Q精神。

○事實二：阿Q精神，說白了，是對事實的扭曲解讀。比方說，自己明明失敗了，卻欺騙自己說我成功了，從而達到自我麻醉的效果。相反，自我關懷則是對事實的肯定和尊重，強調以客觀的中立的角度看待問題。

自我關懷的前提，是首先要意識並承認痛苦的存在，從而認可自己需要被關懷的情感需求。這和以逃避及否認痛苦的存在為前提的阿Q精神是截然相反的。當我們以自我關懷的心態去看待遭遇挫折和失敗的自己時，我們會告訴自己遭遇挫折和失敗是一種很正常的人生經歷，我們當下體驗到的任何情緒都是可以理解和可以被接受的。這是一種包容的、慈悲的、有愛的心態。

×誤解三：自我關懷無異於自己可憐自己，這只會讓自己深陷在消極情緒裡走不出來。

○事實三：自憐指的是由於經歷了某種挫折而感到自己很可憐，同時因為這個經歷把自己和世界隔離開來，並因此感到自哀。這樣的心態否認了人類共通性。相反，自我關懷強調的是人類共通性。因此，自我關懷和可憐自己是完全相反的兩個概念。

通常，覺得自己很可憐的人，往往感覺自己是這個世界上唯一一個遭遇窘境的人。那種心態就好像是在說「別人怎麼都過得那麼好，我怎麼卻投胎在了這麼糟糕的一個家庭？憑什麼是我？我太可憐了，這個世界太不公平了！」這樣的認知本身就陷入了情緒化推理、非黑即白、無視或否認積極事實等誤區裡。

從自我關懷的角度出發時，我們會允許自己看到人類共通性，意識到這個世界上的每個人都遭遇過大大小小的挫折，內心都有大大小小的傷疤。所以，我們並沒有被世界遺棄。容易讓一個人深陷在消極情緒裡的其實是自憐的心態，並不是自我關懷，自我關懷反而可以幫助我們化解這些消極情緒。

×誤解四：關懷別人是應該的，關懷自己則是自私的。

○事實四：自私一詞指的是以自我為中心的心理，即當個人利益和他人利益發生衝突時，只顧個人利益，完全無視他人。相反，自我關懷的心理是基於對全人類價值的尊重和肯定。當我們以自我關懷的心態去對待自己時，我們強調的是「我的情感需求——和其他人的情感需求一樣——是同等重要的」。

只有當我們以愛、關懷和慈悲的心態去對待自己時，我們才能更好地接納他人，並以愛、關懷和慈悲的心態對待他人。所以，自我關懷不但不意味著自私，反而可能會讓一個以自我為中心的人變得無私和慷慨。

×誤解五：自我關懷意味著自我放縱。

○事實五：自我關懷和自我放縱是完全相反的兩件事。自我放縱，關注的是當下我在情感層面需要什麼，即短期的淺層的情感需求。而自我關懷，關注的是長遠看來我在情感層面需要什麼，即長期的深層的情感需求。

自我放縱，指的是毫無自我約束，任由自己想做什麼就做什麼，有一種自甘墮落的感覺。通常，當一個人向面前的挫折和失敗低頭認輸時，才容易自我放縱和自甘墮落。自我放縱的核心其實是情感逃避。

相反，自我關懷強調挫折和失敗都是人生經歷的正常體驗，這並不意味著我們不夠好、有問題或有缺陷。當我們可以接受這一點時，才能更好地把關注力放在自己可以控制的部分，去繼續向目標努力，而不是沉溺在過去的挫折和失敗中一蹶不振。

舉個例子，假設一個人最近覺得生活壓力很大，對自己的人生感到非常迷茫，於是當下決定來一場說走就走的旅行。如果在旅行的過程中，這個人花了很多時間和自己相處，和造成壓力的思緒及情緒相處，並找到了一種滿足自己情感需求的健康方式，那麼這就是自我關懷。

但是，如果旅行的目的是為了轉移自己的注意力，從而不去想那些造成壓力的思緒和情緒，這就是一種情感逃避。這其實是一個非常常見的現象。這就是為什麼很多人在旅行結束後，回到現實生活中時，發現之前逃避的問題依然存在，因此變得更痛苦、更迷茫。

所以，很多時候，**驅使行為的背後心理驅力要比行為本身更重要**。比如，如果玩遊戲純屬是為了放鬆心情，而且是適度適量的，這就是健康的行為。但是，如果玩遊戲的目的是因為不想面對某些問題，那麼這就是情感逃避，只會讓事情惡化。

總之，自我關懷的心態基於對人性價值的肯定和尊重，以及對一個人內心苦痛的覺察、認可和關懷。我們的文化非常強調己所不欲、勿施於人，善待他人，就像對待自己一樣。而現實生活中，我們對待他人可以很好，但對待自己反而卻非常苛責。所以，也許可以考慮一下**人所不欲，勿施於己，善待自己，就像我們善待他人一樣**。

究竟該如何治癒我們的內在小孩，答案就在自我關懷裡面。

治癒自己的內在小孩

所謂治癒自己的內在小孩，實際上就是學會以自我關懷——而不是自我苛責——的心態去善待自己脆弱的、自卑的、害怕的和不安的一面。

治癒內在小孩的三個步驟

第一步：覺察和認可內在小孩的存在；

第二步：傾聽和探索內在小孩的情感需求；

第三步：用愛和關懷善待內在小孩。

接下來，我們具體來看看這三個步驟。

覺察和認可內在小孩的存在

治癒身體傷口的第一步，是需要意識並承認傷口的存在。假如你切菜時不小心把手切到了，流了一些血，你可能很快會在心裡意識到：「哎呀，我不小心把手切了，而且還流血了，好疼！」

當你意識到「我不小心把手切了，而且還流血了」時，這就是你覺察到了事件的發生，並承認了它的嚴重程度。當你意識到傷口「好疼」時，這就是你承認和肯定了這件事對你身體造成的影響。

如果手被切了之後，我們完全無視流血的傷口，明知疼卻裝作不疼，把傷口用衣物掩蓋起來，假裝它根本不存在，繼續幹活，那麼這個傷口就有可能會因為沒有得到及時處理而發炎、化膿，甚至擴大。

心靈上的傷口也是一模一樣的。所以，治癒內在小孩的第一步，就是當它被觸發時，我們需要覺察到它，承認它的存在，並認可它的嚴重性和影響。覺察的過程，就是對一件事從無意識到有意識的過程。

對很多人來說，承認自己在情感層面有傷口是一件很困難的事，因為他們可能會覺得自己在情緒上「感冒」是自己不夠堅強和不夠成熟的象徵。可是，當你的手被切時，你會因為手流血而覺得自己的手不堅強、很脆弱嗎？你會去想「我的手真是脆弱到不禁切，只切了一刀就流血了」嗎？肯定不會。

身體上的傷口是這個道理，情緒上的傷口也是一樣的。在情感上受到傷害後就是會疼，這並不代表我們脆弱或不成熟。

只有當情緒被承認和認可時，我們才能得到情感歸屬感。如果一個人的個人體驗長期得不到承認和認可，這可能是他／她經受的最大的情感傷害之一。

試想，一個兩歲小女孩不小心摔倒了，擦破了膝蓋，有生以來第一次經歷這樣的疼痛，並第一次見到鮮血流出來。當她哭喊著找爸爸媽媽時，爸媽卻說：「這有什麼好哭的?不就是膝蓋破了嘛，看把你給金貴的，別哭了！」此時此刻，小女孩的內心世界裡會發生什麼？

由於她的個人體驗被外界否定了，她會在潛意識裡開始質疑自己：「明明不該疼，我卻疼了;明明不該哭，我卻哭了。我是不是有問題啊？」在成長的過程中，如果這樣的事情反覆發生，包括「我是有問題的」在內的消極認知就會被強化。一個人的羞恥心和自卑心就是這樣產生的。

假設這個小孩就是我們自己的內在小孩，當我們無視或否定自己的情緒時，就好比我們無視或否定了小女孩的傷痛。因此，為了療癒內在小孩，我們需要做的第一步就是去肯定他／她的情感體驗：「是的，現在真的好難受，我真的很傷心、很委屈，有這些情緒是可以的」。

傾聽和探索內在小孩的情感需求

治癒內在小孩的第二步，是傾聽和探索他／她的情感需求。

內在小孩是我們人格裡承載著情緒傷痛的那一面。情緒的存在意味著情感需求沒有得到滿足，因此當我們覺察到了內在小孩的傷痛時，我們需要認真傾聽他／她的聲音，看看他／她在情感上到底需要什麼，並透過健康的方式去滿足他／她的需求。

我們來一起看看下面這個練習*。

尋找自己的內在小孩

當你獨處的時候，找到一個最為舒適和放鬆的姿勢坐下或躺下。如果願意的話，可以輕輕閉上雙眼。如果不願意，將雙眼微張，低頭俯視地面也可以。告訴自己：接下來的十分鐘，我要和自己相處一段時間。

首先，進行五輪正念呼吸。把關注力放在自己的呼吸上——吸氣，覺察到肩頭、胸和腹部慢慢隆起；吐氣，允許身體慢慢放鬆。每一輪的吸氣和吐氣，都允許自己的身體進一步放鬆。

（允許自己有足夠的時間，做夠五輪正念呼吸，並體會放鬆和平和的感覺）

當身體稍感放鬆後，在大腦的想像空間裡，回憶一下最近一次你感到焦慮、不安、自卑或害怕的時候。認真回想看看，當時具體發生了什麼事，當下的你具體感受到了哪些情緒，那些情緒體驗起來是怎麼樣的感覺。當大腦開始回想這些訊息的時候，你在此時此刻可能會體驗到類似的情緒。如果有的話，只需要覺察到這些情緒的出現即可。

好奇地去體察這些情緒，試著問問自己：此時此刻，我體會到了什麼樣的情緒？體驗這些情緒的感覺是怎麼樣的？我在身體的哪個部位感受到了這些情緒的存在？

然後，繼續好奇地問問自己：當我真實體驗著這些情緒的時候，我的情感年齡感覺像是幾歲？

（這個答案完全是因人而異的，請尊重自己當下最真實的體會。為了展示這個練習，這裡我們就拿八歲來舉例）

如果你覺得在體驗這些情緒的當下，你的情感年齡像是八歲，那麼現在請你在大腦的想像空間裡，呈現出你小時候八歲時的樣子，彷彿此時此刻八歲的你就站在你的面前。

（允許自己有足夠的時間，在大腦裡呈現出八歲時的你的模樣）

當你在腦海裡看到八歲的自己時，請允許自己非常認真地打量他／她的模樣，同時考慮以下這些問題：

- 面前這個八歲的你，他／她的穿著——比如衣服、褲子和鞋——是什麼樣的？
- 他／她的髮型是什麼樣的？
- 此時此刻，他／她在你的想像空間裡正在做什麼？

允許自己意識到，他／她就是你的內在小孩。這個內在小孩，此時此刻正在感受著焦慮、不安、自卑或害怕等情緒。當你認真觀察他／她的模樣時，你注意到了什麼？這些情緒是否有從他／她的臉部表情或肢體語言裡流露出來。如果有的話，允許自己進一步去覺察，並感受他／她此時此刻的情緒狀態。

考慮一下這些問題：你的內在小孩可以感知到你的存在嗎？他／她有和你進行言語溝通的能

* 溫馨提示：這個正念練習可能會在某種程度上觸發過往的回憶和情緒。如果對自己調控情緒的能力沒有信心，建議在專業人士的協助下進行。

力嗎？

（為了展示這個練習，我們在這裡假設內在小孩可以感知到你的存在，同時具備和你語言溝通的能力。另外，內在小孩的狀態和種類有很多，這裡我們假設內在小孩對你是信任的狀態）

如果內在小孩允許的話，可以讓想像空間裡成年版的你，走到八歲的你身邊，和他／她進行你們二人都感到舒服和合適的互動。告訴內在小孩，你注意到了他／她的情緒，問問他／她是否有什麼話想要說給你聽。然後，允許自己認真地傾聽……

（給予內在小孩足夠的時間來表達他／她的想法）

之後，好奇地問內在小孩，他／她在情感上需要從你這裡得到什麼？為了讓他／她快樂起來，他／她需要你在自己的生活中做出怎樣的改變？然後，允許自己認真地傾聽……

（給予內在小孩足夠的時間來表達他／她的想法）

然後，可以選擇和內在小孩在你的想像空間裡花一些時間相處。你可以隨意地和他／她聊聊天，或是兩個人一起遊戲等等。

在告別之前，認真地告訴你的內在小孩，這是你第一次以這樣的方式和他／她相見。因為他／她是你非常重要的一部分，所以你以後會盡量多地陪伴他／她，並滿足他／她的情感需求。

最後，可以共同選擇一種你們二人都感到舒服的方式道別。告訴他／她，不久之後，你會再來探望他／她，陪伴他／她。告訴他／她，他／她一直在你的心裡，從今往後你會盡全力呵護他／她和愛他／她。

道別之後，逐漸把注意力從想像空間抽離出來，重新放回自己的呼吸，用「意識之眼」檢測一下

——此時此刻你的身體感覺，重新意識到你的身體狀態和周圍的環境。當你準備好之後，慢慢地睜開雙眼。——

做完這個練習後，給自己一兩分鐘的時間回味一下。

你剛才的個人體驗是怎樣的？當你回想到近期讓你感受到某些消極情緒的事件時，你在當下有重新體驗到那些情緒嗎？如果有的話，你可以感受到自己的情感年齡嗎？你有在想像空間裡找到自己的內在小孩嗎？以這樣的方式和另一個自己見面，是一種怎麼樣的感覺？和內在小孩一起互動是一種怎樣的體驗？你有傾聽到內在小孩的情感需求嗎？練習結束後，此時此刻的你在想什麼，情緒是怎麼樣的，你的身體現在是什麼感覺？

練習之前，我特別加了一條溫馨提示，是因為任何涉及內在小孩的正念練習，都需要我們直面自己內心很柔軟的一面。對於很多人來說，這一面通常隱藏在內心最深的地方，外面總是被一層又一層的「高牆」保護著。所以，當這一面被展現出來時，可能會觸發一些情緒。

如果你在練習中感受到了一些強烈的情緒，告訴自己這是完全正常的，給予自己一些時間去慢慢平復。這是很好地邁向自我關懷的第一步。如果你沒有和內在小孩達成情感聯結，沒有體會到任何情緒，這也沒有關係。有時候，如果內在小孩對我們缺乏信任感，我們就需要花一些時間去和他／她重新建立關係。

和內在小孩達成情感聯結，明確了他／她的情感需求後，我們需要做的就是以愛和關懷去善待他／她，從而滿足他／她的情感需求。

用愛和關懷善待內在小孩

治癒內在小孩的第三步，就是以愛和關懷的心態去善待他／她，從而幫助他／她滿足自己的情感需求，重塑自我認知。

很多人雖然對自己嚴苛，但依然可以用愛和關懷的心態去對待自己關心和在乎的家人及朋友。這就意味著我們是有能力去關懷他人和愛他人的。我們需要做的，只是把愛和關懷的對象換成我們的內在小孩。

有一個很常見的現象，就是很多人都覺得別人值得被愛、被關懷和被善良地對待，但卻覺得自己不值得被愛、被關懷和寬待，於是就用嚴苛的和「狠」的方式對待自己。

然而，當你覺察到「我不值得被愛」、「我不配」等認知最初其實是來自四歲的你、七歲的你或十歲的你時，你覺得你會告訴一個四歲、七歲或十歲的孩子他們「不值得被愛」或「不配」嗎？

當你發現自己害怕自己不夠好，其實是因為五歲的你、九歲的你或十二歲的你是被爸媽與「別人家的孩子」比較著長大的時候，你會告訴一個五歲、九歲或十二歲的孩子，他們不如別人家的孩子好，並因此就毫無價值嗎？

答案如果是否定的話，那麼你覺得當一個年幼的孩子在不小心犯錯時，在和他人有不同喜好時，在因為第一次經歷新鮮事物而不知道該怎麼辦時，在孤獨和害怕時，他們應該聽到什麼樣的話？我們應該以怎樣的心態去對待他們？*他們在成長的過程中，真正需要的是什麼？這些問題的答案，就是我們自己最為需要的。

如果你很清楚自己應該怎樣去善待自己的內在小孩，現在開始行動就可以了。如果你完全不知道該如何進行這第三步，也沒有關係，這是非常常見的。我有很多來訪者在童年時，從未體會過來自父母或他人的無條件的愛，也從未被寬容地善待過，因此他們以前也完全不知道該如何去善待和愛自己的內在小孩。尤其當一個人沒有為人父母的經歷時，不知道如何去愛一個孩子就更是可以理解的。

好消息是，愛、關懷和善待自己的內在小孩，是一種能力。既然是能力，就是可以被學習和掌握的。這就好比我們曾經不會用筷子、不會騎單車，但後來都透過反覆練習而慢慢掌握了一樣。

為了更好地愛護和善待自己的內在小孩，我經常推薦給來訪者嘗試的方法包括（但不局限於）：

- 為自己的內在小孩建立一個安全舒適地。也就是說，自己可以在想像空間裡，幫助內在小孩創建一個讓他／她感到安全、放鬆、自由自在、無憂無慮的地方，比如說小帳篷、小樹屋、溫暖的床、遊樂場等。可以充分發揮自己的想像力，將這個安全舒適地盡量細節化，並經常帶內在小孩去那裡玩耍。如果你童年時有自己很喜歡的場所或玩具，可以把這些元素添加進內在小孩的安全舒適地裡。如果你小時候有任何喜歡的玩具或想去的場所，但由於種種原因沒能實現心願，也可以利用這個機會幫助內在小孩去實現他／她的願望。任何時候當你需要暫時和內在小孩斷開情感聯結，都可以在離開之前，帶他／她重新回到自己的安全舒適地（這一點可以幫助我們提升內心的安全感）；
- 和內在小孩對話時，盡量用溫柔、安撫、和藹、關愛的語氣。如果不知道具體該如何做，可以試想一下小時候的你自己希望他人以怎樣的語氣和你說話，然後用類似的語氣和內在小孩進行溝通（這一點可以幫助我們提升自我關懷度）；
- 提醒自己的內在小孩，他／她作為一個孩子是獨一無二的。我經常給來訪者推薦有助孩子增強自信心的兒童繪本，比如《我喜歡自己》、《我就是喜歡我》、《我會做任何事》等（詳見本書末尾的推薦資源），

---

* 讀到此處，如果你覺察到自己對年幼的孩子無法產生愛和關懷的心理，除了麻木的情緒外，甚至會對年幼的孩子產生惡意，那麼強烈建議向心理專業人士尋求幫助。

讓他們讀給自己的內在小孩聽（這一點可以幫助我們重塑自我認知）；

- 告訴內在小孩，從現在開始，你每時每刻都會關愛和呵護著他／她，你選擇無條件地愛他／她和關懷他／她，他／她再也不需要向任何人證明什麼了，因為他／她的存在本身就是他／她值得被愛的原因（這一點可以幫助我們提高自我價值感）；
- 告訴內在小孩，從現在開始，你會永遠守護和保衛他／她，他／她再也不需要擔心被人拋棄、孤單一人了（這一點可以幫助我們提升安全感）；
- 告訴內在小孩，由於過去你沒有意識到他／她的存在，才導致你曾做過一些使他／她感到勉強的事，或說過一些令他／她感到難受的話。為此，向他／她真誠地道歉。告訴他／她，從現在開始，你意識到了他／她的存在，所以會竭盡全力尊重他／她的一切（這一點可以幫助我們達成自我和解，並提升自尊心和自我價值感）；
- 告訴內在小孩，從現在開始，他／她的個人感受、意見、觀點、偏好和舒適度，對你來說都是非常重要的。任何時候，如果他人做了或說了讓他／她感到不太舒服的事情，你會為他／她發聲（這一點可以幫助我們提升自尊心和自我價值感）；
- 告訴內在小孩，這一切對你來說也是全新的體驗，因此會有些困難，但是你願意和他／她一起學習，一起成長（這一點可以幫助我們達成自我和解）；
- 告訴內在小孩，從現在開始，你只允許那些值得被信任的、真正尊重他／她和讓他／她感到安全的人走進他／她的生活中（這一點可以幫助我們提升自尊心）；
- 平日裡，經常陪內在小孩聊天，問候他／她的心情和感受如何，並經常在想像空間裡和內在小孩一起玩

（這一點有助於提升自我情緒洞察力和自省力）；

- 當內在小孩想哭的時候，允許他／她哭，並在身旁陪伴他／她，安撫他／她內心的痛苦，給予他／她足夠的時間去表達自己的情感。當內在小孩憤怒的時候，允許他／她以健康的方式去發洩情緒。如果他／她不知道該如何表達情感，可以和他／她共同嘗試不同的方式去進行情感流露。告訴他／她，無論當下的情緒是怎樣的，那都是可以被理解和接受的（這一點有助於提升自我情緒管理能力）；
- 永遠都要記住：你的身體，就是內在小孩的家；尊重自己的身體，就是尊重內在小孩的表現形式之一。因此，要善待自己和自己的身體（這一點有助於提升自我關懷力）；
- 療癒內在小孩的心靈傷痛，就如同處理那個被刀子劃傷的傷口一樣。我們在清理傷口的同時，需要盡量保證其他東西不會繼續把傷口弄髒，使它發炎惡化。因此，我們需要學會與身邊不健康的人與事劃清界限（這一點有助於強化人際界限感，促進健康的人際關係）；
- 任何一件童年時使你真心感到快樂的事情，都可以帶著內在小孩重新做一遍。即便我們有著成人的生理年齡，但每個人的內心都依然會享受孩子們享受的簡單快樂的時光。比如，允許自己跟著音樂隨意起舞，邊看電影邊落淚，去田裡玩泥巴，去街邊觀賞行人走路，去大樹下看螞蟻搬家，去大自然裡欣賞原始的美麗。任何一件內在小孩喜歡的事，都可以允許自己去經歷一次（這一點有助於提升個人人生體驗）；
- 幫助內在小孩慶祝每一個對他／她有特殊意義的節日，包括新年、他／她的生日或兒童節，告訴他／她生活的美好（這一點有助於提升個人人生體驗）；
- 當內在小孩犯錯時，告訴他／她犯錯是成長的必經內容。提醒他／她你依然愛他／她，而且他／她的個人價值並不會因此就減少一分一毫。可以一起認真地考慮如何從錯誤中汲取經驗教訓，同時提醒他／

她自己的優點是什麼，並去認可他／她的努力。當他／她盡力去做一件事時，告訴他／她你有多麼地為他／她感到驕傲和自豪（這一點有助於達成自我和解，並提升自我接納度）；

- 當內在小孩提出衝動的、不合時宜的或不切實際的要求時，認可其背後的情感需求，告訴他／她這些需求對你來說是很重要的，同時可以和內在小孩建立健康的界限，幫助他／她知道一些要求可能是不合適的，並共同協商出其他可以滿足他／她情感需求的更為合理、現實的方式（這一點有助於有效地管理個人欲望和衝動）。

內在小孩就像真實的小孩一樣，非常需要我們有意識地花時間和心血去陪伴。所謂花時間陪伴內在小孩，其實就是有意識地在自己的生活裡，騰出一些時間和空間來與自己相處。當我們的生活被工作、學習、家庭和其他瑣事填滿之後，騰出給自己充電和內省的空間，就顯得尤為重要。因此，找到內在小孩之後，最重要的就是花時間和耐心去重新建立和他／她的關係，並幫助他／她慢慢成長。

從現在開始，你就是你內在小孩的「家長／父母」了。如果不知道該如何承擔這個身分，或者不知道內在小孩到底需要什麼，你隨時都可以在想像空間裡好奇地詢問他／她。或者，你也可以認真地想一想，每當遇到挫折或失敗時，每當被別人欺負時，每當感到失落、孤獨、無聊、傷心、害怕時，你希望別人可以如何對待你？你在這些時候真正需要的是什麼？那麼，你就可以用同樣的方式對待你自己的內在小孩。

在這個過程中，我們需要誠實以對。欺騙內在小孩，就是欺騙自己，因為內在小孩就是我們自己的一部分。即便在最初實踐的過程中，和自己以內在小孩的形式相處可能會感覺有些怪，但堅持下來之後，則會慢慢體驗到由此帶來的快樂、滿足、充實和平和。內在小孩的成長和改變需要花時間，因此與他／她相處時，如果三天打魚兩天曬網，是不會見成效的，因為這個過程其實是改變大腦神經通路的過程，所以需要積累和反覆。

為人父母，生活裡處處都會為孩子著想。做內在小孩的父母也是一樣，我們在做任何事時，都需要為內在小孩考慮。永遠不要忘記，**你的內在小孩是你人格裡面因為經歷過傷害或挫折並因此感到痛苦、敏感和脆弱的那一面，同時也是你人格裡最需要愛、關懷和呵護的那一面。只有你自己，才能真正幫助他／她療癒內心的傷痛。**

療癒內在小孩進行時

自從找到自己的內在小孩後，琳琳經常用新學到的方法去呵護她。每當她又感到自卑、焦慮、不安或害怕時，她就會意識到這是自己的內在小孩的情感狀態。她會將注意力放到內在小孩的身上，並認真傾聽她的聲音。

每當內在小孩擔心自己做得不夠好時，琳琳會耐心地告訴她，在此時此刻的當下，她是足夠好的，因為她盡力了。琳琳會鼓勵她和自己比較，而不是和他人比較，並鼓勵她把關注力停留在當下的這一刻，認可自己在這一刻付出的努力。

每當遭遇挫折和失敗，內在小孩感到灰心氣餒時，琳琳會及時給予她勇氣、鼓勵和信心，告訴她失敗是每個人成長過程中的必經之課，只要自己不放棄嘗試，就無所謂真正意義上的失敗。

每當內在小孩因為恐懼而不願嘗試新事物時，琳琳就會幫助她看到自己的價值，並告訴她結果其實並不重要，敢於嘗試本身就已經非常值得稱讚了。琳琳提醒自己，很多時候雖然感覺很害怕，但真正踏出那一步後，才會知道結果往往不如自己想得那麼糟糕。

最重要的是，琳琳經常耐心地告訴自己的內在小孩，她是重要的，是有價值的，是值得被愛的。她的存在本身就是足夠好的，她無需透過任何事情去證明自己的價值，她的自身價值也從不會因為任何事情受到影響。

因此，她可以去自由地勇敢地過人生。

當琳琳學會打心底去包容和認可自己時，她發現改變就在不經意之間慢慢發生了。開始心理諮詢的一年後，琳琳辭掉了自己在公司的工作，去給她在當地很喜歡的一家畫廊做品牌策劃和行銷工作。她一直都是一個有想法和擅長規劃的人，這次職業轉換讓她有機會把個人專業和愛好很好地結合在一起，為此我真心為她感到驕傲和開心。

最後一次會面時，琳琳在新崗位上剛入職一個多月。她告訴我，雖然新工作的薪水低了一些，但是她卻快樂了很多，因為她一直都對藝術有很大的興趣和熱情。現在的她可以用自己的專業，讓更多人看到值得被欣賞的藝術品，她覺得這就是她自己的個人價值。

雖然琳琳有很多新東西要學，新工作的壓力也並不小，但是她的內心狀態卻大不相同了。每當遇到困難和挫折，或在新崗位上犯錯誤時，她會很快意識到那些消極的內心獨白其實是父母當年對他們自己人生的遺憾和期許。於是，她會有意識地選擇把這個包袱放下，以關懷和有愛的心態去對待自己的內在小孩。

讓琳琳感到驚喜的是，當她善待自己時，反而有更多的情感精力去做自己需要做的事情。儘管生活依然是不完美的，身邊也還是有很多比她優秀的人，但琳琳堅信自己是足夠好的，也堅定地認可自己每一天的付出。每當今天的自己又比昨天的自己多進步了一點點，她就會感到由衷的自豪和滿足。

就這樣，琳琳告別了「越努力，越焦慮」的惡性循環，過上了平和、自信和踏實的新生活。

如何和他人說「不」

要想更有效地關懷和接納自己，我們就必須得聊一聊人際界限這個話題。

健康的人際界限是什麼

這裡所說的界限（boundary），具體指心理界限，也叫心理底線。說白了，就是什麼事情對我們來說是可以接受的，什麼事情是不可以接受的，並且尊重我們能接受的，拒絕我們不能接受的。

我們可以把界限這個概念形象地看成是孫悟空用金箍棒給唐僧在地上畫的圈。界限的目的——和這個圈的目的一樣——是保護我們的安全，只不過孫悟空的圈是為了保護唐僧的人身安全，而人際界限的目的是為了保護我們的情感安全。這個圈具體要畫在哪裡，要畫多大多小，是完全不能踏出還是在特殊情況下可以偶爾踏出，這就是界限的設立。

人際界限這個概念聽上去非常容易理解，但由於我們的社會是一個看重情義，但卻極度缺乏界限感的社會，因此在現實生活中，到底該如何有效地建立健康的人際界限，是很多人都會遇到的難題。

健康的人際界限無論對一段人際關係來說，還是對我們個人的情感和心理健康來說，都是至關重要的。還記得那個代表我們內心世界的「房子」嗎？「房子」裡的每根支柱，都代表著支撐我們內心世界的東西，比如親情、友情、愛情、事業／學業、個人興趣等。

當我們和他人的人際關係有清晰的健康的界限時，我們會感到安全、平等、舒服、有掌控感以及被尊重。反之，**當人際界限模糊，甚至是沒有界限時，我們很容易在人際交往的過程中感到不安全、不舒服、不平等、**

沒有掌控感以及不被尊重。

人際界限模糊的一個很典型的例子，就是為了被他人接納，一味地討好取悅他人，而忽視自己的內心底線。很多時候，即便表象上好像自己被他人接納了，但其實內心會感到很痛苦，因為我們自己的情感需求被踐踏了。這樣的人際關係會使一個人變得患得患失，易受他人喜怒哀樂的影響，並進一步加劇自己焦慮、不安和自卑等情緒。

聊到這裡，我想到了之前見過的一位來訪者大華（化名），他在大家眼中就是一個老好人。大華比室友們稍大兩三歲，因此作為大家的老大哥，他平時對室友都是照顧有加。公寓裡的活兒，大華自己一個人總是承包大半部分，大夥出去聚會時通常也是他這個老大哥請客。室友們遇到難事需要幫忙時，也一定是先找他。大華一直都因為大夥對他的信任，而感到既自豪又踏實。

可是，室友們對大華的這份信任以及他在公寓裡承擔的責任，隨著時間的推移漸漸地變成了一種負擔。有一段時間，大華下班回到家後，發現公寓裡的衛生糟透了，髒盤子髒碗堆滿了廚房，屬於大家共用的客廳也是亂糟糟一片。很多時候，即便自己已經筋疲力盡了，大華還是會拖著疲憊的身子一個人打掃完公寓衛生。

每當這時，雖然大華在行動上沒有表示，但他的內心其實非常惱火和委屈。他覺得公寓衛生應該是大家共同負責的，總讓他一個人做很不公平。但是，每當有這樣的想法時，他又會因此而感到自責。大華說：「我比大家年齡大，理應多承擔一些，自己因為這麼點兒小事就不開心，也太小心眼了。我應該胸懷坦蕩一些，做人不能太斤斤計較了。」

導火線事件發生在他們由於房東漲價而不得不另找新公寓的時候。不出意料，找新公寓的重擔又一次落在了大華身上。他白天因為工作而疲憊不堪，晚上卻還要獨自一人在網上搜尋租屋資訊，每天都忙到凌晨一兩點才能睡覺。

我問大華是否嘗試過尋求室友們的幫助，大華說室友們工作都非常忙，所以拜託大華負責一切，因為他們都很信任他。於是，很多次他都咽下了自己的委屈，繼續熬夜找房子。

終於在我們的一次會面中，大華積蓄已久的憤懣和怨恨爆發了出來。他憤怒地抱怨著室友們的不負責任，同時又因為自己不會為自己發聲而感到無奈。

大華非常典型地代表了兩類人：一類是根本不知道自己的界限在哪裡。表現形式就是大華並不清楚他在公寓裡的身分是什麼，明明是公寓裡的普通一員，卻又戴著「老大哥」的帽子，雙重身分使他的人際界限模糊不清。另外一類是知道自己的界限在哪裡，但卻不知道該如何去守衛自己的界限。表現形式就是大華覺得室友們不打掃衛生和不履行找房義務是不對的，但他卻不知道該如何和大家溝通，於是只能自己勉強承擔著一切。

這兩類人在行為方面的共同點，就是反覆做著自己並不情願的事。當不和他人說「不」時，我們就會委曲求全，勉強順從對方。明明內心想說的是「不」，但是嘴上卻說「好的」。每當這樣的事情發生時，我們的內在小孩就會受到傷害，「我不重要」這個認知就會被進一步強化。

要想真正做到自我關懷，真正去幫助我們的內在小孩癒合，那麼學會和他人說「不」，有效地建立健康的人際界限，便是非常重要的一步。

有關人際界限的五大常見誤解

最初和大華聊到人際界限這個話題時，他非常忐忑，因為他不想被別人看成是一個自私的人。大華對建立人際界限產生的誤解非常常見，正是由於這些誤解才導致很多人不知道是否該建立人際界限，最後只能忍氣吞聲。

現在，我們就來看看一些關於人際界限比較常見的誤解有哪些，以及事實分別是怎樣的。

✕誤解一：如果我和他人建立了人際界限，就意味著我是一個自私的人。

◯事實一：自私的定義是「全世界只有我是唯一一個重要的人」。而當我們和他人建立健康的人際界限時，我們給他人和自己傳遞的訊息是：「你重要，而我也同等重要」。

建立健康的人際界限不是自私的，它是一種傳遞自尊和自愛的行為。當我們懂得為自己的情緒和需求考慮時，我們才會感到充盈和愉悅，從而更有效地去幫助更多的人。當我們完全忽視個人需求去幫助他人時，我們的行為有效性就會非常局限，這對他人來說也是無益的。

舉個例子，當一個人為了不讓熟人或朋友失望，而在自己本身已經很忙的情況下，硬著頭皮答應幫對方的忙。這樣做雖然是出自助人為樂和維繫交情的本意，但往往會因為個人需求被擺在了第二位，而讓人不由自主地心生怨念，反而會給人際關係帶來消極影響。相反，只有當我們很好地平衡了個人需求和他人需求時，才能更有效地幫助更多身邊的人。

很多人非常不適應關注個人需求，並覺得關注自己就等於自私。這是因為我們在成長的過程中，經常被鼓勵把他人的感受和需求放在首位，甚至被鼓勵去犧牲自己、照亮他人。然而，每個人的感受和需求實際上都是**同等重要**的。犧牲了自己，可能只能照亮一個人，但照顧好自己，也許可以照亮更多人。

✕誤解二：和他人建立人際界限，意味著我是一個斤斤計較、小肚雞腸的人，這樣反而會使人際關係惡化。

〇事實二：斤斤計較形容的是對無關緊要的事過分計較，小肚雞腸形容的是只考慮小事，而不顧全大局。然而，我們自身的感受和需求並不是「無關緊要的事」或「小事」，它是和他人的感受及需求同等重要的事。缺乏合理的人際界限的關係在長遠看來其實才是最不健康的人際關係。

當一個人從最初的毫無界限感，逐漸開始建立界限的時候，一定會對身邊的人際關係產生影響，之前擁有掌控感的人會因為失去部分掌控和權力而感到不適應，甚至可能會因為你建立界限，而感到不開心或生氣。

即便如此，我們無須為他人的情緒和行為負責，就像他人無須為我們的情緒和行為負責一樣。他人可以選擇不理解或不尊重我們的界限，同樣也可以選擇理解和尊重我們的立場。

就好比當他人對我們說「不」的時候，我們可以選擇生氣，或者選擇去尊重和理解對方的立場和需求。很多時候，一味地忍讓只會給自己的內心帶來更多傷害和痛苦。當消極情緒越積越深，直到最終爆發的時候，反而會給一段人際關係造成致命一擊。

從長遠看來，那些真正值得留在你生命中的人，一定是真心尊重、重視、支持和理解你的人。因此，表面的人際關係「惡化」其實是人際關係網重組的過程，關鍵在於你希望自己的生活裡留下什麼樣的人——尊重、支持和理解你的人，還是不尊重、利用和占你便宜的人。表面看來一片祥和，但實質上卻極度失衡，並使沒有掌控感的一方心生抱怨和委屈的人際關係，並不是健康的人際關係。

✕誤解三：如果我愛對方，就不應該設立人際界限，因為有愛的關係都應該是親密無間的。人際界限的存在會讓我與愛的人之間產生隔閡。

○事實三：在我們和自己愛的人之間設立界限，可以幫助這份愛變得更健康。毫無界限感的愛通常都是不健康和扭曲的。

這裡所指的愛，包括親情、友情和愛情。當這樣的人際關係缺乏界限感時，很可能是一方高舉著「愛」的旗幟，把自己的喜好、意願和想法強加在另一方身上。比如，因為「愛」兒子而幫兒子主持婚姻大事的母親，為了取悅老公而完全犧牲自我的妻子，因為重視友誼而不忍心拒絕的朋友，都是人際關係缺乏界限的典型例子。當一方失去了自我，長期結果就是心生委屈、怨恨、不滿甚至憤怒等情緒。這樣的愛是不健康的。

相反，很多時候，真正健康的愛對方的表現，反而是清晰地、誠實地、禮貌地闡明自己的立場，為自己的感受和意願發聲。這樣的做法對自己、對方和這段關係，都是負責任的表現。最健康的人際關係，永遠都是建立在尊重自我——而不是失去自我——的基礎上。

×誤解四：建立人際界限實在太耗時耗力耗心血了，還是維持現狀比較省心。

○事實四：實際上，缺乏人際界限的生活才是最耗時耗力耗心血的。

當我們與他人之間毫無界限感時，我們的時間、精力和心血就會被花費在自己心不甘情不願，或力不從心的事情上。事後，我們往往還會花大量的時間和情感資源去懊悔、吐槽和憤怒。

建立人際界限在最初可能需要花一些時間，但在長遠看來，它可以為我們騰出寶貴的時間、精力和心血，去做我們真正想做的事情，過我們真正想過的生活。

因此，選擇權完全在你自己手裡：你想選擇如何去利用自己生命裡有限的寶貴的時間和精力？

×誤解五：建立人際界限沒有用，反正對方也不會尊重我的界限，所以我還不如維持現狀比較好。

○事實五：為了讓對方尊重我們的個人界限，我們首先得尊重自己的個人界限。當我們足夠重視自己的界限後，他人才會逐漸意識到我們界限的重要性，並進而尊重它。

很重要的一點是，我們默許的事情一定會再次發生，默許這個行為本身就給這件事提供了肆意滋生的土壤。記住，永遠都不要期望別人會自動明白和接受你的個人界限。如果我們因為覺得對方不會尊重我們的界限，就不去建立界限，對方很可能會以為我們感到無所謂，而繼續維持原有行為。

如果我們自己都不尊重自己的界限，他人是不會替你去尊重的，因為保護個人界限是我們自己的責任和義務，而不是他人的。建立人際界限是為了我們自己，而不是他人。

有效建立人際界限的三步驟

知道了人際界限的重要性之後，我們來看看到底該如何有效地建立健康的人際界限。

建立人際界限三步驟

第一步：明確自己的人際界限是什麼；

第二步：提升個人重要性，意識到自己和他人是同等重要的；

第三步：和他人溝通自己的人際界限。

第一步，明確自己的人際界限是什麼，也就是弄清楚孫悟空的那個圈具體要畫在哪裡。在這一步裡，很重要的一點就是一個人自我情緒的覺察力。當界限被他人踩踏時，我們最為常見的第一反應就是產生情緒，比如彆扭、不滿、委屈、失落、受傷、憤怒等。

第五章談情緒時，提到過情緒強度值的概念。通常情況下，事情越嚴重，我們消極情緒的強度值則會越高。也就是說，一件事發生的當下，你的情緒強度值越高，這可能就意味著你的個人界限被觸犯得越嚴重。

因此，為了明確自己的人際界限，我們就得好好留意並尊重自己的情緒。每當一件事發生的時候，把注意力向內看去，好奇地體察自己當下的情緒，並問問自己：到底是什麼事導致了這個情緒的產生？這件事在哪些方面觸犯了我的個人底線？

舉個例子，假如你和朋友約著一起吃飯，你準時到了餐館門口。當朋友遲到了一兩分鐘時，覺察一下，這時你的心情是怎樣的？當朋友遲到了十幾分鐘時，再覺察一下，這時你的心情又會是怎樣的？當朋友遲到了二十分鐘呢？半個多小時呢？一個小時呢？

當你去好奇地覺察自己在不同情境下體驗到的不同情緒和情緒強度時，你就會更加清晰地意識到，到底哪些事情是你可以接受的，哪些事情是你可以通融的，哪些事情是你完全不可以接受的。

這，就是你的個人界限。

第二步，明確了自己的人際界限之後，我們需要做的是提升自己的重要性。也就是說，在認知上我們要明白自己和他人的感受和需求是**同等重要**的。真正意識到這一點，我們才能去做出建立人際界限的這個具體行為。

提升自己的重要性，並不是說我們要徹底無視他人，把自己當成世界之王，只按照自己的心意做事，而是說我們需要把自己從低人一等的位置上，重新調整到和他人平起平坐的位置上。我們要意識到「我，和他人是同等重要的。我的情緒、想法和喜好是和他人的同等重要的」。

這一認知轉變對一些人來說可能有些困難，因為它和我們一直以來習慣的認知很不相同。為了理解這個概念，我們拿房子和柵欄來舉個例子。

如果說房子是我們自己，那麼柵欄就是我們的心理界限。我們給房子周圍建立柵欄，並不代表我們要拒人於千里之外。柵欄的作用只是用來保護房子的安全不被他人侵犯。界限的作用也是一樣，它是要保護我們的心理領地不受他人侵犯。

當別人家的房子周圍都建立了柵欄時，我們也開始為自己建柵欄，這叫自私嗎？當對方明明知道我們的柵欄門是關閉的狀態，卻無視狀況，依然打著各種旗號闖了進來，誰才是自私的呢？如果一個人不允許別人闖入他的房子，但他卻闖入了別人的房子，誰才是自私的呢？

美國休士頓大學著名研究教授布芮尼．布朗曾經說過：「這個世界上最樂於助人和有關懷之心的人，往往也是最有清晰的個人界限的人。」這句話初聽上去感覺有些說不通，但如果仔細去想的話，你會發現道理的確如此。

當我們的個人界限被隨意踐踏，且自己無法為自己發聲時，我們是充滿怨恨和心生不滿的，那樣的狀態會極大地影響我們的自我認知，以及整體人際關係的發展。一個沒有界限感的人必定是一個內心痛苦的人，因為他／她會深陷在各種痛苦的勉強的人際關係中無法自拔。這就好比一個人自己的房子著了火，就沒法有效地幫助他人。

相反，當我們懂得如何尊重自己的需求、感受和個人界限時，我們的情緒和整體狀態才能提升，我們才能更有效地幫助他人。這就好比當我們的柵欄非常穩固地保護了房子時，我們才能感到安全和平和，這時我們才能更好地去幫助那些需要我們幫助的鄰居們。

第三步，用實際行動和他人溝通自己的人際界限。

有些人可能會覺得和他人建立人際界限，一定是一個非常尷尬、令人緊張，甚至是會產生口角爭執的過程，其實並不一定如此。我們完全可以透過禮貌的、理性的方式和他人溝通自己的意願。

最為常見的有效溝通方式之一，是由美國著名臨床心理學家湯瑪斯・高登發明的，叫作 I Statement，即以「我」的角度去陳述，而不是單純關注在「你」的行為。換句話說，我們可以選擇把溝通的重點放在我們自己的感受和需求上，而不是他人的行為上面。

我們來看看這個例子：假設你正在和同事溝通一件事，突然同事因為你打斷了她說話而不開心了。設想一下場景A，如果同事說「你沒看到我剛才正在說話嗎？你怎麼總是打斷我說話啊？你難道就不能讓我先把話說完，再發表你自己的意見嗎？」聽到這些話，你當下的心情會怎樣？你有可能會如何應對？

再設想一下場景B，如果同事說「每當我在表達個人觀點的時候被打斷，我會感覺有些受挫。我希望自己可以有機會完整地表述我的想法，因為我有一些重要的訊息想要和你分享。」聽到這樣的話時，你當下的心情又會怎樣？你又會如何應對？

在場景A中，我們很容易會因為滿篇「你怎麼這樣……你難道就不能那……」的訊息，而感覺自己遭到了對方的言語攻擊。這樣的情況會使應對的人下意識地進行防禦和反駁，因此這樣的溝通方式很容易升級為一場爭吵。

相反，在場景B中，我們可能會感到接受對方的立場相對容易一些，因為對方只是理性地客觀地分享了自己的情緒和需求，並沒有讓我們有被攻擊的感覺。

場景B的表達方式，就運用了I Statement的溝通技巧，也就是：

「當＿＿＿＿（客觀地描述某種行為）的時候，我感覺＿＿＿＿（客觀地形容自己的情緒）。我希望＿＿＿＿（客觀地陳述自己的需求／要求），因為＿＿＿＿（陳述原因）。」

舉幾個例子：

×「你怎麼約會又遲到了？你怎麼總是遲到啊？難道你就不能早點兒出門嗎？」（單純關注「你」的行為）

○「你不能準時赴約時，我會感到有些失落和不開心。我非常希望你可以準時到，因為時間對我來說很重要，而且我希望可以有足夠的時間和你相處。」（以「我」為角度陳述界限）

×「你怎麼從來都不做家務啊？什麼事兒都是我做，你怎麼就這麼不負責任呢？我要你到底有什麼用啊？」（單純關注「你」的行為）

○「沒人和我一起分擔家務時，我會感到很受挫和孤立無援。我非常希望看到我們可以共同承擔這份責任，因為這可以讓我知道我們都是很在乎這個家的。」（以「我」為角度陳述界限）

×「我昨天就把工作給你布置下去了，你今天怎麼還沒完成啊？給你的工作那麼簡單，你卻做不完，你到

底怎麼回事啊？」（單純關注「你」的行為）

〇「昨天我布置下去的工作非常重要，需要在今天按時完成，但卻沒能完成。我感覺有一些失望，因為這樣的棘手情況會讓我的處境很困難。我希望每個項目的期限都能被遵守，因為這對團隊的整體效率和工作安排非常重要。」（以「我」為角度陳述界限）

×「跟你說了多少遍不要玩了，該吃飯了，你怎麼就是不聽啊？你這個孩子怎麼總是這麼不聽話啊？」（單純關注「你」的行為）

〇「每當媽媽的話被完全忽略時，媽媽就會感到非常受挫和生氣。媽媽希望自己說的話可以被重視，而且希望我們可以按時開飯，因為媽媽不希望你吃冷飯，對身體不好。」（以「我」為角度陳述界限）

聊完了人際界限的話題後，我想邀請大家考慮一下這個問題：

此時此刻在你的生活裡，有哪些人際關係會經常給你帶來壓力？

在你思考這個問題的時候，那些最快地閃現在你腦海中的人際關係，也許就是目前最需要改變的人際關係。好奇地問問自己：在這些人際關係中，你是否有時會感覺自己的感受、喜好、觀點、想法或需求不被對方尊重和理解，甚至會被對方忽視和踐踏？

一段健康的人際關係，應該是建立在雙方平等和互相尊重的基礎上，彼此之間的付出和索取也應該是平等和適度的。當付出和索取的關係已經大大失衡，這個時候就需要停下腳步來，重新審視一下這段關係了。

雖然和他人說「不」顯得很有難度，但就像自我關懷一樣，它是一個每個人都可以透過練習去掌握的技能。

任何技能的練習和掌握，都可以從易到難，由淺入深。比如，我們可以從和陌生人建立界限開始，然後慢慢過渡到生活中的其他人。

大華最初練習和他人建立界限時，就是從陌生人開始的。有一段時間，他經常去賣電腦的商場閒逛，因為那裡總能碰到成群推銷電腦的銷售員。以前的大華非常心軟，甚至都不好意思對銷售員說一聲「不」，因為他覺得人家工作那麼辛苦，不想潑別人冷水，經常會耐著性子聽對方講解，或是編一些理由匆匆躲過。

後來，大華慢慢地練習如何向對方說「不」，他也開始明白自己只需擺明立場，有時甚至無需向對方做出任何解釋。當一次次成功地向推銷員說出「不」的時候，他的自信心慢慢地積累了起來。

再後來，大華開始跟超市營業員、街坊鄰居、公司同事等建立了一些小的人際界限。最後，經過長時間的練習，大華終於有信心與自己的室友們建立人際界限。他提議大家把公寓裡的家務按人頭公平分配，因為他一個人能力有限，無法承擔所有家務，而且這也並不公平。在這之後，雖然有一個室友因此和他發生了一些小爭執，搬離了公寓，但其他室友都表示尊重和理解。大華和室友之間的關係反而因此變得更加緊密了。

當大華開始勇於和他人建立界限時，他不但更清楚地認識了自己身邊的人，更重要的是他更清楚地認識了自己。他覺得自己無論對人對己，都更加真誠和真實了。他知道，每一次守住自己的底線時，都是他愛護自己的內在小孩的方式。當大華開始重視自己時，他人才開始更加尊重他的存在。漸漸地，他重新找回了自己的自尊心和自信心。

給自己一點關愛

一個長期在內心深處感到焦慮、不安、自卑和迷茫的人，通常都不太知道如何關愛和照顧自己。他們會花大量時間考慮如何取悅他人，如何滿足他人的需求，如何幫助他人解決問題，卻不知不覺忽略和遺忘了自己的存在。

要想真正從長遠提升自己的自尊心，增強自信心，並在內心深處使自己感到平和、踏實和堅定，自我關愛這個話題是尤為重要的。

我們為什麼要關愛自己

自我關愛，說白了，就是有意識、有目的地花時間去覺察自己各方面的需求，並採取必要的行動去滿足這些需求，並像我們善待他人那樣去善待自己。

廣義的自我關愛，包括滿足身體、情感、心靈、社交和心理層面的需求，我在後文會一一聊到。狹義的自我關愛，指的僅僅是身體方面的需求。簡單說來，就是該吃的時候吃，該睡的時候睡。

這句話聽上去簡單，但是真正能做到這一點的卻很少。自我關愛其實是現今繁忙的都市人最缺乏關注的領域之一。悉心地關愛和照顧自己，意味著我們需要花時間在自己身上，為自己著想，需要停下匆忙的腳步去審視自己的內心。

這對很多人來說都很不容易，因為我們不習慣為自己著想。「我真的可以為自己著想嗎？這樣會不會顯得我很自私？很懶？這樣會不會浪費我的時間，降低我的效率？我值得被悉心關照嗎？」這些都可能是很多人內心的擔憂，也是很多人對自我關愛常有的認知誤區。

乘坐過飛機的人對飛機起飛前空姐展示氧氣罩使用方法的情景可能很熟悉。其中必會提到的一句話，就是當飛機發生意外時，如果身邊有需要幫助的未成年人或老年人，我們必須先為自己戴上氧氣罩，然後再去幫助身邊的人。

這很好地闡釋了我們為什麼需要首先學會照顧和關愛自己——當自己「缺氧」時，我們便無從給予。可想而知，一個無法照顧好自己的人，必會遇到各種各樣的健康問題，這會進一步影響他／她的情緒調控能力。當身體和情緒出現問題時，他／她的認知能力、行為能力、人際關係等，都會受到間接影響。

正是因為我們渴望變得更好和高效，渴望改善和他人的關係，渴望幸福和快樂，自我關愛才顯得尤為重要。只有當照顧好自己的時候，我們才有能力去照顧好身邊的人。

打破不切實際的自我預期

自我關愛的重點之一，就是要懂得與自己設立健康的界限。與自己建立界限，和與他人建立界限是同等重要的。很多人長期以來在內心深處感到的痛苦，大多都來自不切實際的自我預期。

非常典型的不切實際的自我預期包括：「我期望每個人都能喜歡和接受我！」「我期望我在工作上的表現一直都是滿分！」「我期望生活裡的一切都能按照我的心意進行！」「我期望我一畢業就能順利找到工作，一工作就能得到老闆的認可！」「我期望我一談戀愛就能找到命中註定的他／她，然後順利結婚生子！」「我期望自己有能力解決生活中的所有問題！」「我期望我的婚姻一帆風順，永無爭吵和矛盾！」「我期望自己一直過得都比別人好！」……

以上的每一個例子，作為一種對自己和人生的美好願望，是百分之百可以的。然而，如果期待自己的生活可以按照這樣的軌跡去發展，並覺得只有這樣的軌跡才是可以接受的，這就是不切實際的預期，因為人生不是完美的。

我們渴望成為「最好的自己」，這點完全沒有問題，因為它可以給我們帶來前進的動力和目標。然而，很多人原本在追求「盡力」做最好的自己，但由於被他人的言行和狀態左右而不知不覺地迷失了，逐漸地走上了「逼自己」的道路。

當一個人從「逼自己」的角度出發時，自我預期大多數時候都是不現實的。因為目標不現實，才導致無法被實現，可很多人卻以為期望和現實之間的巨大落差是因為自己不夠好才導致的，從而才產生了焦慮和不安。

從自我預期的角度來講，到底什麼是「盡力」？什麼又是「逼自己」？

舉個例子，小王本來是每天晚上十點半睡覺，但室友們為了複習功課都在玩命熬通宵，搞得小王覺得自己不夠努力，於是決定也要咬牙熬到凌晨十二點，甚至更晚。

之前的小王就是「盡力」，因為他知道自己的底線是晚上十點半睡覺。後來，因為他人熬夜，於是決定自己也要熬夜，這就無視了自己的個人需求，踐踏了自己與自己的界限，這就是在「逼自己」。

把不切實際的自我預期轉化為更符合實際的預期和目標，方法就是從「逼自己」的狀態轉變為「盡力」的狀態。

當我們把自我預期設定為「盡力」時，這是我們對人類不完美本質的認可和尊重。這意味著我們接受了自己作為一個人，是有局限性的。有局限性和不完美，不代表我們不夠優秀、不夠努力或不夠自律，這只是我們作為人類的共有屬性。

這就好比一條魚無論如何也不如兔子跑得快，這並不代表魚不如兔子努力或優秀，而只代表魚的能力是有局限性的——它擅長的是游泳，而不是跑步，無法做到樣樣精通。

一個人處在「盡力」狀態時，自然會在潛意識裡把目光轉向自己，而不是盯著他人。當我們關注自己時，才能更好地挖掘自身的興趣和潛力，去超越自我，而不只是單純地想要比別人更好。

追求「盡力」的時候，我們會更容易尊重自己的底線，並和自己成為朋友。相反，當我們「逼自己」的時候，我們很容易和自己進入一種敵對狀態。為了達成目標，我們可能會忘記吃飯、睡覺、休息，並完全忽視自己作為一個人的界限、需求、情緒和內心狀態。

當我們追求「盡力」的狀態時，我們會更容易關注努力的過程，並由於享受過程而體驗到相對釋然與平和的心態。相反，當我們處在「逼自己」的狀態時，我們會更加看重結果，並因為在內心深處和他人較勁，而頻繁衡量自己努力的有效性。一旦努力的結果不比他人時，就很容易陷入「我不夠好」的認知誤區，感到焦慮和壓力。

處在「盡力」的狀態時，由於我們在和自己比較，所以相對來說不太容易受他人的影響。無論他人有多優秀、多努力、多自律，我們也依然會因為今天的自己比昨天的自己更進步而感到驕傲和開心。相反，當我們「逼自己」時，我們很容易會受到他人的影響，因為「逼自己」這種行為的心理驅力是基於和他人比較而覺得自己做得不夠。**凡是基於和他人比較而得到的東西，大多都是不穩定的，因為人外有人，山外有山。**

總之，「盡力」和「逼自己」這兩種狀態，一個是適度適量、尊重個人界限的，另一個卻是單純為了比較而忽略個人界限的。兩者的行為表象看上去可能都是在努力，但卻會造成截然不同的情緒和心境。「盡力」的時候，我們會更加尊重自己的底線，認可自己的付出，而「逼自己」的時候，卻非常容易自我懷疑、自我否定、自我苛責，甚至是自我厭惡。

每當察覺到內心深處又隱約覺得自己不夠好，而因此想去逼自己時，意識到這是你的內在小孩在感到擔心和害怕。停下腳步，靜下心來，和他／她達成情感聯結，告訴他／她：「此時此刻，你已經盡力了，這就足夠了。明天到來時，又會有明天的事，但是今天，此時此刻的當下，你已經做得非常棒了。照顧好現在的自己，明天繼續加油！」

如何真正地關愛自己

現在我們就來具體看看該如何更好地關愛和照顧自己。自我關愛主要可以分為以下五個層面。

▼身體層面的自我關愛

在身體層面照顧好自己，並合理滿足自己的身體需求，主要包括以下幾點：

1. **飲食方面：**士力架夾心巧克力有一句非常有名的廣告詞——當我餓的時候，我就不是我了。飢餓容易導致血壓升高，並影響大腦中樞神經系統的運作。我們可能會感到頭暈、虛弱，在情緒上也會感到易怒和煩躁。因此，一日三餐，飲食健康，飲水充足，是身體層面自我關愛的最為重要的一個環節。

如果由於工作繁忙，無法準時準點吃飯，可以考慮隨身攜帶一些健康的零食，比如水果、優酪乳、能量點心等。工作日裡，定時檢查身體的飢餓指數，感到飢餓時，就給身體增添一些食物能量再繼續工作，爭取不讓身體過分飢餓。

2. **睡眠方面：**人在睡覺的時候，大腦會對腦中的訊息進行處理。當一個人無法得到充足的睡眠時，這對身體和精神都會造成極大的消極影響。科學研究顯示，長期無法得到充足睡眠會使一個人更容易受到抑鬱、焦慮和憤怒等情緒的困擾，患上心臟病、高血壓、肥胖病等的概率也會升高。

除了飲食和睡眠以外，其他重要的身體需求包括健康的性生活、適當的運動鍛鍊、定時進行身體檢查等。

▼情感層面的自我關愛

在情感層面照顧好自己，並合理滿足自己的情感需求，主要包括以下幾點：

1. 養成經常覺察個人情緒的習慣，並學會認可情緒存在的合理性。
2. 用健康的方式去表達和紓解自己的情緒（見頁三〇六）。

▼心靈層面的自我關愛

在心靈層面照顧好自己，並合理滿足自己的精神需求，主要包括以下幾點：

1. 定期為自己規劃一段和自己獨處的時光，以便自省。自省是自我探索和自我成長的關鍵。當我們沒有時間自省時，生活很容易進入一種循環往復、自動巡航的狀態，導致我們感覺自己雖然活著，但卻不知道每天具體做了什麼。透過自省，我們會有機會客觀地審視自己的內心和生活，從而及時做出適當調整，讓生活更有意義。自省時，認真考慮：這段時間我的情緒如何，狀態怎樣，我需要些什麼，我各方面的需求是否得到了滿足。
2. 找到一個或幾個在心靈上能夠給予自己養分、希望和正能量的事或人，包括個人信仰、奮鬥目標、書籍或電影，或是給你帶來力量的榜樣人物。很多時候，這樣的人或事都可以在精神上為我們充電、加油，

不健康的情緒紓解方式通常包括（但不局限於）
對他人大喊大叫或拳打腳踢；
暴飲暴食，也稱情緒化進食；
飲酒／抽菸／吸毒／濫用處方藥等；
賭博；
公路怒罵；
把自己一個人關在屋子裡不與外界交流；
自我傷害（用利器劃自己的身體、咬手指甲、揪自己的毛髮等）；
任何其他以逃避現實為目的的行為。

健康的情緒紓解方式通常包括（但不局限於）
深呼吸／正念呼吸；
聽讓自己心情好的音樂；
鍛鍊身體／瑜伽／正念練習等；
讀書；
散步；
享受大自然；
寫日記；
健康的個人愛好（比如畫畫、樂器、陶器、攀岩等）。

讓我們感到有目標、希望和動力。

▼社交層面的自我關愛

在社交層面照顧好自己，並合理滿足自己的社交需求，主要包括以下幾點：

1. 定期花時間重新評估自己的人際圈：有哪些人是真心讓你感到開心、快樂和積極向上的，又有哪些人經常會讓你感到有壓力。允許自己重新考量人際界限的設定，並與他人建立合適的健康的人際界限。有意識地讓自己的生活裡充滿那些真心喜歡、關心、支持和接納你的人。
2. 定期花時間整理自己的手機APP和社交平臺，看看自己每天關注的東西都有哪些。整理的時候，可以好好回憶一下，這些帳號的更新內容是否給你的生活帶來了有益的資訊，或讓你感受到了積極的情緒。如果一些內容只會給你帶來負面感受和壓力，那麼就可以取消掉。
3. 放下手機和電腦，有意識地定期陪伴家人、朋友或寵物，並在自己願意的情況下獲取新的生活體驗。這可以幫助我們把工作和生活變得更加平衡。

▼心理層面的自我關愛

在心理層面照顧好自己，並合理滿足自己的心理需求，主要包括以下幾點：

1. 練習用自我肯定和自我認可的語氣及用詞與自己對話；
2. 允許自己認可自己的優點、進步和成績；
3. 定期花時間陪伴自己的內在小孩，覺察並用健康的方式滿足他／她的情感需求，培養愛他／她和關懷他／她的能力；

4. 養成以積極和平衡的角度看待事物的習慣；

5. 寫感恩日記，感恩生活中簡單的小事，感恩自己每天的付出和努力；

6. 當自己的內心感到有壓力時，敢於向他人尋求幫助。

當我們決定去愛自己和關懷自己的時候，這本身其實就是一種與自己建立界限的行為。這個界限是我們對自己和個人需求的重視。當我們去關愛和照顧自己時，我們自己生而為人的價值感和重要性才能得到保護，一個人的自尊心、自信心、安全感和價值感就是這樣慢慢積累起來的。

所以，從今天起，告訴自己：**我是重要的，是值得被愛的，是值得被好好呵護和對待的。從今天起，我會盡力去尊重自己、關懷自己，並重視和滿足自己的需求，讓自己的內在小孩真正自信、充實、快樂和平和起來。**

／小訣竅／

緊急自我關愛方案

當我們因生活繁忙而感受到壓力時，當下可能不會有時間或意識去照顧自己。因此，提前制訂好一套自我關愛方案，在急需的情況下可以幫助到自己。

花一些時間填寫下面這個表格，它可以幫助你一目了然地瞭解自己在壓力大的時候需要什麼，並應該遠離什麼。填寫完畢後，把這張表格隨身攜帶，經常拿出來看一看，提醒自己好好地照顧自己。

照顧自己是一種習慣，任何習慣的養成都是需要花時間的。慢慢練習，多多積累，你值得被溫柔相待。

▼ 緊急自我關愛方案

緊急自我關愛	有效的事情（需要做什麼）	有害的事情（需要避免什麼）
身體需求	壓力大時，我在身體上需要什麼？是否需要吃飯、喝水或休息？……	壓力大時，什麼事情會消耗我的身體能量？……
情緒解壓	什麼事情可以有效地緩解我的情緒壓力？……	什麼事情會讓我在情緒上更焦慮、更煩躁和更難受？……
內心獨白	壓力大時，我最需要聽到什麼話？哪些內心獨白可以幫助我穩定情緒？比如「我已經盡力了」、「我很棒」、「這是情緒，不是事實」或「事情通常沒有我想得那麼糟」等……	壓力大時，哪些內心獨白會使我的情緒進一步惡化？比如「這次肯定沒戲了」、「我根本做不到」、「我真沒用」、「我怎麼總是這麼差勁」等……
情感支持體系	在我需要時，我可以向哪些家人、朋友或專業人士尋求情感支持？……	壓力大時，我應該避免和哪些人進行溝通？……

本章結語

在這本書的最後一章裡，我們聊到了自我關懷和自我接納，如何與他人及自己建立健康的人際界限，以及如何真正地關愛和照顧自己。這其中的每一步，都可以幫助我們真正與自己達成和解，並在長遠樹立穩固的自尊心、自信心和安全感。

這本書的最後，我想以我女兒非常喜歡的一個兒童繪本《我喜歡我自己》作為結尾。它講述了一隻可愛的小粉豬對自己的喜愛，語言簡單樸實，內容卻十分經典。我想把它分享給每一個人，以及我們各自心裡的內在小孩。

我把它翻譯為：

《我喜歡我自己》　　作者：南茜・卡爾森

我有一個最要好的朋友，
這個好朋友就是我自己。
我經常和自己做有趣的事。
我會畫漂亮的畫，會快快地騎車，

還會給自己讀好看的書！
我喜歡好好照顧自己。
我會認真地刷牙、洗澡，
並吃健康的食物。
每天早晨起床以後，
我會對自己說：「嗨，你看上去真棒！」
我喜歡自己彎彎的尾巴，圓圓的肚皮，
以及一雙小腳丫。
當我心情不好時，我會給自己加油打氣。
當我摔倒時，我會鼓勵自己站起來。
當我犯錯誤時，我會一次又一次地重新嘗試！
無論我去哪兒，無論我做什麼，
我永遠都是我自己，
我很喜歡這樣!!

I Like Me By Nancy Carlson

I have a best friend.
That best friend is me.
I do fun things with me.
I draw beautiful pictures.
I ride fast.
And I read good books with me!
I like to take care of me.
I brush my teeth.
I keep clean and I eat good food.
When I get up in the morning,
I say, "Hi, good-looking!"
I like my curly tail, my round tummy,
And my tiny little feet.
When I feel bad, I cheer myself up.
When I fall down, I pick myself up.
When I make mistakes, I try and try again!
No matter where I go, or what I do,
I' ll always be me, and I like that!!!

後記

大學本科時，我學的是英語專業。當時我並不知道自己將來到底能做什麼，只是簡單地覺得因為讀了英語專業，將來就應該做個翻譯。於是，抱著這樣的念頭，我在研究生階段選擇了翻譯專業，但後來才意識到它並不適合自己。

經歷了無數個靈魂搜索的日夜，我才發現最讓我感興趣的事情，是幫助他人。在那之後的很多年，我終於依靠個人努力實現了自己的職業理想，榮幸地成為一名資深臨床心理諮詢師。

很多家人和朋友最初都無法理解我為什麼要選擇這樣一個職業。「你每天與那些精神和心理有問題的人打交道，難道不怕自己變得像他們一樣抑鬱嗎？」這是身邊幾乎每一個人都曾問過我的問題。

最初聽到這個問題時，我的心情是非常複雜的。我感到欣慰和感恩，因為我知道這個問題是出自他們對我的擔心和關切。然而，我更多地感受到的卻是絕望和無奈，因為人類社會整體來說對於心理和情感方面的困惑仍然存在著很多偏見和誤會。

由於心理健康知識的大眾普及度依然很低，加上媒體對有心理和情緒困惑人群的藝術化描寫，導致很多人都對這方面有極大的誤解。大眾普遍覺得一個有心理或情緒困惑的人是「瘋子」、「精神病」、「玻璃心」、「不正常」、「內心扭曲」，甚至「有暴力傾向」，唯恐避之不及。

而有心理和情緒方面困惑的人，對自己也會有同樣的誤解。因此，他們恐於和他人傾訴，也不去找專業人士尋求幫助。就算向專業人士尋求幫助，他們也非常擔心被別人發現，這進一步增加了他們的心理壓力和病恥感。

很多時候，明明是簡單的、輕度的問題，卻越積越嚴重，導致很多人的內心越來越痛苦，最後甚至會選擇輕生。香港大學在二〇一四年公布的一項研究報告顯示：「中國有自殺行為的人九成三沒有看過心理醫生，在每年八萬名自殺未遂者中，被進行心理評估的還不到百分之一。」

每當看到這樣的調查資料時，每次讀到某某因何事而自殺的新聞時，我都感覺自己的心在隱隱作痛。有時，我甚至會想，我那剛滿三歲的女兒現在雖然對這些都還不懂，但要是將來有一天，她問我：「媽媽，『自殺』是什麼意思？」我該如何回答……

作為一個心理工作者，我深刻地知道，如果介入及時，這些都是完全可以被及時挽救的生命，很多時候根本不至於走到這一步。

初入這個領域的時候，一想到要改變一個社會對心理健康的固有認知，我就會感到無比絕望和無奈。那個時候的我，覺得自己非常渺小，根本沒有能力去做些什麼。然而，和來訪者工作的過程，也是我自己成長和成熟的過程。很多時候，我都覺得自己可以從他們身上學到很多寶貴的東西。當我無數次鼓勵來訪者從小事做起時，才突然意識到，我也應該從小事做起，因為改變的確是一個循序漸進的過程。

這就是為什麼每當又有人問起我上面那個問題時，我不會再感到絕望和無奈。相反，我會非常認真地告訴他們：

在心理或情感層面遇到困惑的人並不是「瘋子」，也不是「精神病」或「玻璃心」，更不是「不正常」和「心理扭曲」的。他們內心的困惑，都是因為自己曾經或現在受到的傷害，並因此感受到痛苦。試問，誰在成長過程中沒有受過傷害?誰又能保證一輩子不會經歷幾個內心痛苦的瞬間?內心感到痛苦，是每一個經歷過傷害和挫折的人都會有的正常體驗。

這些話，我也想說給每一個在內心深處正在掙扎的你。

其實你並沒有「瘋」，你只是在經歷痛苦而已。經歷了你所經歷的事情而感受到內心痛苦，這是正常的！你也並不是「心理有問題」或「性格有缺陷」，更不是「不夠好」，而是你的心靈失去了我們人類賴以生存的愛和關懷。你，因為沒有得到愛和關懷，而感到痛苦、孤獨、絕望和迷茫，這是正常的！

因此，我從未覺得和我的來訪者們在一起工作會讓我感到抑鬱或焦慮，因為我選擇把更多的關注力放在阻礙他們成長的障礙物上。我關注的是，是什麼阻擋了他們情感自癒的過程。我堅信，只要我可以幫助他們找尋到移除障礙物的有效方法，那麼他們每個人都可以自己成長為參天大樹。

在這本書最後的最後，我想說：我非常榮幸可以和大家一起走完這本書的旅程，希望你從中得到了一些可以為你所用的東西。

要記住，這個世界上只有唯一一個你，沒有誰能比你更「你」了。所以，請一定好好珍惜自己，善待自己，其實你最真實和完整的樣子就很美好。

致謝

首先，我要感謝給予我生命、愛與關懷的父母。他們二人從言語到行為，都真正踐行了無條件的愛最深層次的涵義。感謝他們在我需要的時候，總是可以無比堅定地站在我的身後，支持我做想做的一切。感謝他們在我寫書的過程中給予我的一切幫助！謝謝你們！

感謝我的老公，他是我在創作這本書時給我最大支持的人。他幫助我走出「諮詢師」式思維，提醒我用最簡單的語言去傳達最複雜的概念。在我極度沒有自信和嚴重拖延的時候，他一直在鼓勵我，告訴我我能行。正式動筆寫書的這一年來，他承擔起了「爸爸」和「媽媽」的雙重角色，挑起了看娃和料理家務的重任，讓我可以有足夠的時間和精力去完成這本書。辛苦你了！

感謝我的女兒。因為有了她，我有幸體會到把無條件的愛獻給自己的孩子的感覺。因為有了她，我才真正有機會去療癒我自己內心深處的內在小孩。我真心覺得，這輩子最幸福的事情就是可以做她的媽媽。寶貝，謝謝你，媽媽愛你。

感謝我的心理諮詢師 Rachel。每個心理諮詢師都需要有一個自己的心理諮詢師。感謝她幫助我找到了我自己的內在小孩，並教會了我如何與自己和解，做自己最好的朋友。

感謝我臨床生涯中的第一個督導 Beth。沒有她，我最初可能就不會有勇氣繼續在臨床心理諮詢的這條路上走下去。她不但是我的督導，更是我的啟蒙老師，是她幫助我在臨床工作上找到了真正適合自己的方向。為此，我衷心感謝她。

感謝和我一起執業的夥伴 Sarah、Megan 和 Courtney，她們每個人都是非常優秀的心理諮詢師。每當我在寫作過程中卡住時，她們總能提出一些非常好的點，把我從思想的死胡同里拉出來。能和這樣一些在專業上有著共同理想的人共事，是我極大的榮幸。

感謝我的好友胖鹹魚在我寫書的過程中給予我的一切支持和鼓勵。

感謝 SMART Recovery 和 Henry Steinberger 博士，他們授權我在本書中和大家分享「行為改變計畫表」。感謝認知處理療法的創始人之一 Patricia Resick 博士，她授權我在本書中和大家分享「ＡＢＣ紀錄表」及其他有關認知處理療法的內容。

感謝史倩女士，以及為這本書辛勤努力的每一位工作人員。因為你們的點滴付出，才有了今天我們捧在手上的這本書。你們所做的一切都是值得被認可和肯定的。

我更要深深地感謝我的每一位讀者和粉絲。這本書從最初構想到最終成型，整整花了將近四年時間。沒有你們的信任、盼望、支持和鼓勵，就不會有今天的這本書。我由衷希望這本書可以幫助你們更加瞭解自己，找到自己心中的內在小孩，並希望你們學會如何愛自己，擁抱並接納自己最真實的樣子，從而真正在內心深處感到平和、自信、滿足和快樂。

最後，由衷地感謝我的每一位來訪者。他們的故事讓這本書裡的字字句句都更加鮮活和生動，他們的成長之旅會讓更多依然潛行在暗夜的人找到光明、方向和希望。在這裡，深深地向你們鞠躬，道感謝。

參考文獻

❶ 稻盛和夫《活法》【M】。曹岫雲譯。北京：東方出版社，二〇一二年。

❷ BECK A. *Depression: Causes and treatments*【M】. Pennsylvania: University of Pennsylvania Press, 1967.

❸ RESICK P A, MONSON C M. *Cognitive Processing Therapy: therapist and patient materials manual*【M】. Washington, D.C.: Department of Veterans' Affairs, 2010.

❹ American Psychiatric Association. *Diagnostic and statistical manual of mental disorders, 5th edition*【M】. Washington, D.C.: American Psychiatric Publishing, 2017.

❺ WINNICOTT D. *Playing and reality*【M】. New York: Routledge Press, 2005.

❻ KABAT-ZINN J. *Wherever you go, there you are: mindfulness meditation in everyday life*【M】. New York: Hachette Books, 2005.

❼ DAVIS D M, HAYES J A. What are the benefits of mindfulness? A practice review of psychotherapy-related research【J】. *Psychotherapy Journal*, 2011, （48）2: 198-208.

❽ LINEHAN M. *DBT skills training manual, 2nd edition*【M】. New York: The Guilford Press, 2014.

❾ MACLEAN P D. *The triune brain in evolution: role in paleocerebral functions*【M】. New York: Springer Publishing, 1990.

❿ BURNS D D. *Feeling good: the new mood therapy*【M】. New York: Harper, 2008.

⓫ MASLOW A H. A theory of human motivation【J】. *Psychological Review*, 1943, 50: 370-396.

⓬ BORKOVEC T D, WILKINSON L, FOLENSBEE R, LERMAN C. Stimulus control applications to treatment of worry【J】. *Behaviour Research and Therapy*, 1983, 21（3）: 247-251.

⓭ WHITTAL M L, THORDARSON D S, MCLEAN P D. Treatment of obsessive-compulsive disorder: cognitive behavior therapy vs. exposure and response prevention【J】. *Behaviour Research and Therapy*, 2005, 43（12）: 1559-1576.

⓮ GROESCHEL C. *Soul detox: clean living in a contaminated world*【M】. Grand Rapids: Zondervan, 2013.

⓯ MERTON R K. The self-fulfilling prophecy【J】. *The Antioch Review*, 1948, 8（2）: 193-210.

⓰ BERNE E. *Games people play: the basic handbook of transactional analysis*【M】. New York: Ballantine Books, 1996.

⓱ BRADSHAW J. *Homecoming: reclaiming and championing your inner child*【M】. New York: Bantam Books, 1992.

⓲ NEFF K. *Self-compassion: the proven power of being kind to yourself*【M】. New York: William Morrow Paperbacks, 2015.

* 編註：臺灣繁體版為《生存之道：對人而言最重要的事》，二〇一三年，天下雜誌出版，呂美女譯。

推薦資源

編註：以下翻譯著作會優先列出繁體譯本；如無繁體版，則列簡體譯本。

- 《自我關懷的力量》，克里斯廷·內夫（克莉絲汀·聶夫）著，劉聰慧譯，中信出版社，二〇一七年七月（簡體譯本）
- 《伯恩斯新情緒療法》，大衛·伯恩斯著，李亞萍譯，科技文獻出版社，二〇一七年十一月（簡體譯本）
- 《當下，繁花盛開》，喬·卡巴金著，雷叔雲譯，心靈工坊，二〇〇八年三月
- 《走出成長的迷思：回歸內在》，約翰·布雷蕭著，傅湘雯譯，新自然主義，一九九九年十二月
- 《父母會傷人》，蘇珊·佛渥德博士、克雷格·巴克著，楊淑智譯，張老師文化，二〇〇三年五月
- 《心靈的傷，身體會記住》，貝塞爾·范德寇著，劉思潔譯，大家出版，二〇一七年七月
- 《不與自己對抗，你就會更強大》，克里斯多夫·肯·吉莫著，李龍譯，吉林文史出版社，二〇一二年六月（簡體譯本）
- 《我喜歡自己》，卡爾森著，余治瑩譯，河北教育出版社，二〇一一年五月（簡體譯本）
- 《我就是喜歡我》，維爾修思著，亦青譯，湖南少兒出版社，二〇〇六年六月（簡體譯本）
- 《我會做任何事》，傑瑞·史賓納利著，幾米譯／繪，大塊文化出版股份有限公司，二〇一一年三月
- 簡單心理：https://www.jiandanxinli.com（或下載簡單心理APP）中國專業的心理服務平臺，提供高品質多元化的心理服務，包括心理諮詢、精神科顧問、心理知識科普、免費熱線服務等。